【全国金融硕士专业课程参考教材】

PROFESSIONAL COURSES TEXTBOOK
FOR MASTER OF FINANCE

# 金融交易策略设计与实践

Financial Trading Strategy: Design and Practice

夏晖 陈磊 等◎编著

中国金融出版社

责任编辑：王效端　王　君
责任校对：张志文
责任印制：张也男

**图书在版编目（CIP）数据**

金融交易策略设计与实践（Jinrong Jiaoyi Celüe Sheji yu Shijian）/夏晖，陈磊等编
著．—北京：中国金融出版社，2018.4
全国金融硕士专业课程参考教材
ISBN 978 - 7 - 5049 - 9440 - 0

Ⅰ．①金…　Ⅱ．①夏…　Ⅲ．①金融交易—研究　Ⅳ．①F830.9

中国版本图书馆 CIP 数据核字（2018）第 027590 号

出版
发行　中国金融出版社

社址　北京市丰台区益泽路 2 号
市场开发部　（010）63266347，63805472，63439533（传真）
网 上 书 店　http：//www.chinafph.com
　　　　　　（010）63286832，63365686（传真）
读者服务部　（010）66070833，62568380
邮编　100071
经销　新华书店
印刷　北京市松源印刷有限公司
尺寸　185 毫米 ×260 毫米
印张　13
字数　300 千
版次　2018 年 4 月第 1 版
印次　2018 年 4 月第 1 次印刷
定价　38.00 元
ISBN 978 - 7 - 5049 - 9440 - 0
如出现印装错误本社负责调换　联系电话（010）63263947
编辑部邮箱：jiaocaiyibu@126.com

# 前　　言

金融学属于应用经济学下的二级学科，强调联系实际、学以致用。金融专业在我国往往设在高校的经济学院或经管学院，而在美国常常放在商学院。在教授金融学知识过程中，经济学院的老师注重金融理论的讲解和推导，而商学院的老师更强调微观规范分析和应用。这两种教学方法各具特色，本质上都是教导学生如何应用金融理论做出最优决策。在这个过程中，金融交易是从理论到实践的纽带，而其核心就是金融交易策略的设计。

金融交易策略很多是来自实践中的一些交易技巧，有点类似于艺术，单靠书本上的理论很难掌握，必须理论联系实际，在贴近现实的环境中接受锻炼。另外，金融交易策略设计需要掌握《金融学》《证券投资学》《计量经济学》《金融衍生工具》《固定收益证券》《量化交易》等多门金融课程知识，是检验金融专业学生知识掌握全面程度的手段。目前高校的金融专业实验课程，大多数是放在各个专业课程中的课程实验，学时少，知识不连贯。而市面上有关金融交易策略的相关书籍基本上偏向实际操作，缺乏各个理论模块的综合介绍。本书旨在打通金融交易各相关理论的衔接之处，并增加了互联网金融以及量化投资策略等较新内容，既可以作为金融理论课程的补充练习，也可以作为综合性实验课程的教材，对学生进行全面系统的金融交易知识学习有很大帮助。

通过金融理论知识讲解与实际操作演示，本书致力于让读者了解金融交易策略的设计原理，掌握设计简单金融交易策略的关键技术与方法，具备理论联系实际的能力，为进一步设计复杂交易策略奠定坚实的理论、方法和编程基础。我们在编写这本教材的时候，尤其注重以下三个方面。第一是内容体现理论性和实践性的统一。同时整合金融交易相关的理论知识点，突出并强化实验教学，培养学生综合运用所学知识分析问题、解决问题的能力。第二是知识系统全面，内容与时俱进，增加了最新的互联网金融和量化交易的知识。第三是文字表述由浅入深，条理清晰，重点突出，注重因材施教，强调能力培养。全书内容分为五个部分。

第一部分是概述，介绍金融市场、产品和交易的概念，以及主要的金融交易策略。

第二部分是证券投资分析。首先介绍宏观经济周期和宏观经济政策对证券市场的影响，以及行业分析的基本内容、公司财务分析的主要方法。然后介绍事件研究方法的基本思想，以及正常收益和异常收益的概念、异常收益率的显著性检验。最后是技术分析的相关概念，以及趋势跟随策略。

第三部分是金融衍生产品与交易策略。首先是期货市场概述、期货套期保值和期货套利的原理及策略设计方法。然后通过股票挂钩结构化产品设计来讲述结构化衍生证券设计原理和方法。最后介绍 VaR 概念与资产组合总体风险度量及 VaR 简单应用。

第四部分是互联网金融。首先是介绍互联网金融的概念和范畴，以及 P2P 网贷、众筹融资、第三方支付的交易机制。然后以构建 P2P 借贷市场的短期利率曲线为例介绍利率曲线的构建原理和方法。最后分析投资管理中积极策略与消极策略的区别，以及积极的组合管理策略中的利率预期策略和收益率曲线策略。

第五部分是量化投资交易策略。首先是介绍量化投资的基本概念、主要特征以及量化投资策略的基本原理。然后是量化交易策略的设计步骤与过程，并辅以优矿、米筐、聚宽平台的量化策略设计方法。

本书主要适用于高年级本科生、研究生综合性实验课程教材，也可作为业界人士的参考书。如果用做本科生教材，建议开在大三下学期，学生学完主要的金融专业课程后。教学内容主要是前四篇，可根据需求减少部分实验项目内容，量化投资部分简单介绍即可。如果用于研究生课程，建议根据学生专业背景，补充经济学和金融学相关知识，书中涉及的编程部分，建议学生课下自学程序语言，教师课堂上重点分析金融交易策略设计原理和编程思路。每章后面列出的相应的参考文献和书籍，可以帮助学生课后自学。

本书得益于电子科技大学新编特色教材项目的资助，内容基本上是所授综合性实验课程《金融交易策略设计与模拟》的讲义。作为主编，本人负责全书的写作指导、统稿和总校工作，并负责第 1 章、第 8 章和第 9 章的写作工作。副主编陈磊副教授负责第 5 章、第 6 章、第 7 章和第 13 章、第 14 章的写作工作。陈林副教授负责第 10 章、第 11 章、第 12 章的写作，杨政副教授负责第 3 章和第 4 章的写作，尹宇明副教授负责第 2 章的写作。另外，研究生陈俊宏和陈子宁协助本人进行了书稿的校对工作。

衷心感谢中国金融出版社王效端主任和王君编辑为本书出版提供的方便和支持。感谢电子科技大学经济与管理学院李平教授一直以来给予的帮助，以及实验与信息中心冯枢和孔晓李老师在部分数据处理过程中提供的支持。

由于水平和时间所限，书中的错误、不足在所难免，敬请广大读者批评指正。

夏晖
2017 年 12 月于电子科技大学

# 目　　录

# 第 1 章

# 金融交易策略概述

## 1.1　金融及其交易

金融的本质是在不确定的环境下跨期进行资源配置，由此诞生了各种各样的金融产品，股票、债券、期货、期权、保险，以及其他各种各样的衍生品。

金融交易，其实就是金融产品的交易。根据交易双方的组成，金融交易可分为直接金融交易和间接金融交易。直接金融交易指各机构部门间通过金融市场直接进行的融资活动，如企业在金融市场上发行股票或债券筹集资金，居民将储蓄购买了债券或股票，而企业则得到了投资资金。间接金融交易指以金融机构为中介，各机构部门间实现的融资活动，包括通货、存款、贷款、结算资金、保险准备金、金融机构往来、准备金和中央银行贷款等。

从另一角度来看，如果按融资方式划分，金融交易可分为直接融资和间接融资。直接融资主要有债券和股票，是企业、政府等从金融市场上直接募集资金，金融机构只提供发行销售等服务，不起资金的中间借贷人的作用。间接融资主要是贷款，金融机构扮演了筹集资金和运用资金的中介角色。

## 1.2　金融产品构成

金融产品指的是各种具有经济价值，可进行公开交易或兑现的非实物资产，也叫有价证券，如现金、汇票、股票、期货、债券、保单等。比如：我们可以用现金购买任何商品，包括金融产品；我们可以到银行承兑汇票（变成现金）；我们可以在相应的金融市场任意买卖（交易）股票、期货等；我们持有的债券、保单等到期可以兑现（变成现金）。

一个金融产品是一系列具体规定和约定的组合。虽然不同的金融产品有着不同的具体规定和约定，但是每一个金融产品通常都应具备至少如下方面的内容。

### 1.2.1　发行者

任何金融产品都必须有其卖主，即发行者。债券的发行者就是债务人，没有债务人的债务关系自然是无法想象的。股票也一样，必须要有特定的发行企业，这一企业是股票认购者的共同财产。发行者通过出售金融产品取得收入，但不是任何个人或企业都可以向社会发行金融产品取得收入。与这样的金融收入相对应，发行者要承担一定的义务。

为了保证这些义务的履行，大多数金融产品的发行者在发行时要符合一定的条件，在发行后要接受金融管理机构和投资者的监督（如信息公开、业务活动的某些限制等）。

筹资企业在设计金融产品时首先要弄清楚哪些产品有权发行。投资者也一样，在认购金融产品之前要明确对方有没有权利发行这样的产品。

### 1.2.2　认购者

不是所有的投资者都可以从金融市场上购买他想买的任何金融产品。有些市场（如银行间同业拆借市场）只向一小部分金融机构开放。因此，投资者在认购某一金融产品之前，首先应当了解自己有没有权利购买这一产品，企业在发行某一金融产品之前也应当知道这一产品的可能投资者以便估计潜在的资金来源。

### 1.2.3　期限

金融产品的期限有长短之分，在一般情况下，货币市场上的产品期限比较短，资本市场上的产品期限比较长。

金融产品的期限还可分为有限和无限。大部分债券和所有的货币市场产品都是有期限的。至于股票，从理论上说是无期限的，其存在的时间和企业存在的时间同样长。筹资企业应当根据需要选择适当期限的金融产品。对于投资者也一样，认购的金融产品期限应当根据其资金的可投资年限来决定，过短或过长都分别要冒利率下跌或上升的风险。

### 1.2.4　价格和收益

价格是金融产品的核心要素。因为筹资者出售金融产品的目的是得到相当于产品价格的收入，投资者的投资额正好等于他购入的金融产品的价格。

在金融产品的价格上，应当区分票面价格和市场价格。票面价格是合同中规定的名义价格。债券的票面价格通常相当于本金，与票面利息率一起构成每期利息额的依据。股票的票面价格在企业的资产负债表中用于计算企业的注册资本额。

市场价格是金融产品在市场上的成交价格，相当于认购者实付、发行者实收的价格。

市场价格还有一级市场价格和二级市场价格的区分。一级市场的价格和票面价格有一定的联系。如债券的票面价格与市场价格之间的关系取决于票面利率与市场利率的差别、债券的偿还方式、债券的偿还期限等因素。但在二级市场上，市场价格的变动不再受票面价格的限制。

收益率是金融产品的另一个核心要素，它表示该产品给其持有者带来的收入占其投资的比率。金融产品的收益包括两种：一是证券利息收入，二是资本增益或损益。证券利息收入是指在金融产品持有期内获得的利息收入，如债券按期支付债息的收入或股票按期支付股息的收入等。资本增益或损益则是指由于所持证券价格的升降变动而带来的本金的升值或减值。

### 1.2.5　风险

一般都把风险看成是一种危险，或看成一种带来损失或失败的可能性。金融产品的投资风险是由于对未来的不确定性而产生的预期收益损失的可能。在市场上存在着四种风险与收益组合而成的投资机会：高风险与低收益；低风险与高收益；高风险与高收益；低风险与低收益。

对于投资者来说，要获取高的收益，就必须承受高的风险，高收益必然伴随着高风险。但反过来，若投资者承担了高风险，却不一定能确保高收益，因为高风险的含义本身就是不确定。高风险的结果可能是高收益，也可能是低收益，甚至可能是高损失。收益显然是以风险作为代价的。

### 1.2.6　流通性

流通性是一种资产转换为货币的能力。某种资产一经需要可随即转换为货币，交易费用很低，且不承担本金的损失，该资产就具有较高的流动性，反之，资产的流动性就较低。绝大多数的金融产品都可以在次级市场上自由流通，如私人持有的普通股票、债券等。但也有一部分金融产品不可以流通，或者在流通时要满足特定的条件，如平常的定期存折不能流通，用作抵押担保的金融产品以及所有在发行时规定不可流通产品。还有一些金融产品只在某些特定的情况下才能流通。

流通性是金融产品的一大质量指标，那些不可流通的金融产品在市场上只能以较低的价格发行。同理，即使是可以流通的金融产品，如果其流通条件很差（如日成交量特别小），也只能以较低的价格流通。

### 1.2.7　权利

金融产品作为一种财产权凭证，可以赋予持有人与该产品类别相对应的权利，比如债券持有人作为债权人，拥有到期时获得本金和利息的权利以及公司破产时剩余财产的优先索偿权。股票持有人作为公司的股东，有权参加股东大会，有权选举公司董事以及有权参与公司重大事项的决策等。

## 1.3　金融市场

金融市场形态有两种：一种是有形市场，即交易者集中在有固定地点和交易设施的场所内进行交易的市场，在证券交易电子化之前的证券交易所就是典型的有形市场，但世界上所有的证券交易所都采用了数字化交易系统，因此有形市场渐渐被无形市场所替代；另一种是无形市场，即交易者分散在不同地点（机构）或采用电信手段进行交易的市场，如场外交易市场、全球外汇市场和证券交易所市场都属于无形市场。

根据金融市场上交易工具的期限，可以把金融市场分为货币市场和资本市场两大类：货币市场是融通短期资金的市场，包括同业拆借市场、回购协议市场、商业票据市场、银行承兑汇票市场、短期政府债券市场、大面额可转让存单市场。资本市场是融通长期资金的市场，包括中长期银行信贷市场和证券市场。中长期信贷市场是金融机构与工商企业之间的贷款市场，证券市场是通过证券的发行与交易进行融资的市场，包括债券市场、股票市场、保险市场、融资租赁市场等。

除了上面两种对金融市场的分类，还可以从其他角度划分金融市场，大致有以下几种：

1. 按地理范围可分为国际和国内金融市场。国际金融市场由经营国际间货币业务的金融机构组成，其经营内容包括资金借贷、外汇买卖、证券买卖、资金交易等。国内金融市场由国内金融机构组成，办理各种货币、证券及作用业务活动。它又分为城市金融市场和农村金融市场，或者分为全国性、区域性、地方性的金融市场。

2. 按交易性质划分为发行市场和流通市场。发行市场也称一级市场，是新证券发行的市场。流通市场也称二级市场，是已经发行、处在流通中的证券的买卖市场。

3. 按交易对象划分为拆借市场、贴现市场、大额定期存单市场、证券市场（包括股票市场和债券市场）、外汇市场、黄金市场和保险市场。

4. 按交割期限可分为金融现货市场和期货市场。在金融现货市场，融资活动成交后立即付款交割。而在金融期货市场，投融活动成交后按合约规定在指定日期付款交割。

5. 按交易标的物划分为货币市场、资本市场、金融衍生品市场、外汇市场、保险市场、黄金及其他投资品市场。

6. 根据融资方式划分为直接融资市场和间接融资市场。

7. 根据具体的交易工具类型划分债券市场、票据市场、外汇市场、股票市场、黄金市场、保险市场等。

金融市场一般具有融资、调节、避险和信号四大功能，并有以下一些基本特性：

（1）风险性（不确定性）：如股票市场的风险、外汇市场的风险。（2）价格以价值为基础，供求关系的影响：股票价格的波动、债券价格的波动，最终都反映其价值，受供求关系的影响。（3）影响债券流通价格、影响股票价格、汇率波动等的基本面分析既要考虑宏观经济影响，也要考虑微观经济的影响等。

# 1.4　金融交易策略

金融交易策略，包括金融产品的选择策略、估值策略、择时策略、组合间权重分配策略等一系列在交易中影响投资决策的方案。根据构建策略时采用的分析方法，我们大致将其分为以下几类。

### 1.4.1　基本面分析构建策略

基本面分析是指对宏观经济面、公司主营业务所处行业、公司业务同行业竞争水平和公司内部管理水平包括对管理层的考察等诸多方面的分析，从而选出优质的股票（或其他金融产品）。

基本分析的假设前提是：证券的价格是由其内在价值决定的。价格受政治、经济、心理等诸多因素的影响而频繁变动，很难与价值完全一致，但总是围绕价值上下波动。理性的投资者应根据证券价格与价值的关系进行投资决策。

基本分析主要适用于周期相对比较长的证券价格预测、相对成熟的证券市场，以及预测精确度要求不高的领域。

### 1.4.2　技术分析构建策略

技术分析是指以市场行为为研究对象，以判断市场趋势并跟随趋势的周期性变化来进行股票及一切金融衍生物交易决策的方法的总和。技术分析有点像中国古代的"唯象理论"，观察历史上某类事件发生时对股票价格的影响，从而总结出一套行之有效的规律。

所有的技术分析都是建立在三大假设之上的：（1）市场行为包容消化一切。这句话的含义是：所有的基础事件——经济事件、社会事件、战争、自然灾害等作用于市场的因素都会反映到价格变化中来。（2）价格以趋势方式演变。（3）历史会重演。

技术分析具备全面、直接、准确、可操作性强、适用范围广等显著特点。与基本分析相比，技术分析进行交易的见效快，获得利益的周期短。此外，技术分析对市场的反应比较直接，分析的结果也更接近实际市场的局部现象。通过市场分析得到的进出场位置相比较基本分析而言，往往比较准确。

### 1.4.3　量化分析构建策略

量化投资是借助现代金融学、计算机和数学的方法，把人的投资理念和研究成果量化为客观的数理模型，利用计算机技术完成数据处理、分析建模、决策下单，执行整个流程的系统化、程序化的投资方式。简单来讲，量化投资就是利用计算机科技并采用一定的数学模型去实现投资理念、实现投资策略的过程。

量化投资是在技术分析的基础上发展起来的，量化指标更精确，对市场的监测行为更全面，交易更及时，策略也更加多样化。量化投资者不仅可以对技术分析的一切指标进行量化与回测，还可以把基本面分析所用到的财务指标纳入模型。

与基本面投资的高投资深度、低投资广度不同，量化投资是低投资深度、高投资广度的投资方式。基本面投资在做股票投资的时候可以做得非常精致、非常好，选股票时可以一只一只做纵深分析。但是由于深度的股票分析消耗人力物力，因此很难投资较多的股票。而量化分析在投资的时候股票覆盖得非常广，但是选取的股票不一定很准，需要通过大量投资的方式来获取利润。

本书将分别介绍基本面分析、技术分析、量化分析构建交易策略的方法，并给出具体的策略以供参考。由于量化投资在中国是新兴技术,对数据的要求较高,个人分析者很难支付获得高质量数据的高额成本,所以本书主要介绍前两种策略,并在最后一部分给出通过借助量化平台获取数据构建量化交易策略的方法。希望读者能够以点窥面,走出构建交易策略的第一步。

## 1.5 本书结构安排

本书主要安排如下:

第一部分 金融交易策略概述(第 1 章)。主要介绍金融交易策略的基本概念与分类,引出本书的主要内容。

第二部分 证券投资与交易策略(第 2 ~ 4 章)。第 2 章介绍基本面分析的主要步骤,从宏观经济分析到行业选择再到具体公司的多方面剖析;第 3 章和第 4 章分别介绍技术分析中的事件研究法构建策略和趋势跟随策略。

第三部分 金融衍生产品与交易策略(第 5 ~ 9 章)。第 5 章介绍期货及期货市场;第 6 章介绍利用期货进行套期保值的交易策略;第 7 章介绍期货市场中进行期现套利、跨期套利、跨市场套利的可行性方案;第 8 章介绍一种简单衍生品的设计——股票挂钩结构化债券;第 9 章介绍利用金融产品构造衍生组合时的风险控制策略,主要讲解风险价值 VaR 的概念及计算方法。

第四部分 互联网金融与交易策略(第 10 ~ 12 章),主要以 P2P 网贷为例。第 10章介绍了互联网金融的概念、发展现状及相关产品(包括 P2P 网贷、众筹融资、第三支付)的交易机制;第 11 章介绍利率设计的基本概念和方法,并将其应用于 P2P 网贷产品的设计;第 12 章介绍互联网金融背景下 P2P 网贷产品的投资组合策略设计。

第五部分 量化投资与交易策略(第 13 ~ 14 章)。第 13 章介绍量化投资的概念、原理、发展历史及常见策略;第 14 章介绍了目前中国常见的几个量化平台,并提供借助量化平台获取免费数据构建可行策略进行回测的操作实例。

金融学是一门理论与实践密切结合的学科,而金融交易策略是一门艺术。如何在鱼龙混杂的市场中挑选优质的金融产品?对于优秀的金融产品,应该在什么价格或什么时间点买入和卖出?如何通过构建投资组合分散风险?对冲和套利在金融市场中又该如何操作?近两年量化投资持续火热,"黑匣子"中到底藏着什么?互联网背景下的新兴金融产品该如何选择,它们本身是否符合传统金融学基本原理?在本书中,我们将介绍金融交易时解决上述问题的基本思想和主要方法。通过实例操作,使读者能够对金融交易策略有具体的理解,抛砖引玉,进而设计出自己的交易策略。

# 第2章

## 证券投资基本分析

**本章学习目标**

- 了解宏观经济周期和宏观经济政策对证券市场的影响
- 了解行业分析的基本内容
- 掌握公司财务分析的主要方法

## 2.1　证券投资的宏观经济分析

作为国民经济的重要组成部分,证券市场的运行必然会受到宏观经济的影响。国家的财政状况、金融环境、汇率调整都将影响股票价格的沉浮。因此,在进行证券投资分析时,我们只有首先了解宏观经济状况,才能对证券市场趋势和股票内在价值有一个正确的判断。

### 2.1.1　宏观经济趋势

(一) 判断宏观经济状况的主要指标

1. GDP (国内生产总值)。GDP 指一个国家或地区所有常住单位在一定时期内生产活动的最终成果。

由图 2-1 可以看出,从 1978 年改革开放以来我国 GDP 呈长期增长趋势,以 2001 年加入世贸组织为标志,中国经济已经完成市场化和国际化进程,融入世界经济体系和经济全球化浪潮之中,经济进入飞速增长阶段。

GDP 的增长速度能够衡量经济增长率,它既能反映一定时期内经济水平的变化,也能反映一个国家的经济是否具有活力。由图 2-2 可以看出,1992 年邓小平南方谈话后,我国经济高速发展,1992—1993 年上半年经济明显过热,自 1993 年下半年起,政府采取了一系列的调控措施,经过为期 3 年的调整,成功地遏制了高通货膨胀率,1996 年实现了经济 "软着陆"。2008 年国际金融危机爆发,GDP 增长率急剧下降,在 2009 年降

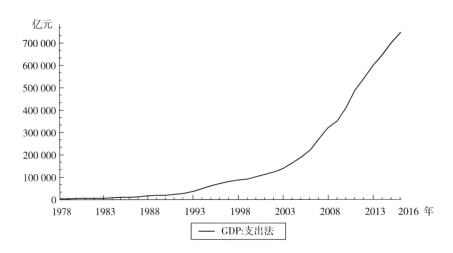

数据来源：Wind 资讯。

**图 2 - 1　1978—2016 年我国 GDP 增长趋势**

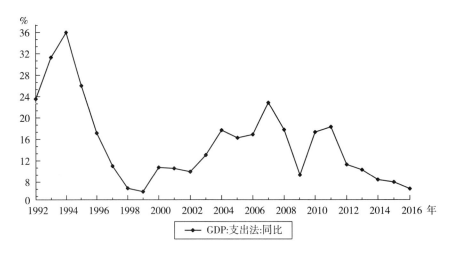

数据来源：Wind 资讯。

**图 2 - 2　1992—2016 年我国 GDP 增长率**

到最低，此后经过一系列货币政策和财政政策的宏观调控，我国经济开始回暖。

2. 失业率。失业率是指失业人口占劳动力人口的比率，其中，劳动力人口是指年龄在 16 周岁以上且具有劳动能力的全体人员。一般情况下，失业率的下降代表着整体经济的健康发展，有利于货币的升值；相反，失业率的上升则代表着经济发展的放缓和衰退，不利于货币的升值。

3. 通货膨胀。通货膨胀是在信用货币制度下，流通中的货币数量超过实际需要的货币数量，从而引起的货币贬值和物价水平上涨的现象。消费物价指数（CPI）是最常用的衡量通货膨胀的指标。CPI 等于一组固定商品按当期价格计算的价值与按基期价格计算的价值的比值，通常用百分比表示，我国通货膨胀的控制目标是 3%。

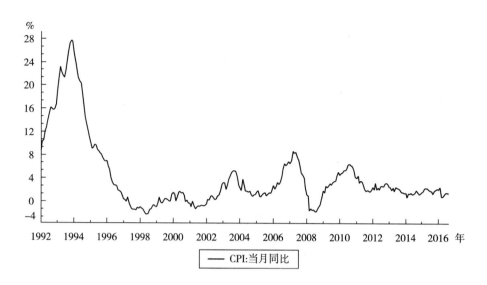

数据来源：Wind 资讯。

**图 2 - 3　1992—2016 年我国当月同比 CPI**

由图 2 - 3 可以看出 1992 年 CPI 迅速增长，经济高速发展，通货膨胀严重，政府采取了一系列调控措施后，在 1996 年经济实现软着陆。1996 年开始，我国 CPI 控制在目标值 3% 以下，以后各年 CPI 均在 3% 上下浮动。2008 年国际金融危机导致货币贬值，CPI 为负。

（二）判断金融市场形势的主要指标

1. 货币供应量。货币供应量等于单位和居民个人在银行的各项存款和手持现金之和，它的变化反映着中央银行货币政策的变化，其对企业的生产经营、金融市场特别是证券市场的运行以及居民个人的投资行为有着重大的影响。中国人民银行将我国货币供应指标分为以下四个层次：

$M_0$：流通中的现金。

$M_1$：$M_0$ + 企业活期存款 + 机关、团体、部队存款 + 农村存款 + 个人持有的信用卡类存款。

$M_2$：$M_1$ + 城乡居民储蓄存款 + 企业存款中具有定期性质的存款 + 外币存款 + 信托类存款。

$M_3$：$M_2$ + 金融债券 + 商业票据 + 大额可转让存单等。

其中，$M_1$ 是狭义货币量，流动性较强；$M_3$ 是广义货币量；$M_2$ 与 $M_1$ 的差额是准货币，流动性较弱；$M_3$ 是考虑到金融创新的现状而设立的，暂未测算。

由图 2 - 4 和图 2 - 5 可以看出，从 1994 年我国货币供应量统计监测指标向社会公布起，$M_0$、$M_1$、$M_2$ 三者的总量均呈逐年上涨趋势，$M_0$、$M_1$、$M_2$ 三者的同比增长率变化趋势也大致相同。说明我国的货币供应量一直在增加，经济处在不断发展之中。

2. 利率。利率表示一段时间内利息量与本金的比率，通常用百分比来表示。利率政策已成为当前世界各国中央银行调整货币供求关系，调控宏观经济的重要手段。当经济

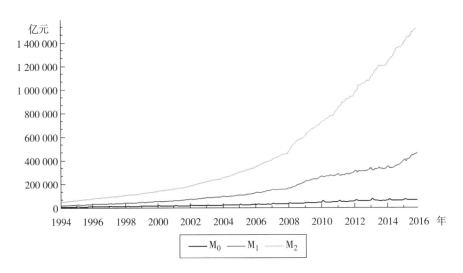

数据来源：Wind 资讯。

**图 2 - 4   我国 1994—2016 年 $M_0$、$M_1$、$M_2$ 总量**

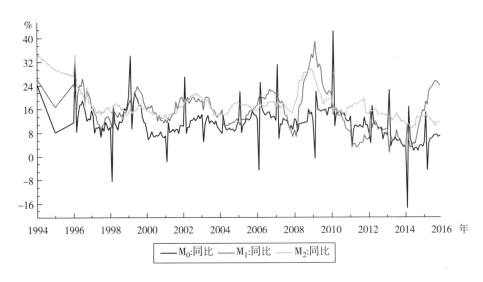

数据来源：Wind 资讯。

**图 2 - 5   1994—2016 年 $M_0$、$M_1$、$M_2$ 同比增长率**

过热、通货膨胀严重时，中央银行便提高利率、收紧信贷；当过热的经济和通货膨胀得到控制时，中央银行便会把利率适当地调低。

利率波动能够反映市场资金供求关系的变动。在经济繁荣时，市场上资金供不应求，利率上升；在经济萧条疲软时，资金需求量减少，利率随之下降。由图 2 - 6 可以看出，1992 年经济高速发展，资金的需求量迅速增加，导致利率上升；随后，政府采取一系列紧缩性财政和货币政策来缓解过热的经济，利率持续下降。

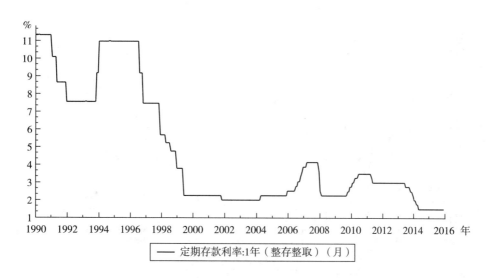

数据来源：Wind 资讯。

**图 2 - 6　1990—2016 年我国年基准利率**

3. 汇率。汇率是外汇市场上一国货币与他国货币相互交换的比率。汇率变动综合反映了国际市场上商品和货币的供求关系。汇率升高，本币贬值，国外的本币持有人就会抛出本币或者加快国内市场的商品购买速度。对于国内来说，流回的本币和流出的商品增多，导致国内需求的扩大和供给的减少。汇率下降，本币升值，国外对本币的需求增大，本币流出增加，进口减少，导致国内需求的减少和供给的增加。

### 2.1.2　宏观经济周期与证券市场

（一）经济运行周期性的含义

大量的理论和实证研究表明，宏观经济的运行是呈现周期性变化的。宏观经济周期一般经历复苏、繁荣、衰退、滞胀四个阶段。在众多反映宏观经济周期性变化的统计指标中，GDP 是最常见、综合性最强的。从 GDP 的上升开始算起，首先要经历 GDP 处于增长的复苏阶段，接着上升至最高点的繁荣阶段，然后经历 GDP 不断下降的衰退阶段，最后达到最低点的滞胀阶段，滞胀之中又蕴含着复苏的再次来临。

从图 2 - 7 可以看出，我国 GDP 增长率呈规律性波动状态，从 1977 年至今已经历了五个完整的周期波动，它们分别是：1977—1982 年；1982—1986 年；1986—1990 年；1990—1999 年；1999—2009 年。我们选取第 4 个经济周期进行分析，从 1990 年开始，GDP 增长率从最低点不断上升，经济处于复苏阶段；到 1994 年 GDP 增长率到达了最高点，此时经济处于繁荣阶段；从 1994 年起 GDP 增长率从最高点开始下降，此时经济处于衰退阶段；1999 年 GDP 增长率下降到了最低点，此时经济处于滞胀阶段；从 1999 年起 GDP 增长率再次上升，经济进入一个新周期的复苏阶段。

（二）宏观经济周期与证券市场波动的关系

经济周期时间有长有短，不同的经济周期的形态也各不相同，事实上，没有完全相

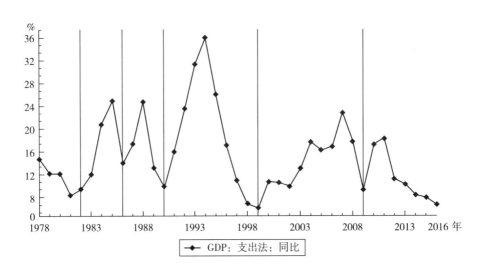

数据来源：Wind 资讯。

**图 2 - 7　1978—2016 年我国 GDP 增长率**

同的经济周期。从证券市场的角度来说，证券市场价格的波动与经济周期的运行大体一致。经济繁荣，证券市场价格上涨；经济衰退，证券市场价格下跌；由图 2 - 8 和图 2 - 9 中的上证综合指数和 GDP 总量变化趋势即可看出。

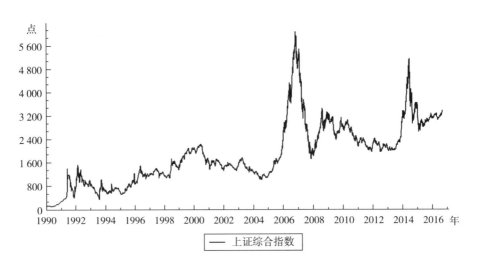

数据来源：Wind 资讯。

**图 2 - 8　1990—2016 年上证综合指数**

### 2.1.3　宏观经济政策与证券市场

（一）扩张性货币政策对证券市场的影响

1. 降低存款准备金率和再贴现率，使商业银行的资金头寸增加，市场可贷资金

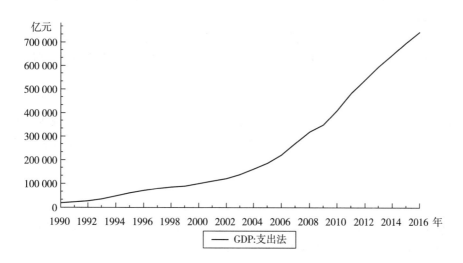

数据来源：Wind 资讯。

**图 2 − 9　1990—2016 年我国 GDP 总量**

充裕，为上市公司提供了良好的融资环境。一方面有利于上市公司利用财务杠杆经营，加速业务创造、增加营业利润，为证券价格盘升打下坚实基础；另一方面，使二级市场资金流动性增强，资金更为宽裕，更多的资金进入证券市场，促进了证券市场的发展。

2. 降低利率。一方面，降低利率使投资证券的机会成本降低、实际收益变得相对有利，从而促进储蓄资金流入证券市场，股票投资者数量增加，有利于证券市场价格长期走好；另一方面，降低利率使企业借款成本降低、投资活动趋向活跃，有利于企业利润增加，从而刺激经济增长，带动证券市场价格上涨。

（二）紧缩性货币政策对证券市场的影响

为了改善持续高涨的经济状况、对抗严重的通货膨胀，国家会通过中央银行采取紧缩性的货币政策，包括提高法定存款准备金率、提高中央银行的再贴现率以及在公开市场上卖出国债，以减少货币的供应量，平衡社会总需求和总供给。与扩张性货币政策相反，紧缩性货币政策会导致证券市场价格的下跌。

货币政策对证券市场的调控是直接而迅速的，但财政政策对证券市场的调控是持续但较为缓慢的。

（三）扩张性财政政策对证券市场的影响

1. 降低税率。对于公司，在其他条件不变的情况下，降低税率会直接增加公司的净利润，增强公司扩大生产规模的能力，进而加大公司未来成长的潜力。对于居民个人降低税率、扩大减免税的范围，会直接提高他们的实际收入水平，进而增加他们的投资需求和消费需求，促进证券市场价格的上涨。

2. 扩大政府购买力。扩大政府购买力如增加政府在某些非竞争性领域的投资，可直接增加相关产业的产品需求，从而带动与这些产业有关的公司的发展，增加公司的利润，带动更多的劳动者就业，增加居民收入，进而增加投资需求和消费需求，促使证券市场价格上涨。

3. 提高政府转移支付水平，如增加社会福利费用、增加对农民的农产品价格补贴等，能够直接增加一部分人的收入，间接促进公司利润增长，有利于证券市场价格的上涨。

4. 国债发行。减少国债的发行量，货币流通量进而增加，使更多的资金流入证券市场，带动证券市场价格上涨。然而，减少国债的发行量又会使政府的支出减少，给国民经济带来负面影响，不利于证券市场价格的上涨。因此，要从多个的角度综合分析国债发行对证券市场价格的影响。

（四）紧缩性财政政策对证券市场的影响

当经济持续过热，价格水平不断上涨时，国家就会实行紧缩性财政政策，包括降低政府购买水平，降低转移支付水平和提高税率，以降低社会总需求和通货膨胀率。与扩张性财政政策相反，紧缩性财政政策能够从总体上抑制证券市场价格的上涨。

（五）汇率政策对证券市场的影响

1. 汇率上升，本币贬值，使本国产品的竞争力增强，出口型企业因此获益，此类上市公司的证券价格将会上涨；进口型企业会因成本增加而蒙受损失，此类上市公司的证券价格将下跌。汇率下降的情形与此相反。

2. 汇率上升，本币贬值，大量资本流到国外，导致本国证券市场中的资金量减少，证券价格将会下跌。汇率下降的情形与此相反。

# 2.2 证券投资的行业分析

行业分析是连接宏观经济分析和公司分析的纽带，主要包括：行业分类；行业所处的发展阶段；各种因素对行业发展的影响；行业未来的发展趋势及评估其投资价值和投资风险。行业分析能为政府、投资者及其他机构提供投资决策依据。

## 2.2.1 行业的分类

行业是指在国民经济中由从事同样性质的生产活动或其他社会经济活动的经营单位及个体所构成的组织结构体系。在国民经济中，各个行业发展不均，要选择适当的行业进行投资，就必须对行业进行有效的分类，就其特点进行分析研究。

（一）标准行业分类法

为了方便汇总各国的统计和进行相互对比，联合国经济和社会事务统计局制定了一个《全部经济活动国际标准行业分类》（简称《国际标准行业分类》），该分类将国民经济划分为 10 个门类：（1）农业、畜牧制造狩猎业、林业和渔业；（2）采矿业及土、石采掘业；（3）制造业；（4）电、煤气及水的生产和供应业；（5）建筑业；（6）批发和零售业、饮食和旅游业；（7）运输、仓储和邮电通信业；（8）金融、保险、房地产和工商服务业；（9）政府、社会和个人服务业；（10）其他。对每个门类再划分大类、中类、小类。

（二）我国国民经济行业的分类

目前我国行业分类标准共有行业门类 20 个，行业大类 95 个，行业中类 396 个，行业小类 913 个，基本反映出我国目前行业结构状况（见本章附录：表 2 - 2）

（三）证券市场的行业分类

证券市场的行业分类重点反映行业的盈利前景，行业的盈利前景与许多因素有关，所以证券市场的行业分类也有多重标准。

1. 按照行业未来的发展前景，可分为朝阳行业和夕阳行业。

2. 按照行业所采用技术的先进程度，可分为新兴行业和传统行业。

3. 按照行业的要素集约度，可分为资本密集型行业、技术密集型行业和劳动密集型行业。

### 2.2.2　行业分析的主要内容

（一）行业的市场类型

1. 完全竞争市场，是大量企业生产同质产品的市场。市场上生产者众多，产品是同质的，企业影响不了价格，生产者和消费者都能够自由进出这个市场。这类市场中行业的经营业绩波动性较大，股票价格受此影响，波动性也较大，投资风险相对较高。

2. 完全垄断市场，是由独家企业生产某种没有或缺少相近替代品的产品的市场。在完全垄断条件下，由于独家企业提供了整个行业所需要的全部产品，它可以完全控制市场价格，经营业绩较好，投资风险小。

3. 垄断竞争市场，是处于完全竞争市场和完全垄断市场之间的一种市场。市场中生产者众多，但产品之间存在着差异。这类企业的分化较大，大量的企业中没有一个企业能够有效地影响其他企业的行为。那些生产规模大、品牌知名度高的企业在同行中竞争力较强，经营业绩较好且相对稳定，投资风险相对较小。

4. 寡头垄断市场，是少量的生产者在某种产品中占据很大市场份额的市场。市场中企业数量较少，一般为资本密集型或技术密集型行业。进入该市场的门槛较高，资金、技术等因素会限制新企业的进入，因此该市场中企业对产品价格的控制能力较强。

（二）根据经济周期对行业分类

1. 成长型行业。其发展与经济周期无关，销售收入和利润的增长速度不受国民经济周期性变化的影响，尤其是经济衰退的消极影响。它主要依靠技术进步、不断推出新产品、为用户提供更优质的服务、提高经营管理的效率，来实现持续不断的成长和进步。计算机行业就是典型的成长型行业。

2. 周期型行业。周期型行业的发展与经济周期密切相关。当经济上升时，它们会随之扩张；当经济衰退时，它们也相应跌落。珠宝业等需求具有收入弹性的行业就是典型的周期性行业。

3. 防御型行业。防御型行业的发展不受经济周期的影响。无论宏观经济周期处在哪个阶段，它们的销售收入和利润均呈稳定态势。如公用事业就属于典型的防御型行业，其需求的收入弹性较小，因而销售收入相对稳定。

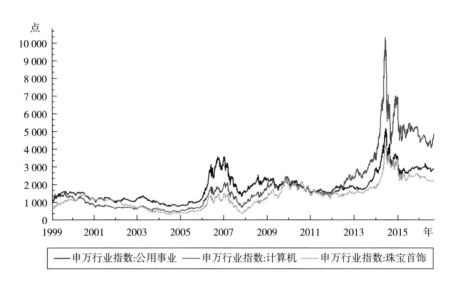

数据来源：Wind 资讯。

**图 2 - 10   1999—2016 年申万行业指数**

了解行业发展与经济周期的关系，能够使投资者认清经济循环不同阶段的不同表现，进而选择不同的行业进行投资。当经济处于上升、繁荣阶段时，投资者可以投资周期型行业的公司证券，从而获得稳定的收益，同时减少投资风险。

（三）行业生命周期分析

一般来说，行业的生命周期可分为即幼稚期、成长期、成熟期和衰退期四个阶段。分析行业生命周期不同阶段的风险水平与盈利水平，有利于把握产品及其行业未来的发展趋势。对投资者而言，进行行业生命周期分析关键在于帮助他们选择合适的投资对象和投资时机。

1. 幼稚期。行业处于幼稚期时，由于其初建不久，只有为数不多的创业公司投资于此。幼稚期是一个风险大、收益小的时期，处于幼稚期的行业更适合投机者和创业投资者。

2. 成长期。成长期是行业发展的黄金时期。处于成长期的行业由于利润快速增长，其证券价格的上涨有业务作为基础，上扬是明确的，且具有长期性质。

3. 成熟期。行业的成熟期是一个相对较长的时期。处于成熟期的行业风险较小、收益较高，证券价格一般呈现稳定上涨的状态，大涨或大跌的可能性并不大，具有长线持股的投资价值。

4. 衰退期。处于衰退期的行业只能维持正常的利润水平，是不应该对其业绩寄予厚望的。衰退期行业面临的主要是生存风险，行业内部风险较小，收益也较小。

（四）影响行业发展的主要因素

1. 政府的影响。所有的行业都会受到政府的管理，只是程度不同而已。政府通过补贴、税收优惠、出台保护某一行业的附加法规等措施来鼓励某些行业的发展，这些措施相应地引起该行业的股价的上涨。在考虑到生态、安全、价格等因素后，政府会通过融资限制、提高公司税等措施对某些行业实施限制，导致该行业的股票价格下跌。

2. 技术因素的影响。新技术的不断涌现推动了工业的迅速发展，也使得新行业不断地淘汰旧行业，如大规模集成电路计算机取代了一般电子计算机。新产品在定型和大批量生产后，成本和价格大幅度降低，很快就能被消费者接受和使用，这使得新行业能够迅速地超越并取代旧行业。

3. 相关行业变动因素的影响。

（1）相关行业的产品是该行业产品的原材料时，相关行业产品价格上升就会导致该行业的生产成本上升，利润降低，股票价格下跌。如钢铁的价格上升，可能会引起汽车公司股票价格的下跌。

（2）相关行业的产品是该行业产品的替代品时，相关行业产品价格上升就会引起该行业产品市场需求增大、销售量增加，利润提高，股票价格上涨。如豆浆价格上升，可能对乳业公司的股票价格产生利好影响。

（3）相关行业的产品是该行业产品的互补品时，相关行业产品价格上升会引起该行业的公司股票价格下降。如汽油价格的上涨可能会引起汽车的市场需求量减少，导致汽车制造业公司股票下跌。

## 2.3　证券投资的公司分析

在进行了行业分析之后，投资者对投资的行业进行了选择，但每个行业都有很多公司，这些公司在规模、实力、盈利等方面各不相同，因此还须对该行业中的公司进行分析，进而挑选出最佳投资对象，以期获得最高的投资收益。

### 2.3.1　公司基本情况分析

（一）公司竞争地位分析

公司竞争实力的强弱和公司的生存能力和盈利能力有密切关系，投资者一般都愿意投资于具有强大竞争实力的公司。

1. 行业地位分析。行业地位分析是为了找出公司所处的行业竞争地位，如是否是领导企业，在价格上是否具有影响力，是否具备竞争优势等。衡量公司行业竞争地位的指标主要有行业综合排序和产品的市场占有率。

2. 经济区位分析。经济区位是指资本、技术等经济要素高度聚集，经济发展迅速的地区。一般情况下，处在经济区位内的上市公司具有较高的投资价值，上市公司的区位分析的包括以下三个方面：

（1）区位内的自然和基础条件。自然和基础条件包括矿产资源、水资源、能源、交通、通信设施等。

（2）区位内政府的产业政策和其他相关的经济支持。如果区位内的上市公司的主营业务得到当地政府产业政策支持，上市公司的发展前景就会非常乐观。

（3）区位内的比较优势和特色。主要包括经济发展的环境、条件和水平等方面的比较优势和特色。处于具有比较优势和特色区位内的上市公司更具竞争力。

3. 主营业务收入。一般来说，主营业务越突出，年销售额越大，公司的竞争优势地位越强。此外，只有那些规模相当且能长期保持销售收入增长的公司才能具有真正的竞争优势。

4. 市场占有率。一方面，看公司产品销售市场的地域分布，是属于地区型、全国型还是世界型。市场分布越广，公司盈利能力越强；另一方面，看公司产品销售量占该类产品市场销售总量的比例，比例越高，表明公司的竞争能力越强，公司的销售和利润水平越好。

（二）技术水平和产品的竞争能力

技术水平和产品竞争力是确定企业竞争优势的关键。

1. 公司的技术水平。公司的技术水平是决定公司竞争地位的首要因素。在现代的企业中，新产品的研发能力是决定企业成败的关键因素。产品创新包括研制出新的核心技术，开发出新产品，降低生产成本等，进而能提高企业的核心竞争力。

2. 产品分析。产品分析分为以下三个部分：

（1）产品的竞争能力分析。如果一个公司的产品具备了成本优势、技术优势和质量优势，其竞争优势就会得以确立。

（2）产品的市场占有率。该比率越高说明公司的盈利能力和竞争能力越强。

（3）品牌战略。在行业发展进入成熟阶段时，品牌成为决定公司竞争力的重要因素。分析上市公司的品牌，主要看其有无品牌战略及其品牌前景如何等。

（三）公司成长性分析

1. 公司经营战略分析，是从宏观层面考察公司的成长性。经营战略是在保证完成公司使命的条件下，合理地规划公司的经营范围、成长方向和竞争对策，调整公司治理结构和分配公司资源。可以通过收集和分析公司的公开信息，到公司进行调查走访等途径了解公司的经营战略，评估公司高级管理层对公司经营战略的影响，分析公司的投资项目、财力、人力资源等是否符合其经营战略要求，根据公司的竞争地位分析其经营战略是否适当等。

2. 公司规模变动及扩张潜力分析，是从微观层面考察公司的成长性。通过比较公司历年的销售收入、净利润和资产规模等数据可以判断它是加速发展、稳步扩张还是停滞不前；通过分析和预测公司主要产品的市场前景，并结合公司的投资和筹资能力来分析其扩张能力。

## 2.3.2 公司财务分析

（一）财务分析的主要依据

财务分析是运用适当的方法，对公司的财务报表以及相关资料中的数据进行分析，进而评估公司的经营状况，并预测公司的未来发展前景。上市公司的财务报表中，最重要的是资产负债表和现金流量表。资产负债表是反映公司某一特定时期财务状况的静态报表。它是根据"资产＝负债＋股东权益"会计平衡式编制的，反映了公司的资产、负债和股东权益之间的平衡关系。利润表（损益表）是反映公司在一定时期内发生的收支和盈利状况的动态报表，它反映了公司的经营状况、盈利能力和发展趋势。现金流量表主要用来反映一定时期内公司经营活动、筹资活动、投资活动对现金流量的影响。投资者通过分析公司的现金流量表来判断该公司的经营状况和财务情况，预测公司未来的现金流量。接下来本书将以长城汽车股份有限公司为例进行财务分析，见表 2-1。

表 2-1　　　　　　　　　长城汽车股份有限公司绩效评价概览表

| 绩效评价概览 | | | | | | |
|---|---|---|---|---|---|---|
| 年份 | 2010 | 2011 | 2012 | 2013 | 2014 | 2015 |
| 盈利能力 | | | | | | |
| 销售毛利率（%） | 24.74 | 24.91 | 26.87 | 28.61 | 27.70 | 25.13 |
| 销售净利润率（%） | 12.30 | 11.67 | 13.26 | 14.50 | 12.85 | 10.61 |
| ROA 总资产报酬率（%） | 15.56 | 14.33 | 17.77 | 20.64 | 16.77 | 14.52 |
| ROE 净资产收益率（%） | 30.68 | 25.61 | 29.76 | 33.22 | 26.17 | 22.45 |
| ROIC 投入资本回报率（%） | 24.18 | 20.00 | 24.37 | 28.02 | 22.83 | 19.68 |
| 安全能力 | | | | | | |
| 产权比率 | 1.33 | 0.96 | 0.97 | 0.88 | 0.83 | 0.87 |
| 流动比率 | 1.25 | 1.38 | 1.34 | 1.36 | 1.35 | 1.27 |
| FCFF/营业总收入（%） | -4.83 | -7.71 | 2.92 | 0.93 | 2.30 | 6.23 |
| 增长能力 | | | | | | |
| 营业收入增长率 | 79.37 | 30.90 | 43.44 | 31.57 | 10.23 | 21.35 |
| 股本增值率 | | 0.64 | 0.27 | 0.29 | 0.20 | 0.15 |
| 周转能力 | | | | | | |
| 总资产周转率 | 1.19 | 1.06 | 1.14 | 1.19 | 1.10 | 1.14 |
| 流动资产周转率 | 1.9987 | 1.71 | 1.87 | 2.00 | 1.89 | 2.01 |
| 应收账款周转率 | 96.82 | 59.80 | 62.97 | 84.26 | 90.29 | 108.04 |
| 偿债能力 | | | | | | |
| 资产负债率 | 0.56 | 0.49 | 0.49 | 0.47 | 0.45 | 0.47 |
| 权益比率 | 0.44 | 0.51 | 0.51 | 0.53 | 0.55 | 0.53 |

（二）基本的财务比率分析

财务比率分析是通过将财务报表上两个会计项目数据相除所得到的各种财务比率来揭示有关项目的逻辑关系。

1. 短期偿债能力。为了维持正常的生产经营活动，公司必须持有一定的流动资产，如现金、银行存款等，以支付各种到期的费用和债务。

（1）流动比率。流动比率用于衡量短期债务到期之前，流动资产变现以偿还债务的能力。其计算公式为：

$$流动比率 = \frac{流动资产}{流动负债}$$

一般来说，流动比率越高，说明企业资产的变现能力越强，短期偿债能力也越强；

反之则弱。一般生产企业，该指标在 2 左右；而在以现金收入为主的零售业、餐饮业，可以适当降低此比率。长城汽车属于生产企业，其在 2010—2015 年流动比率变化不大，在 1.3 上下浮动，说明该公司偿债能力一般，但比较稳定。

（2）速动比率。速动比率是反映公司速动资产与流动负债关系的指标，其计算公式为：

$$速动比率 = \frac{速动资产}{流动负债}$$

其中，速动资产包括现金、银行存款、应收账款、应收票据、有价证券、其他应收款项等能迅速变现的资产。正常的速动比率为 1，如果速动比率过低，表示公司的短期偿债能力较差。这两个比率并非越高越好，流动比率过高，可能是存货积压或持有现金太多；速动比率过高，说明现金持有太多。企业的存货积压，说明企业经营不善；现金持有太多，说明企业资金利用效率低下。

（3）现金比率。现金比率等于现金类资产与流动负债的比值。其计算公式为：

$$现金比率 = \frac{现金 + 现金等价物}{流动负债}$$

现金比率反映公司随时可以还债的能力，现金比率越高，反映公司直接支付能力越强。但如果公司将资产过多地停留在现金上，虽然提高了偿还能力，却会增加机会成本，使盈利能力受到影响。单独分析这一指标意义并不大，应将其与流动比率、速动比率结合起来分析公司的短期偿债能力。

2. 长期偿债能力。长期偿债能力指企业偿还长期负债的能力。

（1）资产负债率。资产负债率表明在企业资产总额中，债权人提供资金所占的比重，该比率越小，表明企业的长期偿债能力越强。其计算公式如下：

$$资产负债率 = \frac{负债总额}{资产总额}$$

资产总负债率也表示企业对债权人资金的利用程度。资产负债率较大时，在企业经营状况良好的情况下，可以利用财务杠杆的原理，得到较多的投资利润。但企业资产负债率过高，债权人的权益就会有风险，一旦资产负债率超过 1，则说明企业资不抵债，有倒闭的风险，债权人将受损失。

（2）权益比率。权益比率是指公司股东权益资产的比率。其计算公式为：

$$权益比率 = \frac{股东权益总额}{资产总额}$$

根据"资产 = 负债 + 股东权益"的平衡等式可知：负债比率 + 权益比率 = 1。权益比率越高，表明公司长期偿债能力越强。长城汽车 2010—2015 年资产负债率和权益比率基本维持在 0.5 左右，说明在企业的总资产中，负债和权益各占一半，说明该企业经营状况良好，长期偿债能力较强。

（3）产权比率。产权比率反映了企业投资者权益对债权人权益的保障程度。其计算公式为：

$$产权比率 = \frac{负债总额}{股东权益}$$

产权比率越低，企业的长期偿债能力越强，债权人承担的风险越小。长城汽车2010—2015 年产权比例呈逐年下降趋势，说明该企业的长期偿债能力在逐年增强。

3. 运营能力分析。应收账款和存货转化为现金所需时间的长短直接影响企业的短期偿债能力。关注应收账款和存货能够让我们更全面地了解企业的资金流动性，有助于正确分析企业的运营能力。

（1）应收账款周转率和应收账款周转天数。二者反映了公司特定周期回收应收账款的速度和效率，其计算公式为：

$$应收账款周转率 = \frac{销售收入}{平均应收账款}$$

$$应收账款周转天数 = \frac{360 天}{应收账款周转率}$$

应收款项周转率越高，说明公司在短期内收回贷款，利用营运产生的资金支付短期债务的能力越强。应收款项周转天数数值越大，表明公司收回贷款所需时间长，利用营运产生的资金偿付短期债务的能力越低。长城汽车 2010 年至 2015 年的应收账款周转率先减小后增大。说明该公司的短期偿债能力先下降后升高。

（2）存货周转率和存货周转天数。二者是衡量企业经营能力强弱和存货变现能力的指标。其计算公式为：

$$存货周转率 = \frac{销货成本}{平均存货}$$

$$存货周转天数 = \frac{360 天}{存货周转率}$$

存货周转率高，表示存货量适度，存货所占资金使用效率高，企业变现能力和经营能力强。存货周转天数越长，表明存货周转一次平均所需时间越长，存货积压的风险相对增大，公司通过销售实现的营运资金偿还短期债务能力越弱。

（3）总资产周转率。总资产周转率反映了公司利用资产创造收入的效率。其计算公式为：

$$总资产周转率 = \frac{销售收入}{平均资产总额}$$

其中，平均资产总额为年初资产总额与年末资产总额的平均数。该比率越高，表明公司投资发挥的效率越大，公司利润率也越高。但总资产周转率在不同行业之间几乎没有可比性，资本密集程度越高的行业总资产周转率越低。长城汽车 2010 年至 2015 年的总资产周转率呈现波动变化，但基本维持在 1.1～1.2，即投资的每 1 元钱在一年之内可产生 1.1～1.2 元的销售额，说明该公司利用资产创造收入的效率较高。

（4）流动资产周转率。流动资产周转率反映的是流动资产的周转速度。其计算公式为：

$$流动资产周转率 = \frac{销售收入}{平均流动资产}$$

式中平均流动资产是资产负债表中"流动资产"期初数与期末数的平均数。周转速度越快，会相对节约流动资产，增强企业盈利能力；而较慢的周转速度，需要补充流动资产参与周转,会形成资金浪费,降低盈利能力。长城汽车 2010 年至 2015 年的流动资产周转率呈现波动变化,2015 年达到最高值 2.01,在 2011 年达到最低值 1.71,整体来看,该企业的周转速度较快,盈利能力较强。

4. 企业盈利能力。盈利能力就是企业赚取利润的能力。在盈利分析中,相对数比绝对数更能反映资金运用结果及企业经营绩效。

(1) 总资产报酬率。总资产报酬率是反映企业资产综合利用效果的指标。其计算公式为:

$$总资产报酬率 = \frac{净利润}{平均资产总额}$$

其中,平均资产总额为年初资产总额与年末资产总额的平均数。总资产报酬比率越高,表明资产利用率的效益越好,整个企业获利能力越强。长城汽车 2010 年至 2015 年总资产报酬率波动较大,在 2013 年最高值为 20.64,在 2011 年最低值为 14.33。总体来看,虽然该公司总资产报酬率波动很大,但数值普遍较高,说明长城汽车的盈利能力较强但不太稳定。

(2) 净资产收益率。净资产收益率反映所有者投资的获利能力。其计算公式为:

$$净资产收益率 = \frac{净利润}{平均净资产}$$

其中,平均净资产为年初净资产与年末净资产的平均数。该比率越高,说明所有者投资带来的收益越高。长城汽车 2010 年至 2015 年净资产收益率与总资产报酬率变化趋势一致。

(3) 销售毛利率。销售毛利率是反映产品获利能力的指标。其计算公式为:

$$销售毛利率 = \frac{销售收入 - 销售成本}{销售收入净额}$$

其中,销售毛利是销售收入与销售成本的差额。一般来说,销售毛利率越大,说明在销售收入中,销售成本所占的比重就越小,产品的获利能力就越高。如果企业的毛利率过低,公司就不能盈利或盈利太少。长城汽车 2010 年至 2015 年销售毛利率先升高后降低,说明该公司产品的获利能力先升高后降低。

5. 投资收益分析

(1) 每股收益。每股收益指的是普通股税后利润,它是衡量上市公司盈利能力最重要的财务指标。其计算公式为:

$$每股收益 = \frac{净利润}{流通股总股数}$$

每股收益反映了企业普通股股东持有每一股份能享有企业利润或要承担企业亏损。在分析这一指标时,可以进行公司间的比较,以评价该公司相对的盈利能力;可以进行不同时期的比较来了解该公司盈利能力的变化趋势;可以进行经营实施和盈利预测的比较,掌握该公司的管理能力。

(2) 市盈率。市盈率代表投资者为获得每一元利润所愿支付的价格。其计算公式为:

$$市盈率 = \frac{每股市价}{每股收益}$$

市盈率是投资决策的重要参考依据。通常，绩优蓝筹股的每股收益高，市盈率则相对较低，投资风险相对较小，适合于追求高分红的稳健型投资者；而处于成长阶段的公司，其每股收益较低，市盈率则相对较高，投资风险相对较大，适合于追求高速资本增值的积极性投资者。

（3）每股净资产。每股净资产反映企业普通股股东持有每一股份所拥有的净资产额。其计算公式为：

$$每股净资产 = \frac{净资产}{流通股总股数}$$

该指标值越大，表明普通股每股所代表的权益额就越大。

## 2.4　本章小结

本章主要介绍了证券投资的基本分析，它主要分为宏观经济分析、行业分析和公司分析三个部分。宏观经济分析是以宏观经济趋势、宏观经济周期、宏观经济政策为研究对象，通过分析各研究对象对证券市场的影响，来判断证券市场的价格趋势；行业分析的内容包括行业的分类方法、行业生命周期分析等，通过行业分析能够找出国民经济中的优势行业，为选择投资对象打下基础；公司分析的内容包括公司基本素质分析和财务分析，分析的目的是正确评估公司的内在价值，为证券投资提供合适的投资目标。

### 本章思考题

1. 简述国家如何通过财政政策和货币政策来调节宏观经济，进而影响证券市场的？
2. 简述决定行业兴盛衰败的主要因素。
3. 简述公司分析中公司财务分析的主要内容。

### 本章操作题

选取某家上市公司，根据其近 5 年披露的财务报表及相关资料，进行公司财务分析。

### 参考文献

［1］吴晓求．证券投资学（第 3 版）［M］．北京：中国人民大学出版社，2009.
［2］盛洪昌，于丽红．证券投资学［M］．南京：东南大学出版社，2014.

# 附录

**表 2－2**　　　　　　　　　　　上市公司行业分类及分类说明

| 代码 | | 类别名称 | 说明 |
|---|---|---|---|
| 门类 | 大类 | | |
| A | | 农、林、牧、渔业 | 本门类包括 01～05 大类 |
| | 01 | 农业 | 指对各种农作物的种植 |
| | 02 | 林业 | |
| | 03 | 畜牧业 | 指为了获得各种畜禽产品而从事的动物饲养、捕捉活动 |
| | 04 | 渔业 | |
| | 05 | 农、林、牧、渔服务业 | |
| B | | 采矿业 | 本门类包括 06～12 大类，采矿业指对固体（如煤和矿物）、液体（如原油）或气体（如天然气）等自然产生的矿物的采掘；包括地下或地上采掘、矿井的运行，以及一般在矿址或矿址附近从事的旨在加工原材料的所有辅助性工作，例如碾磨、选矿和处理，均属本类活动；还包括使原料得以销售所需的准备工作；不包括水的蓄集、净化和分配，以及地质勘查、建筑工程活动 |
| | 06 | 煤炭开采和洗选业 | 指对各种煤炭的开采、洗选、分级等生产活动；不包括煤制品的生产和煤炭勘探活动 |
| | 07 | 石油和天然气开采业 | 指在陆地或海洋，对天然原油、液态或气态天然气的开采，对煤矿瓦斯气（煤层气）的开采；为运输目的所进行的天然气液化和从天然气田气体中生产液化烃的活动，还包括对含沥青的页岩或油母页岩矿的开采，以及对焦油沙矿进行的同类作业 |
| | 08 | 黑色金属采矿选业 | |
| | 09 | 有色金属采矿选业 | 指对常用有色金属矿、贵金属矿，以及稀有稀土金属矿的开采、选矿活动 |
| | 10 | 非金属采矿选业 | |
| | 11 | 开采辅助活动 | 指为煤炭、石油和天然气等矿物开采提供的服务 |
| | 12 | 其他采矿业 | |

续表

| 代码 | | 类别名称 | 说明 |
|---|---|---|---|
| 门类 | 大类 | | |
| C | | 制造业 | 　本门类包括 13～43 大类，指经物理变化或化学变化后成为新的产品，不论是动力机械制造，还是手工制作；也不论产品是批发销售，还是零售，均视为制造<br><br>　建筑物中的各种制成品、零部件的生产应视为制造，但在建筑预制品工地，把主要部件组装成桥梁、仓库设备、铁路与高架公路、升降机与电梯、管道设备、喷水设备、暖气设备、通风设备与空调设备，照明与安装电线等组装活动，以及建筑物的装置，均列为建筑活动<br><br>　本门类包括机电产品的再制造，指将废旧汽车零部件、工程机械、机床等进行专业化修复的批量化生产过程，再制造的产品达到与原有新产品相同的质量和性能 |
| | 13 | 农副食品加工业 | 　指直接以农、林、牧、渔业产品为原料进行的谷物磨制、饲料加工、植物油和制糖加工、屠宰及肉类加工、水产品加工，以及蔬菜、水果和坚果等食品的加工 |
| | 14 | 食品制造业 | |
| | 15 | 酒、饮料和精制茶制造业 | |
| | 16 | 烟草制品业 | |
| | 17 | 纺织业 | |
| | 18 | 纺织服装、服饰业 | |
| | 19 | 皮革、毛皮、羽毛及其制品和制鞋业 | |
| | 20 | 木材加工和木、竹、藤、棕、草制品业 | |
| | 21 | 家具制造业 | 　指用木材、金属、塑料、竹、藤等材料制作的，具有坐卧、凭倚、储藏、间隔等功能，可用于住宅、旅馆、办公室、学校、餐馆、医院、剧场、公园、船舰、飞机、机动车等任何场所的各种家具的制造 |
| | 22 | 造纸和纸制品业 | |
| | 23 | 印刷和记录媒介复制业 | |
| | 24 | 文教、工美、体育和娱乐用品制造业 | |
| | 25 | 石油加工、炼焦和核燃料加工业 | |
| | 26 | 化学原料和化学制品制造业 | |
| | 27 | 医药制造业 | |
| | 28 | 化学纤维制造业 | |
| | 29 | 橡胶和塑料制品业 | |

续表

| 代码 | | 类别名称 | 说明 |
|---|---|---|---|
| 门类 | 大类 | | |
| C | 30 | 非金属矿物制品业 | |
| | 31 | 黑色金属冶炼和压延加工业 | |
| | 32 | 有色金属冶炼和压延加工业 | |
| | 33 | 金属制品业 | |
| | 34 | 通用设备制造业 | |
| | 35 | 专用设备制造业 | |
| | 36 | 汽车制造业 | |
| | 37 | 铁路、船舶、航空航天和其他运输设备制造业 | |
| | 38 | 电气机械和器材制造业 | |
| | 39 | 计算机、通信和其他电子设备制造业 | |
| | 40 | 仪器仪表制造业 | |
| | 41 | 其他制造业 | |
| | 42 | 废弃资源综合利用业 | 指废弃资源和废旧材料回收加工 |
| | 43 | 金属制品、机械和设备修理业 | |
| D | | 电力、热力、燃气及水生产和供应业 | 本门类包括 44～46 大类 |
| | 44 | 电力、热力生产和供应业 | |
| | 45 | 燃气生产和供应业 | |
| | 46 | 水的生产和供应业 | |
| E | | 建筑业 | 本门类包括 47～50 大类 |
| | 47 | 房屋建筑业 | |
| | 48 | 土木工程建筑业 | 指土木工程主体的施工活动；不包括施工前的工程准备活动 |
| | 49 | 建筑安装业 | 指建筑物主体工程竣工后，建筑物内各种设备的安装活动，以及施工中的线路敷设和管道安装活动；不包括工程收尾的装饰，如对墙面、地板、天花板、门窗等处理活动 |
| | 50 | 建筑装饰和其他建筑业 | |
| F | | 批发和零售业 | 本门类包括 51 和 52 大类，指商品在流通环节中的批发活动和零售活动 |
| | 51 | 批发业 | 指向其他批发或零售单位（含个体经营者）及其他企事业单位、机关团体等批量销售生活用品、生产资料的活动，以及从事进出口贸易和贸易经纪与代理的活动，包括拥有货物所有权，并以本单位（公司）的名义进行交易活动，也包括不拥有货物的所有权，收取佣金的商品代理、商品代售活动；本类还包括各类商品批发市场中固定摊位的批发活动，以及以销售为目的的收购活动 |

续表

| 代码 | | 类别名称 | 说明 |
|---|---|---|---|
| 门类 | 大类 | | |
| F | 52 | 零售业 | 　指百货商店、超级市场、专门零售商店、品牌专卖店、售货摊等主要面向最终消费者（如居民等）的销售活动，以互联网、邮政、电话、售货机等方式的销售活动，还包括在同一地点，后面加工生产，前面销售的店铺（如面包房）；谷物、种子、饲料、牲畜、矿产品、生产用原料、化工原料、农用化工产品、机械设备（乘用车、计算机及通信设备除外）等生产资料的销售不作为零售活动；多数零售商对其销售的货物拥有所有权，但有些则是充当委托人的代理人，进行委托销售或以收取佣金的方式进行销售 |
| G |  | 交通运输、仓储和邮政业 | 本门类包括 53~60 大类 |
|  | 53 | 铁路运输业 | 　指铁路客运、货运及相关的调度、信号、机车、车辆、检修、工务等活动；不包括铁路系统所属的机车、车辆及信号通信设备的制造厂（公司）、建筑工程公司、商店、学校、科研所、医院等活动 |
|  | 54 | 道路运输业 | |
|  | 55 | 水上运输业 | |
|  | 56 | 航空运输业 | |
|  | 57 | 管道运输业 | |
|  | 58 | 装卸搬运和运输代理业 | |
|  | 59 | 仓储业 | 　指专门从事货物仓储、货物运输中转仓储，以及以仓储为主的货物送配活动，还包括以仓储为目的的收购活动 |
|  | 60 | 邮政业 | |
| H |  | 住宿和餐饮业 | 本门类包括 61 和 62 大类 |
|  | 61 | 住宿业 | 　指为旅行者提供短期留宿场所的活动，有些单位只提供住宿，也有些单位提供住宿、饮食、商务、娱乐一体的服务，本类不包括主要按月或按年长期出租房屋住所的活动 |
|  | 62 | 餐饮业 | 　指通过即时制作加工、商业销售和服务性劳动等，向消费者提供食品和消费场所及设施的服务 |
| I |  | 信息传输、软件和信息技术服务业 | 本门类包括 63~65 大类 |
|  | 63 | 电信、广播电视和卫星传输服务 | |
|  | 64 | 互联网和相关服务 | |
|  | 65 | 软件和信息技术服务业 | 　指对信息传输、信息制作、信息提供和信息接收过程中产生的技术问题或技术需求所提供的服务 |

续表

| 代码 | | 类别名称 | 说明 |
|---|---|---|---|
| 门类 | 大类 | | |
| J | | 金融业 | 本门类包括 66~69 大类 |
| | 66 | 货币金融服务 | |
| | 67 | 资本市场服务 | |
| | 68 | 保险业 | |
| | 69 | 其他金融业 | |
| K | | 房地产业 | 本门类包括 70 大类 |
| | 70 | 房地产业 | |
| L | | 租赁和商务服务业 | 本门类包括 71 和 72 大类 |
| | 71 | 租赁业 | |
| | 72 | 商务服务业 | |
| M | | 科学研究和技术服务业 | 本门类包括 73~75 大类 |
| | 73 | 研究和试验发展 | 指为了增加知识（包括有关自然、工程、人类、文化和社会的知识），以及运用这些知识创造新的应用，所进行的系统的、创造性的活动；该活动仅限于对新发现、新理论的研究，新技术、新产品、新工艺的研制研究与试验发展，包括基础研究、应用研究和试验发展 |
| | 74 | 专业技术服务业 | |
| | 75 | 科技推广和应用服务业 | |
| N | | 水利、环境和公共设施管理业 | 本门类包括 76~78 大类 |
| | 76 | 水利管理业 | |
| | 77 | 生态保护和环境治理业 | |
| | 78 | 公共设施管理业 | |
| O | | 居民服务、修理和其他服务业 | 本门类包括 79~81 大类 |
| | 79 | 居民服务业 | |
| | 80 | 机动车、电子产品和日用产品修理业 | |
| | 81 | 其他服务业 | |
| P | | 教育 | 本门类包括 82 大类 |
| | 82 | 教育 | |
| Q | | 卫生和社会工作 | 本门类包括 83 和 84 大类 |
| | 83 | 卫生 | |
| | 84 | 社会工作 | 指提供慈善、救助、福利、护理、帮助等社会工作的活动 |
| R | | 文化、体育和娱乐业 | 本门类包括 85~89 大类 |

续表

| 代码 | | 类别名称 | 说明 |
|---|---|---|---|
| 门类 | 大类 | | |
| R | 85 | 新闻和出版业 | |
| | 86 | 广播、电视、电影和影视录音制作业 | 指对广播、电视、电影、影视录音内容的制作、编导、主持、播出、放映等活动；不包括广播电视信号的传输和接收活动 |
| | 87 | 文化艺术业 | |
| | 88 | 体育 | |
| | 89 | 娱乐业 | |
| S | | 综合 | 本门类包括90大类 |
| | 90 | 综合 | |

# 第 3 章

## 事 件 研 究

**本章学习目标**

- 了解事件研究方法的基本思想
- 理解正常收益和异常收益的概念
- 掌握异常收益率的显著性检验

## 3.1　事件研究的基本思想

事件研究（Event Study）是现代金融学的经典研究方法，在金融和会计学领域已被广泛应用到公司及宏观经济的各种经济事件研究中。事件研究最早由 Fama、Fisher、Jensen 和 Roll 在 1969 年研究股票拆细信息对股价的影响时正式提出。事件研究的基本原理是根据研究的目的，选择某一特定事件以研究事件发生前后一段时间内股票价格或收益率的变化过程，进而研究该事件对股价的影响，如公司兼并与收购、收益公告、新股发行、外汇波动、政策变动等产生的影响等。在金融学领域，利用事件研究法对市场有效性假说、半强式有效的经验研究也取得了丰富的成果；在法律债务案件中，事件研究被用来对损失进行评估等。

对市场有效性的检验，如果所有证券价格都能够准确、及时地反映了市场上的可得信息，那么市场就是有效的。事件研究就是用来衡量证券价格是否及时反映了新信息，即检验价格对市场公开信息的调整是否迅速完成。从事件发生到累计异常收益不再显著的时间越短，则说明价格对新信息调整的速度越快。通过观测异常收益率的显著性来判断市场的有效性。

证券市场上，事件研究检验某事件的发生是否影响证券价格的变化，这种影响通过异常收益率来度量和检验。如果股价没有受到事件的影响，异常收益率为零。如果证券价格受到事件的影响，异常收益率（或累计异常收益率）将会显著异于零，这说明市场不是半强式有效市场。

# 3.2　事件研究的流程

一般而言，事件研究法基本可归纳为以下几个步骤，分别是：定义事件、确定事件窗和估计窗、估计正常收益和异常收益、累计的异常收益率、多个事件的检验程序、实证结果分析等。具体如下：

**（一）定义事件**

事件研究中首先要确定选择什么事件进行研究。这些事件是公司兼并与收购、公司年报公告、高管增持、新股发行、外汇波动、政策变动等的某一种，而不是把前述的所有事件放到一起进行研究。因为每一种事件的影响不一样，混杂在一起进行研究将无法甄别事件是否有影响，这些影响对收益是正影响还是负影响。

确定事件后，需要细化到研究中是否包含某一个公司等选择标准。在这一阶段，有必要对数据样本的一些特征进行总结（如公司市场的资本化、产业的代表性以及整个时期各事件的分步），并注意在样本选择过程中可能带来的有偏性。

在分析过程中，我们还需要排除一些有多个事件影响或者自身样本有缺陷的样本，受多重重大政策影响的事件。

**（二）确定事件窗和估计窗**

针对事件研究的第一步就是对所关心的事件进行定义，同时确定好对该事件影响的公司股票价格进行研究的时期，这一时间段被称作事件研究的"窗口期"。例如，在分析每日数据的收益公告信息内容时，这件事情的"事件"就是发布的收益公告，事件窗是公告中的一天。

在具体操作中，事件窗经常可能因为实验的需要被人为延长到两天，即公告的当天和公告的第二天。这样做是为了了解公告日股票市场收盘后公告对价格的影响。同理，在时间观察效果上，事件前一时期和后一时期也很关键。还是以收益公告为例，如果在一则公司财务收益公告中，市场分析者需要实际公告以前的收益信息，用以对比收益波动，我们则可以通过考察以前事件的收益来研究这一现象。需要注意的是，为了剔除正常收益模型的参数估计值受相关事件的影响，需保证估计窗口、事件窗口和事后窗口不重叠。

事件研究所涉及的窗口包括估计窗、事件窗、事件窗后期。估计窗是用来计算样本股票收益率的模式，即未发生所要研究的事件时，样本的收益率。事件窗及事件窗后期用来观测样本股价在事件日附近及事件日后股票价格波动的情况。事件研究各窗口期具体如图 3-1 所示。

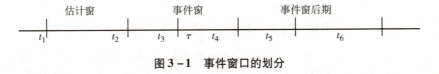

**图 3-1　事件窗口的划分**

在图 3 - 1 中，估计窗的长度定义为 $L_1$（即等于 $t_2 - t_1$），事件窗的长度是 $L_2$（即等于 $t_4 - t_3$），事件窗后期是 $t_6 - t_5$；其中 $t_2$ 和 $t_3$ 可以重合，$t_4$ 和 $t_5$ 可以重合。事件发生日是事件窗 $t_3$ 至 $t_4$ 中的某一天 $t$，一般事件日 $t$ 取 $t_3$ 和 $t_4$ 的中间日，即 $t$ 到 $t_3$ 和 $t_4$ 的事件间隔相等。

对于具体的样本区间，如所选用的估计窗的时间段为 $[-80, -20]$，即公告前的前 80 个交易日到前 20 个交易日，因此估计窗共 $L_1 = 60$ 个交易日的样本数据；事后观察期，又称时间窗，用于研究事件发生后股价的异常变化，确定事件窗的目的是获得事件对股票价格的全部影响。事件窗的长短可以根据研究需要自行设定，短期绩效研究一般为 $[-20, 20]$，即从事件宣布日起的前 20 和后 20 个交易日，共 $L_2 = 41$ 个交易日。

（三）估计正常收益与异常收益

正常收益率是指如果该事件没有发生时的期望收益率，一般采用市场模型（Market Model）来估计。异常收益率是指事件窗内的真实收益率减去正常收益率，用以度量该事件发生后股价的异动。计算证券的正常收益率有很多种方法，可以是统计模型，也可以是经济模型。统计模型中又包括常量—均值模型和市场模型。常量—均值模型非常简单，这里仅介绍市场模型。

假设解释变量 $R_{mt}$ 是市场指数在第 $t$ 天的收益率，被解释变量 $R_{it}$ 是第 $i$ 个证券在第 $t$ 天的收益率。利用估计窗样本，建立市场模型。

$$R_{it} = a + \beta R_{mt} + \varepsilon_{it}, t = 1, \cdots, L_1 \tag{3.1}$$

其中 $\varepsilon_{it}$ 代表误差扰动项，写出矩阵形式如下：

$$r_i = X_m \theta_i + \varepsilon_i \tag{3.2}$$

参数 $\theta_i = [\alpha, \beta]'$ 是 2 维向量，$r_i = [R_{i,1}, R_{i,2}, \cdots, R_{i,L_1}]'$ 和 $\varepsilon_i = [\varepsilon_{i,1}, \varepsilon_{i,2}, \cdots, \varepsilon_{i,L_1}]'$ 是 $L_1$ 维列向量，解释变量矩阵

$$X_m = \begin{bmatrix} 1, R_{M,T_0+1} \\ 1, R_{M,T_0+2} \\ \cdots \\ 1, R_{M,T_1} \end{bmatrix}, \tag{3.3}$$

是 $L_1 \times 2$ 维矩阵。利用 OLS 估计得到 $\hat{\theta} = [\hat{\alpha}, \hat{\beta}]'$ 的一致估计量。即 $\hat{\theta}_i = (X'_m X_m)^{-1} X'_m r_i$。同时估计得到误差项 $\varepsilon$ 的方差 $\sigma^2$ 的无偏估计为 $\hat{\sigma}^2 = \hat{\varepsilon}'_i \hat{\varepsilon}_i / (L_1 - 2)$，其中 $\hat{\varepsilon}_i = r_i - X_m \hat{\theta}_i$。最后可以计算 $\mathrm{VaR}(\hat{\theta}_i) = (X'_t X_t)^{-1} \cdot \sigma^2$。

假设事件窗证券的收益率或价格不受事件的影响，则事件窗各个交易日的正常收益率定义为

$$r^*_{N\tau} = \hat{\alpha} + \hat{\beta} r^*_{M\tau}, T_1 < \tau \leq T_2 \tag{3.4}$$

其中 $r^*_{M\tau}$ 表示在事件窗的市场收益率，从而可以得到事件窗的异常收益率为

$$r^*_{A\tau} = r^*_\tau - r^*_{N\tau} = r^*_\tau - \hat{\alpha} - \hat{\beta} r^*_{M\tau}, T_1 < \tau \leq T_2 \tag{3.5}$$

其中 $r^*_\tau$ 表示事件窗的真实收益率，即受到事件影响的收益率。写成矩阵形式为

$$r_A^* = r^* - X^* \hat{\theta} \tag{3.6}$$

其中 $r^* = \begin{bmatrix} r_{T_1+1} \\ \vdots \\ r_{T_2} \end{bmatrix}$ 是 $L_2 \times 1$ 阶矩阵，$X^* = \begin{bmatrix} 1, r_{MT_1+1} \\ \vdots \\ 1, r_{MT_2} \end{bmatrix}$ 是 $L_2 \times 2$ 阶矩阵。$r_A^*$ 是 $L_2 \times 1$ 阶矩阵，

表示在事件窗有 $L_2$ 个交易日的异常收益率。

因此，在事件的发生对证券价格没有影响的原假设下，有

$$E(r_A^*) = 0 \tag{3.7}$$

和

$$\mathrm{VaR}(r_A^*) = V = E(r_A^* r_A^{*\prime}) = I\sigma_\varepsilon^2 + X^* (X'X)^{-1} X^{*\prime} \sigma_\varepsilon^2 \tag{3.8}$$

成立，其中 $I$ 是 $L_2 \times L_2$ 维单位矩阵。$\sigma_\varepsilon^2$ 为估计窗市场模型中随机扰动项 $\varepsilon$ 的方差。因此，$\mathrm{VaR}(r_A^*)$ 对角线上的每个元素对应事件窗每个交易日异常收益率的方差。

从（3.7）式我们可以看出异常收益率向量的期望值为零，具有无偏性。从（3.8）式得到的异常收益率的协方差矩阵由两部分组成。第一项是源于未来扰动项造成的方差，第二项源于 $\hat{\theta}_i$ 的抽样误差造成的附加误差。这一抽样误差对非正态收益向量的所有元素来说都是普遍存在的，虽然真正的扰动项误差始终相互独立，但会造成非正常收益之间序列相关，随着估计窗 $L_1$ 长度的增大，当参数的抽样误差消失时，第二项就近似等于 0。并且各时期的非正常收益将相互独立。

在原假设 $H_0$ 的条件下，假定已知事件对收益的均值和方差无影响，我们利用（3.7）式和（3.8）式以及非正常收益的联合正态分布的性质可以判断。满足 $H_0$ 时，对于事件窗样本的非正常收益，我们可以得到：

$$r_A^* \sim N(0, V_i) \tag{3.9}$$

取 $V$ 的对角元素 $V_{\tau\tau}$，则事件窗的每一个交易日的异常收益率的 $t$ 统计量为

$$t_\tau = \frac{r_{A\tau}^*}{\sqrt{V_{\tau\tau}}} \sim N(0,1), \tau = T_1 + 1, \cdots, T_2 \tag{3.10}$$

（3.10）式描述了任何单个非正常收益观察值的分布。下一步我们在这一结论的基础上对非正常收益进行加总。

（四）累计的异常收益率

为了对重要事件进行整体推断，必须对非正常收益的观察值进行加总。综合包括两个方面——各个时期和各种证券。首先考虑一种证券各个时期的加总，然后考虑各种证券各个时期的加总。

在事件窗的范围内引入累积异常收益以调节多样本区间，将 $CAR(\tau_1, \tau_2)$ 定义为证券 $i$ 从 $\tau_1$ 至 $\tau_2$ 的积累非正常收益，其中 $T_1 < \tau_1 \le \tau_2 \le T_2$ 令 $\gamma$ 是（$L_2 \times 1$）维向量，$\tau_1 - T_1$ 至 $\tau_2 - T_1$ 为 1. 其余为 0。然后有：

$$\widehat{CAR}(\tau_1, \tau_2) \equiv \gamma' r_A^* \tag{3.11}$$

和

$$\text{VaR}[\widehat{CAR}(\tau_1,\tau_2)] = {\sigma_i}^2(\tau_1,\tau_2) = \gamma'V_i\gamma \tag{3.12}$$

在原假设$H_0$的条件下，再由（3.12）式可得到

$$\widehat{CAR}(\tau_1,\tau_2) \sim N[0,\sigma^2(\tau_1,\tau_2)] \tag{3.13}$$

可以使用标准化的累计非正常收益通过（3.13）式对证券 i 构造$H_0$检验：

$$t\,\widehat{CAR}(\tau_1,\tau_2) = \frac{\widehat{CAR}(\tau_1,\tau_2)}{\sigma(\tau_1,\tau_2)} \sim N(0,1) \tag{3.14}$$

其中，$\sigma(\tau_1,\tau_2)$是$\hat{\sigma}^2(\tau_1,\tau_2)$通过（3.4）式代替$\sigma^2(\tau_1,\tau_2)$取标准差所得。在原假设下$t\,\widehat{CAR}(\tau_1,\tau_2)$的分布服从自由度为$L_1-2$的学生分布。对一个较大的估计窗，$t\,\widehat{CAR}(\tau_1,\tau_2)$用正态分布来近似。

（五）多个事件的检验程序

以上结果仅适用于一个事件的样本，对于有许多事件观察值组成的样本进行加总这一通常情况下，这一结果就必须加以扩展。如果要对不同证券各个时期进行加总，我们就必须假定各个证券的非正常收益之间不相关。这通常是指没有类聚的情况，即所包括证券的时间窗之间没有重叠。当不存在重叠并符合分布假设的情况下，各证券的非正常收益和累计非正常收益将相互独立。类聚推断我们将在以后讨论。

单个证券的异常收益可以通过（3.6）式用$r_A^*$进行平均。给定 N 个时间的一个样本，定义$\bar{r}_A^*$为 N 个非正常收益向量样本的平均值，我们得到：

$$\bar{r}_A^* = \frac{1}{N}\sum_{i=1}^{N}r_{Ai}^* \tag{3.15}$$

和

$$\text{VaR}[\bar{r}_A^*] = V = \frac{1}{N^2}\sum_{i=1}^{N}V_i \tag{3.16}$$

其中$r_{Ai}^*$表示第 i 只股票的异常收益率，$V_i$表示第 i 只股票异常收益率的协方差矩阵。

可以用处理单个证券非正常收益向量的方法，将各平均非正常收益向量的各元素加总。将$\overline{CAR}(\tau_1,\tau_2)$定义为从$\tau_1$至$\tau_2$的累计非正常收益，其中$T_1 < r_1 \leqslant r_2 \leqslant T_2$，令$\gamma$是（3.11）式中定义的（$L_2 \times 1$）维向量，$\tau_1-T_1$至$\tau_2-T_2$为1，其余为0。对于 N 个事件的累计异常平均收益，可以得到

$$\overline{CAR}(\tau_1,\tau_2) = \frac{1}{N}\sum_{i=1}^{N}\widehat{CAR}_i(\tau_1,\tau_2) \tag{3.17}$$

$$\text{VaR}[\overline{CAR}(\tau_1,\tau_2)] = \overline{\sigma}^2(\tau_1,\tau_2) = \frac{1}{N^2}\sum_{i=1}^{N}\sigma_i^2(\tau_1,\tau_2) \tag{3.18}$$

其中$\widehat{CAR}_i(\tau_1,\tau_2)$表示第 i 只股票的累计异常收益率。

在（3.17）式、（3.18）式中，假设 N 个证券的事件窗不重叠，协方差为0。可以通过：

$$\overline{CAR}(\tau_1,\tau_2) \sim N[0,\overline{\sigma}^2(\tau_1,\tau_2)] \tag{3.19}$$

推断累计异常收益的分布。在原假设条件下，非正常收益的期望为 0。实际上，由于 $\overline{\sigma^2}$ 未知，我们可以将 $\overline{\sigma}^2(\tau_1,\tau_2) = \dfrac{1}{N^2}\sum\limits_{i=1}^{N}\sigma_i{}^2(\tau_1,\tau_2)$ 作为一个一致估计量，继续使用：

$$J_1 = \frac{\overline{CAR}(\tau_1,\tau_2)}{\overline{\sigma}(\tau_1,\tau_2)} \sim N(0,1) \tag{3.20}$$

（六）结果与解释

从较为理想的角度说，实证结果有助于了解事件影响证券价格的机制。为了对各种解释进行区分，有时还应包括一些附加的分析。当得出的实证结果与预期相符，则该实证结果能为事件的影响机理与作用机制等提供实证方面的支持；如果检验结果与预期相悖，则需要对模型和数据中的不足部分进行分析及说明，根据需要甚至可提出新的理论解释。

# 3.3 事件研究方法举例

用事件研究方法分析上市公司发布对外投资公告事件对股价的影响。样本数据选取了来自深圳主板、上证主板、中小板、创业板的多家上市公司发布的公告信息数据，再从上交所和深交所获得公司公告信息发布日前 200 个交易日以及后 80 个交易日的相关数据。获得了相应上市公司经过股利再投资或股份变动调整的日收益率数据，以及相应日期经过股利再投资或股份变动调整的综合市场日收益数据以及对应的无风险利率。

（一）数据描述

这些上市公司的公告发布的日期主要集中在 2007—2014 年。为防止同类上市公司存在截面关联的可能性，选择 1 年之内事件窗 [−20,20] 没有明显重复的公司。同时，为防止其他信息对事件窗收益的影响，选择在信息发布日前后 20 天没有其他信息，只有那一个新公告发布的公司作为样本，以及筛选掉股票前加 st 和 *st 的公司。搜寻了深圳主板、上证主板、中小板、创业板近两千家上市公司，在严格筛选下共获得 2 173 个有关公司新公告发布的信息。这些公告，按投资类型又分为四种投资方式，分别为：成立全资子公司、成立合资公司、宣布股权收购和宣布股权投资的公告。表 3−1 给出了公告数据的情况。

表 3−1　　　　　　　　　　公告数据说明

| 投资方式 | 上证主板 | | 深圳主板 | | 中小板 | | 创业板 | |
|---|---|---|---|---|---|---|---|---|
| | 发布数量 | 比例（%） | 发布数量 | 比例（%） | 发布数量 | 比例（%） | 发布数量 | 比例（%） |
| 全资子公司 | 110 | 21.28 | 75 | 19.18 | 381 | 46.58 | 151 | 33.78 |
| 合资公司 | 33 | 6.38 | 62 | 15.86 | 103 | 12.59 | 106 | 23.71 |
| 股权收购 | 352 | 68.09 | 237 | 60.61 | 319 | 39 | 186 | 41.61 |
| 股权投资 | 22 | 4.25 | 17 | 4.35 | 15 | 1.83 | 4 | 0.9 |
| 合计 | 517 | 100 | 391 | 100 | 818 | 100 | 447 | 100 |

从表 3-1 可看到来自深圳主板的有 391 个公告信息，来自上证主板的有 517 个公告信息，来自中小板的有 818 个公告信息，来自创业板的有 447 个公告信息。因为选取每一个公告信息对应了 281 天的数据，每一个交易日算一组数据，从而共计 610 613 组的数据。对应的每一天数据里包含了股票代码、股票名称、当天日期、对应股票在当天的收益率、当天的市场指数收益率以及无风险利率等。

（二）关于上证主板市场的事件研究

上证主板中共选取了 517 只公告，共计 145 277 组数据。这些数据组成为：属于全资子公司投资方式的公告有 110 只，共计 30 800 组数据。属于合资公司投资方式的公告有 33 只，共计 9 273 组数据。属于股权收购投资方式的公告有 352 只，共计 98 912 组数据。属于股权投资方式的公告有 22 只，共计 6 182 组数据。

估计窗有 120 个样本，事件窗有 41 个样本。事件日在第 21 天，即时间日前后各取 20 个交易日。图 3-2 给出了上证主板所有投资公告的事件研究结果；图 3-3 给出了成立全资子公司公告的事件研究结果；图 3-4 给出了成立合资公司公告的事件研究结果；图 3-5 给出了股权收购公告的事件研究结果；图 3-6 给出了股权投资公告的事件研究结果。图 3-2 至图 3-6 各组图中，左图表示了累计平均异常收益率，右图给出了累计平均异常收益率对应的 J 统计量（即 TNCAR）的值。

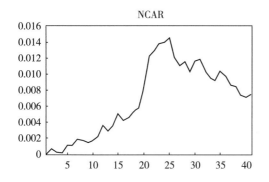
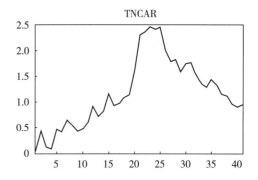

**图 3-2 上证主板所有投资公告的累计平均异常收益率和 J 统计量值**

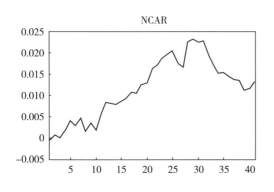
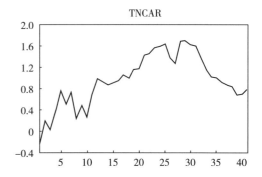

**图 3-3 成立全资子公司公告的累计平均异常收益率和 J 统计量值**

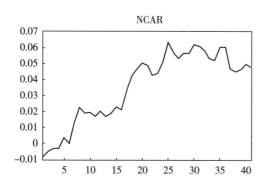
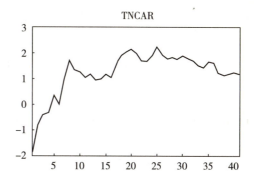

**图 3 - 4　成立合资公司公告的累计平均异常收益率和 J 统计量值**

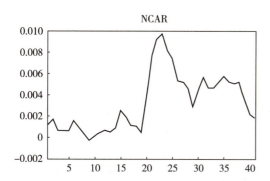
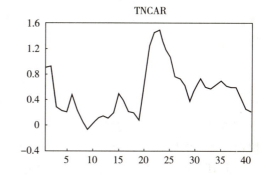

**图 3 - 5　股权收购公告的累计平均异常收益率和 J 统计量值**

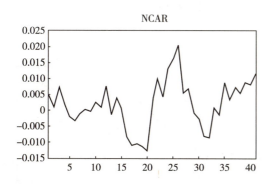
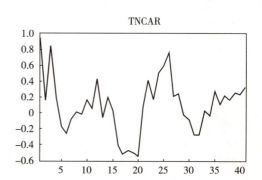

**图 3 - 6　股权投资公告的累计平均异常收益率和 J 统计量值**

　　由图 3 - 2 可得：在公告发布当天，J 统计量值迅速上升并且非常显著（大于 5% 的显著性水平对应的临界值 1.96），J 统计量值的这种显著性一直维持到公告日后的第五天（其 $t$ 值为 2.018）。而到公告日后的第六天 J 统计量值降为 1.7905，并且在随后的时间里，J 统计量值不断下降。而对应的 $N$ 只股票的平均累计异常收益率 NCAR 也是呈现大致同样的趋势变化。

　　图 3 - 3 显示：在公告发布当天，J 统计量值确实在上升，但是并不显著（<2），总

体来看，J 统计量值先上升然后再慢慢下降，但是整个过程中没有表现出有显著性的 J 统计量值。而对应的 N 只股票的平均累计异常收益率 NCAR 所表现出也是先上升后慢慢下降。

由图 3 - 4 可见：在事件公告日的前两天就有表现明显的 t 值（分别为 2.039、2.135），然而在公告日当天的 t 值为 1.997，都是显著的。而在公告日后，对应的 t 值逐渐下降，而在公告日后的第四天，t 值突然显著（为 2.245）。然而其余时间段 t 值都不显著。对应的 N 只股票的平均累计异常收益率 NCAR 也有大致相同的变化。

图 3 - 5 显示：在整个事件窗内，$t$ 值随着时间有升有降，但总体表现得并不显著，对应的 N 只股票的平均累计异常收益率 NCAR 也有相似的变化。

图 3 - 6 显示：在整个事件窗内，$t$ 值随着时间有升有降，但总体表现得并不显著，对应的 N 只股票的平均累计异常收益率 NCAR 也有相似的变化。

总体来说，上证主板的上市公司的对外投资公告中，除了第 2 种投资方式，即成立合资子公司对事件窗内的股票价格影响有显著影响外，其余三种投资方式的公告对股票价格没有显著影响。

（三）关于中小板的事件研究

中小板中共选取了 818 只公告，共计 229 858 组数据。其中属于全资子公司投资方式的公告有 381 只，共计 107 061 组数据；属于合资公司投资方式的公告有 103 只，共计 28 943 组数据；属于股权收购投资方式的公告有 319 只，共计 89 639 组数据；属于股权投资方式的股票有 15 只，共计 4 215 组数据。

类似于上证主板的研究，图 3 - 7 给出了中小板所有投资公告的事件研究结果；图 3 - 8 给出了成立全资子公司公告的事件研究结果；图 3 - 9 给出了成立合资公司公告的事件研究结果；图 3 - 10 给出了股权收购公告的事件研究结果；图 3 - 11 给出了股权投资公告的事件研究结果。

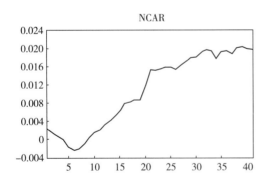
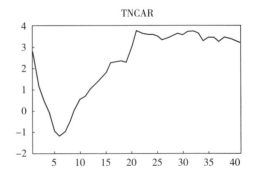

图 3 - 7　中小板所有公告的累计平均异常收益率和 J 统计量值

图 3 - 7 显示：在公告日的前五天，就出现了显著的 $t$ 值（分别为 2.2712、2.2825、2.3477、2.2757、2.9277），在公告日当天 $t$ 值非常显著，为 3.7643。而在公告日后的事件窗内，$t$ 值虽略微下降，但始终处于大于 3 的非常显著的状态。对应的 N 只股票的平均累计异常收益率 NCAR 如图，也有类似的变化趋势。

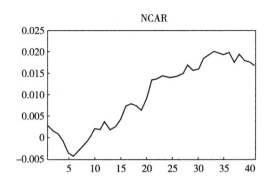
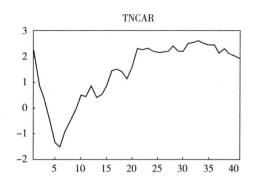

**图 3 - 8　成立全资子公司公告的累计平均异常收益率和 J 统计量值**

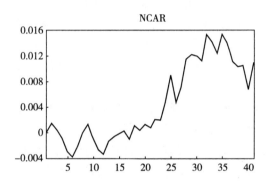
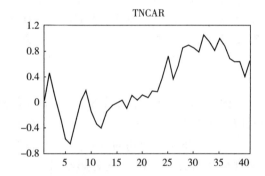

**图 3 - 9　成立合资公司公告的累计平均异常收益率和 J 统计量值**

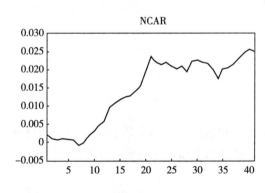
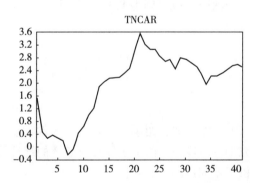

**图 3 - 10　股权收购公告的累计平均异常收益率和 J 统计量值**

图 3 - 8 显示：在公告日之前，没有显著的 $t$ 值。在公告日当天，$t$ 值显著，为 2.3061。并且在事件窗公告以后的时间段，所对应的 $t$ 值一直是具有明显的显著性（>2）。对应的 $N$ 只股票的平均累计异常收益率 NCAR 如图，也有类似的变化趋势。

图 3 - 9 显示：在整个事件窗内，$t$ 值随着时间有升有降，但总体表现得并不显著，对应的 $N$ 只股票的平均累计异常收益率 NCAR 也有相似的变化。

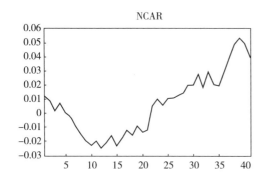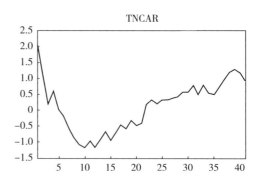

**图 3 - 11　股权投资公告的累计平均异常收益率和 J 统计量值**

图 3 - 10 显示：在公告日之前的七天，就有显著 $t$ 值（分别为：2.0437、2.1692、2.1868、2.1766、2.3063、2.4588、3.0050）。在公告日当天的 $t$ 值非常显著，为 3.5585。而在公告日后，除了公告后的第 13 天对应的 $t$ 值为 1.9608，其余天数对应的 $t$ 值均显著（$>2$）。对应的 $N$ 只股票的平均累计异常收益率 NCAR 如图，也有类似的变化趋势。

图 3 - 11 显示：在整个事件窗内，$t$ 值随着时间有升有降，但总体表现得并不显著，对应的 $N$ 只股票的平均累计异常收益率 NCAR 也有相似的变化。

中小板的上市公司的对外投资公告中，除了第 2 种投资方式，即成立合资子公司对事件窗内的股票价格不显著影响外，其余三种投资方式的公告对股票价格都有显著影响。

总体来说，上证主板和中小板相同的公告事件，对股票价格的影响有显著的不同。关于深圳主板和创业板的事件研究，作为课后作业完成，并对所有结果进行比较和解释。

# 3.4　本章小结

本章主要介绍了正常收益、异常收益、估计窗和事件窗等基本概念，学习了事件研究的基本逻辑，给出了异常收益率的统计检验。并利用上市公司对外投资的事件反应分析了不同市场的有效性。

**本章思考题**

1. 如何定义事件窗口，如何计算异常收益率？
2. 异常收益率的显著性检验可能会受到哪些因素的影响？
3. 事件研究的不足之处在什么地方？

## 本章操作题

1. 分析深证主板市场上市公司对外投资公告的事件影响。
2. 分析创业板上市公司对外投资公告的事件影响。
3. 自选事件并分析证券市场的有效性。

## 本章参考文献

约翰·坎贝尔等著，朱平芳刘宏等译. 金融市场计量经济学［M］. 上海：上海财经大学出版社，2003.

# 第4章

# 趋势跟随策略

**本章学习目标**

- 了解技术分析的相关概念
- 了解趋势跟随策略的基本思想

## 4.1 技术分析简介

随着计算机技术的发展，今天的计算条件已经具备，量化分析和技术分析结合的趋势越来越明显，通过定量数据对技术分析的指标和投资策略进行检验，将会大幅提高技术分析的准确性。本章拟对证券市场中常用的、具有统计学意义的经典技术分析指标进行定量实证分析，以期找到对于择时有辅助作用的交易工具。需要说明的是，本章一方面是对技术分析的有效性的探讨，另一方面也是对市场有效性的一种检验。

本章将要介绍的基于移动平均线设计的趋势跟随交易策略，它属于技术分析的范畴。因技术分析发展过程带有迷信色彩和缺乏实证支持，被现代经济学所诟病。但出人意料的是，技术分析韧性十足，不屈不挠，在很多金融领域如商品期货和货币期货市场中，技术分析仍然是主流分析方法。这说明技术分析有其存在的合理性和实用性。

### 4.1.1 技术分析的发展

技术分析的起源，可以追溯到古巴比伦时期，并与占星术联系紧密。在古巴比伦系统地记录了各种商品价格的变化，大部分为日数据，但是他们经常将某类商品与双鱼座和金牛座的星象联系在一起，来判断市场是上涨还是下跌。

市场的发展是促进技术分析发展的重要因素。在古代巴比伦，简单地在泥板上记录商品的价格就能够跟踪市场价格了。但随着金融交易的诞生，能够得到系统的市场数据变得非常有必要。到18世纪30年代，价格图表出现并迅速普及。投机是技术分析发展的另一个动力。尽管投机者和技术分析者之间并不完全一致，但他们都依赖于对市场心理和供需力量的分析。特别是随着投机技术的成熟，技术分析方法变得更加具体化。例如，17 世纪的日本大米交易所中传奇的商人本间宗久发明了蜡烛图，并形成了他独立的技术分析见解。该方法能够直观地看到一段时间内的开盘、最高、最低和收盘价，这些方法时至今日仍然被广泛采用。

19 世纪晚期美国的一场技术革命席卷了金融市场，股票行情收报机、电报和电话，这三种沟通方式的出现缩短了时空距离，改变了华尔街的业务操作方式，并培养了金融实践中公平竞争和定量化的风气。

正是在这个时期，现代技术分析之父查尔斯·道（Charles Dow）发表了后来人们熟知的道琼斯指数——纽约交易所 11 种最活跃的股票的平均价格，作为一种衡量经济的晴雨表。技术分析演化成一种科学的活动——通过数据收集、假设检验和数学推理的过程来实现。道氏理论的核心思想是深入理解人类的心理活动及其对股价的影响。

尽管在很大程度上道氏理论被视为技术分析的基础，但还有一些解读市场的方法与道氏理论几乎在同一时代出现和发展，如相对强弱理论、市场周期理论、图形理论、交易量以及江恩理论等。

### 4.1.2　技术分析的应用

20 世纪下半叶之后的几十年，计算机技术的发展重新诠释了技术分析。计算机在技术分析中的应用带动了量化对冲基金的发展，模糊了技术分析和定量分析直接的界限。通过使用人机交互界面，将人类的技能系统性地应用于金融交易中，同时避免传统的图形分析中可能出现的主观性地前后不一致和情绪波动带来的偏差。

基于量化分析的指标体系更为完善。价格趋势是技术分析的主要工具，基本趋势的跟踪工具是移动平均线（MA），佩里·考夫曼（Perry Kaufman）提出了适应性移动平均线。约翰·布林格（John Bollinger）提出了市场价格的偏离线—布林带。更常见的是通过测量趋势动量和股价波动范围的指标来分析市场趋势。如动量线（MUM）、相对强弱指标（RSI）、变动速率线（ROC）、指数平滑异同移动平均线（MACD）。

### 4.1.3　技术分析的三大假设

移动平均线来源于技术分析，因此技术分析的三大假设是构造移动平均交易策略的基础。技术分析的三个基本假设是：市场行为涵盖一切信息、价格沿趋势运动、历史会重演。

市场行为涵盖一切信息：对技术分析者而言，他们无须考察经济基本面，因为任何影响股票市场的因素最终都表现在股价变动上；价格作为市场供求均衡的产物，反映了所有投资者的预期、心理和行为的变化，有关资产价值的信息均可从历史价格的各种趋势当中发现。

价格沿趋势运动："顺势而为"是技术分析者的箴言，他们的一个基本信念是，价格对信息的反映是一个逐渐完成的过程。因此，价格序列是一种趋势运动（Trend Movement），而技术分析的主要目标便是提前识别到价格趋势的反转并以此获利。

历史会重演：金融市场的价格行为是人类本性的反映，而人类的本性基本上不会随时间而变化，他们在类似的市场情况下趋于产生相似的反应。作为反映人类行为的金融市场，其特征虽不会完全复制过去，但不断呈现出的相似特征却足以保证技术分析家利用过去的市场价格变化模式来识别未来价格变化的趋势。正如马丁·J. 普林格所指出的，技术分析理论适用于 1850 年的纽约，也适用于 1950 年的东京，并将适用于 2150 年的莫斯科。

### 4.1.4　对技术分析的诟病与辩解

技术分析在学术界受到质疑的主要原因是：迷信色彩和缺乏实证支持。早期的技术分析与占星术联系在一起，沾上迷信色彩。普林斯顿大学金融学家伯顿·马尔基尔（Burton Malkiel）在他的杰作《漫步华尔街》（*A Random Walk Down Wall Street*）中，写道："在科学的审视面前，技术图表的解读只配和炼金术相提并论。"这并非偶然，在古巴比伦、中世纪，人们就将技术分析与天文学结合，与占星术同时使用预测市场，这些自然成为今天技术分析受到质疑的重要原因。

现代学术界对质疑技术分析的理由都来自有效市场理论。有效市场假设（Effcient Markets Hypothesis，EMH）由萨缪尔森（Samuelson，1965）和法玛（Fama，1965a，b；1970）提出，已经成为当今金融市场定价的基础，并影响数以百亿级的金融产品定价。按照这一理论，在市场数据的图形中无法找到交易策略。自从这个基于理性预期和有效市场假设的现代金融理论出现之后，技术分析因为不能得到数学上的证明，而被挡在学术研究的门槛之外。

然而，技术分析真的是无用的吗？事实上，如果将占星术作为前计算机时代的一组随机数据的话，它的流行就不奇怪了。到现在为止，金融和其他领域的预测仍然是一个概率事件。和今天计算机产生随机数据进行统计预测一样，如蒙特卡罗方法构建的贝叶斯估计，占星术也可以认为是古代预测模型所输入的随机数据。

有效市场理论并不完善，真实的世界和理论的世界是完全不同的。理论的假设是人为设定的，由于人类的有限理性，拥有的资源不足，以及为了适应环境而不断地改变，有效市场理论并非真实世界的唯一模型。理论的目的仅是寻求加深对市场的理解，只是观察现实世界的小窗口。事实上，有效市场利率在实证上也存在问题（如规模效应，股票溢价效应、非理性繁荣等），不足以否定技术分析。

## 4.2　趋势跟随的移动平均规则

移动平均规则从均线理论出发，研究其在择时和选股方面的应用。从本质上来说，基于移动平均线的趋势跟随策略并不严格区分策略应用的方向。研究指数的趋势型策略即可视为择时，研究个股的趋势型策略即可视为选股，从交易性数据触发的策略大都具有良好的可扩展性。事实上，择时与选股并不是完全独立的研究方向。个股的走势天然地受市场的影响，反过来，我们可以通过观察大样本的个股走势，去检测市场的情绪或风险指标。例如，当大部分的个股均线呈现多头上攻排列时，市场往往表现为强势上涨。指数可以看作是全体个股的综合表现，而每只个股的表现反过来也会作用于指数。

具体地说，均线型的趋势跟随策略追踪的是指数或个股的不同频率下的均线走势方向。根据不同的采样频率，策略可以大体分为高频趋势（秒级别、分钟级别）跟随、中频趋势（日线级别）跟随以及低频趋势（周线级别、月线级别）跟随。根据不同的方向，策略大体可以分为上升趋势和下降趋势的跟随。趋势跟随策略与采样频率密切相关，在不同的频率和观察周期下，得到的结论有所区别。例如：当个股形态表现为当前股价 > MA5 > MA10 时，从短期趋势来说，是上升趋势。但如果 MA60 持续压制当前股价，则从长期趋势来说，仍未突破下降趋势。换言之，趋势跟随策略一般来说是参数敏感的，需要在实际投资过程中具体问题具体分析。

移动平均（MA）线的定义

$$m_t = \frac{1}{n} \sum_{i=0}^{n-1} P_{t-i} \tag{4.1}$$

其中 $P_t, t = 1, 2, \cdots, T$ 是证券价格，$n$ 表示移动平均的交易天数。以 5 日均线为例如下，可计算 $m_5$（=（15.48 + 15.49 + 17 + 17.1 + 17.02）/5），$m_6$（=（15.49 + 17 + 17.1 + 17.02 + 16.75）/5），……。

表 4 – 1 　　　　　　　　　　　某股票的收盘价

| $t$ | 1 | 2 | 3 | 4 | 5 | 6 | 7 |
|---|---|---|---|---|---|---|---|
| $P$ | 15.48 | 15.49 | 17.00 | 17.10 | 17.02 | 16.75 | 16.77 |

利用均线可定义如下买卖交易信号：

$$\text{sgn}_t^{n_1, n_2} = m_t^{n_1} - m_t^{n_2} \tag{4.2}$$

其中，$\text{sgn}_t^{n_1, n_2}$ 大于 0 时表示买入信号，$\text{sgn}_t^{n_1, n_2}$ 小于 0 时表示卖出信号，$n_1, n_2$ 分别表示短期和长期移动平均的天数。MA 规则的定义方式为：短期 MA 线穿越长期 MA 线时买或卖。

常用的移动平均规则包括日数据、周数据和月数据等。若采用周数据，则 4 周为一个月，13 周为一个季度，26 周为半年，实务界一般将半年线视为牛熊分界线；常用的 MA 规则：MA（1,13），MA（1,26），MA（4,13），MA（4,26）。MA（4,26）表示若某股票的月线（4 周）超过半年线（26 周），就认为上升趋势已经形成，此时就可以买入该股票。

若采用日数据，则常用的规则包括：MA（1,5），MA（1,10），MA（1,20），MA（1,50），MA（2,20），MA（2,50），MA（1,150），MA（5,150），MA（1,200），MA（2,200）等移动平均规则。MA（1,5）表示若某股票的当天价格超过 5 日移动平均线（周线）时，认为上升趋势已经形成，此时就可以买入该股票。

基于日数据对移动平均线买进时机做一些经验总结。

（1）股价曲线（1 日移动平均线）由下向上突破 5 日、10 日移动平均线，且 5 日均线上穿 10 日均线形成黄金交叉，显现多方力量增强，已有效突破空方的压力线，后市上涨的可能性很大，是买入时机。

（2）股价曲线由下向上突破 5 日、10 日、30 日移动平均线，且三条移动平均线呈多头排列，显现说明多方力量强盛，后市上涨已成定局，此时是极佳的买入时机。

（3）在强势股的上升行情中，股价出现盘整，5 日移动平均线与 10 日移动平均线纠缠在一起，当股价突破盘整区，5 日、10 日、30 日移动平均线再次呈多头排列时为买入时机。

（4）在多头市场中，股价跌破 10 日移动平均线而未跌破 30 日移动平均线，且 30 日移动平均线仍向右上方挺进，说明股价下跌是技术性回档，跌幅不致太大，此时为买入时机。

（5）在空头市场中，股价经过长期下跌，股价在 5 日、10 日移动平均线以下运行，恐慌性抛盘不断涌出导致股价大幅下跌，乖离率增大，此时为抢反弹的绝佳时机，应买进股票。

基于移动平均线的卖出时机的经验总结如下。

（1）在上升行情中，股价由上向下跌破 5 日、10 日移动平均线，且 5 日均线下穿 10 日均线形成死亡交叉，30 日移动平均线上升趋势有走平迹象，说明空方占有优势，已突破多方两道防线，此时应卖出持有的股票，离场观望。

（2）股价在暴跌之后反弹，无力突破 10 日移动平均线的压力，说明股价将继续下跌，此时为卖出时机。

（3）股价先后跌破 5 日、10 日、30 日移动平均线，且 30 日移动平均线有向右下方移动的趋势，表示后市的跌幅将会很深，应迅速卖出股票。

（4）股价经过长时间盘局后，5 日、10 日移动平均线开始向下，说明空方力量增强，后市将会下跌，应卖出股票。

（5）当 60 日移动平均线由上升趋势转为平缓或向下方转折，预示后市将会有一段中级下跌行情，此时应卖出股票。

# 4.3　实例分析

## 4.3.1　上证指数日间趋势性检验

本例来源于国信证券 2012 年 12 月 7 日专题报告《量化技术分析之四：均线型趋势跟随策略》。在具体分析均线型趋势策略之前，首先分析趋势的存在性。以上证指数为例，可以得到其在一段时间内每天的涨跌方向，假若今天的方向与昨天相同，那么可以认为是趋势的延续，反之则认为短期趋势发生改变。假如趋势不存在，那么趋势延续的概率应严格等于 0.5。换言之，如果这个概率大于 0.5，那么可以认为趋势是存在的。

按照上述方式，我们可以计算上证指数每天是否与前一天涨跌方向一致，即 Trend = 1（今天与上个交易日同涨同跌），Trend = 0（今天与上个交易日方向相反）。为了更好地刻画 Trend 的延续性，对其数值取 250 个交易日（年线）的均值，并与同期上证指数走势进行对比（时间区间为 2005 年 1 月 4 日至 2012 年 11 月 9 日），如图 4 - 1 所示。

从图 4 - 1 中我们不难发现，在大部分时间内，趋势值 MA250 大多保持在 0.5 之上，

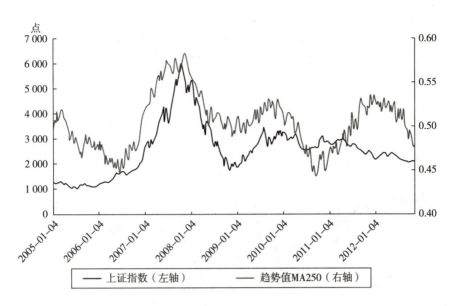

图 4 - 1　上证指数日间趋势

也就是说，上证指数倾向于延续上一个交易日的走势。特别地，在 2006 年和 2007 年的大牛市中，趋势呈现明显的加强趋势，当时的市场环境表现为持续的单边上涨趋势。而在 2010 年和 2012 年的震荡市中，趋势呈现一定的回落，当时的市场环境表现为涨跌相互夹杂的走势。需要特别指出的是，仅从日间走势数据的角度，以当天方向是否与上一交易日相同定义趋势的延续性。当然也有其他的趋势定义方式，这里只是提出一种简单的验证方式。

### 4.3.2　万科 A 的趋势跟随策略

以深万科 A（股票代码：000002）从 2000—2015 年共 16 年 790 个星期的周收盘价数据（见图 4 - 1）为例来说明基于移动平均规则的趋势跟随策略。检验 MA（1，26）规则的预测能力。

为了评估 MA 规则的预测能力。我们想知道，买入（卖出）信号发出后，未来股价上涨（下跌）的概率是否更大？买入（卖出）信号发出后，平均收益率是否显著大于 0（小于 0）？首先简单地比较交易信号发出后一个交易日的价格变化情况，即一步外推预测能力。

首先考察当天为止的所有信息预测明天的价格变化。令 $N_{b>0}$ 表示买入信号发出后收益率大于 0 的个数；$N_{s>0}$ 表示卖出信号发出后收益率大于 0 的个数；$N_b$、$N_s$ 分别表示买入和卖出信号的总个数。定义 $up_b = N_{b>0}/N_b$、$up_s = N_{s>0}/N_s$ 分别表示买、卖信号发出后价格上至的概率。如果移动平均规则不能预测未来价格变化方向，则应有 $up_b = up_s = 50\%$ 成立。

接下来计算平均收益率的差异。设定买入信号虚拟变量 $D_t$，定义为

$$D_t = \begin{cases} 1 & \text{发出买入信号} \\ 0 & \text{发出卖出信号} \end{cases} \tag{4.3}$$

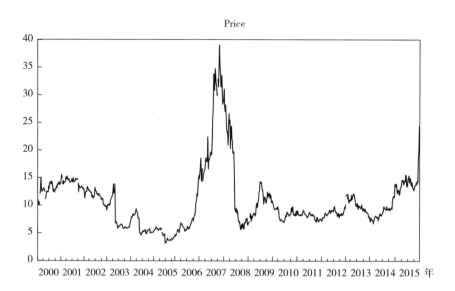

**图 4 - 2  深万科 A 周收盘价数据（2000.1.3—2015.12.18）**

然后做如下回归：

$$r_t = a + bD_{t-1} + u_t \qquad (4.4)$$

式（4.4）中参数的经济含义为：$a$ 表示发出卖出信号 1 个交易日后的平均收益率，$a+b$ 表示发出买入信号 1 个交易日后的平均收益率，$b$ 表示买入和卖出信号发出后平均收益率的差异。

表 4 - 2　　　　　　　　MA（1，26）规则的预测能力

| 规则 | N（b） | N（s） | mr（b） | mr（s） | mr（b - s） | upb > 0 | downs > 0 |
|---|---|---|---|---|---|---|---|
| MA（1，26） | 338 | 386 | 0.9126%<br>(0.0113) | 0.1481%<br>(0.5969) | 0.7645%<br>(0.0670) | 54.1% | 49.2% |

注：括号内为平均收益率是否显著异于 0 的 $t$ 检验（Wald 检验）$p$ 值。

从表 4 - 2 看到，买入信号发出后收益率均值显著为正，并显著大于卖出信号收益率；买入信号发出后股价上涨概率 >50% 而卖出信号下跌概率约为 50%。这表明 MA 规则发出的买卖交易信号确实可用于预测未来价格变动的幅度以及方向。那么，可以将交易信号作为预测因子，建立收益率的各种预测模型（Forecasting Model），进一步考察 MA 规则的预测能力。

基于 MA 规则买卖交易信号的简单 OLS 预测模型

$$r_t = \alpha + \beta \, \mathrm{sgn}_{t-1}^{n_1;n_2} + \varepsilon_t \qquad (4.5)$$

其中 $\mathrm{sgn}_{t-1}^{n_1;n_2}$ 表示移动平均交易规则的信号。模型的经济含义是通过今天为止的 MA 移动平均交易信号来预测明天的收益率。

与所有的预测方法一样，都是基于样本外预测，即将全样本 $T$ 划分为两段，$T = T_1 + T_2$；其中，前 $T_1$ 个样本称为训练（拟合）样本，即用于估计预测模型的参数；后 $T_2$ 个样本称为预测样本，即通过训练样本估计得到的模型参数，来进行样本外预测。

样本外预测的一个重要的隐含条件是：预测模型的结构和模型参数在训练样本与预测样本保持一致。因此，在选取、划分样本时一定要特别注意：全样本的时间跨度不宜太长，否则会造成结构变化；对选定的全样本，训练样本不宜太长（否则会造成过度拟合），也不宜太短（否则会造成拟合不足），两者都会造成样本外预测能力的下降；一般而言，对选定的全样本，训练样本为全样本长度的 2/3，预测样本为全样本的 1/3。

一个基本的预测精度度量方式为预测误差的均方根（RMSE）：

$$\text{RMSE} = \sqrt{\frac{1}{T_2}\sum_{k=1}^{T_2}(\hat{r}_{fk} - r_k)^2} \tag{4.6}$$

其中 $T_2$ 表示预测样本的个数。$\hat{r}_{fk}$ 表示样本外预测的收益率，$r_k$ 表示样本外真实的收益率。均方根（RMSE）作为预测的精度指标，其值越小，表明样本外的预测效果越好。

再定义样本外收益率方向的预测精度为：

$$Q = \frac{\sum_{k=1}^{T_2} N_k(s_{fk}\cdot s_k > 0)}{T_2} \tag{4.7}$$

其中 $s_{fk}$ 表示样本外预测收益率的正负，$s_k$ 表示样本外真实收益率的正负。如果预测收益率与真实收益率的方向相同，则 $N_k(s_{fk}\cdot s_k > 0)$ 等于 1；否则 $N_k(s_{fk}\cdot s_k > 0)$ 等于 0。因此 $\sum_{k=1}^{T_2} N_k(s_{fk}\cdot s_k > 0)$ 表示样本外预测收益率方向正确的总数。

仍然选取深万科 A（000002）1998—2012 年共 750 个星期的周收盘价数据；前 500 个数据为拟合样本，后 250 个数据为预测样本。利用移动平均规则进行预测并和随机游走进行比较，得到表 4－3。

表 4－3                               MA（1, 26）规则的预测模型

| 规则 | 预测模型 | RMSE | Q |
|---|---|---|---|
| MA（1, 26） | OLS | 0.05453 | 59.6% |
| | RW | 0.07349 | — |

可以看到，MA 规则的 RMSE 优于随机游走的 RMSE，并且方向预测正确率大约是 60%。综上所述，MA 规则具有一定的预测能力。但是，考虑到频繁的买卖操作需要支付大量的交易费用，并且可能承担了较高的风险，因此，MA 规则能否获得超额收益还有待在扣除交易费用和风险补偿后作进一步考察。

下面给出基于移动平均规则的趋势跟随交易策略。根据 MA 规则的交易信号来指导交易，若第 t 天发出买入信号，则买进并持有，一直到市场趋势发生反转，在第 t＋h 天发出卖出信号时卖出。注意：若连续 n 天都发出买入信号，则一直持有，直到卖出信号的发出。

检验 MA 交易策略能否获得超额（Excess）收益：第一，扣除交易费用（主要是佣金、印花税）；第二，扣除风险补偿，即承担一定风险所应得的正常（Normal）收益。依据 MA 交易信号的买、卖操作过程及交易费用，单边交易费用：佣金 0.05%，印花税

0.25%，共 0.3% 买入实际价格为 $P_t + 0.3\%P$，卖出的实际价格为 $P_t - 0.3\%P$。

在扣除交易费用后的买区间 $h$ 天累计收益率为：

$$r_{t+h}(h) = \frac{P_{t+h} - 0.3\%P_{t+h} - (P_t + 0.3\%P_t)}{P_t}$$

$$= 99.7\% \frac{(P_{t+h} - P_t)}{P_t} - 0.6\% \tag{4.8}$$

$$= \sum_{k=1}^{h} \left[ 99.7\% \ln(\frac{P_{t+k}}{P_{t-1+k}}) - \frac{0.6\%}{h} \right]$$

即将某个买入区间的交易费用平均分摊到该区间内的每个交易日。

因此，对所有买入区间的每个交易日，其扣除交易费用后的日收益率序列为：

$$\mathrm{rb}_{j,k} = 99.7\% \ln\left(\frac{P_{t+k}}{P_{t-1+k}}\right) - \frac{0.6\%}{h_j}, j = 1, \cdots, N_b, k = 1, \cdots, h_j \tag{4.9}$$

其中，$N_b$ 表示买区间个数，$h_j$ 表示第 $j$ 个买区间持有股票的时间长度，$\mathrm{rb}_{j,k}$ 表示第 $j$ 个买区间第 $k$ 个交易日扣除交易费用的收益率。在卖出区间，由于投资者不在市场，有 $\mathrm{rs}_{j,k} = 0$。

再考虑风险补偿，采用 CAPM 模型来确定承担一定风险的正常收益

$$R_t - R_f = \alpha + \beta(R_{mt} - R_f) + \varepsilon_t \tag{4.10}$$

则买入区间扣除交易费用和风险补偿以后的超额收益率为

$$\mathrm{Xrb}_{j,k} = 99.7\% \ln\left(\frac{P_{t+k}}{P_t}\right) - \frac{0.6\%}{h_j} - \left[ \beta(R_{m,t+k} - R_f) + R_f \right] \tag{4.11}$$

而卖出区间扣除风险补偿的以后的超额收益率为

$$\mathrm{Xrs}_{j,k} = 0 - \left[ \beta(R_{m,t+k} - R_f) + R_f \right] \tag{4.12}$$

对万科数据进行计算，扣除交易费用后，在不考虑风险补偿的情况下：买入区间平均周收益率为 0.1179%（不显著异于0），卖出区间收益率为0；扣除交易费用后，在考虑风险补偿的情况下：买入区间平均周超额收益率为 0.0706%，卖出区间平均周收益率为 -0.0476%，交易策略的平均周收益率为 0.0002%（不显著）。

实证结果表明，在不考虑交易成本和风险补偿情况下，均线型趋势跟随策略可能获得超额收益。但是在考虑风险补偿和交易费用之后，MA（4，26）策略并不能获得差额收益。选择其他股票，以及其他移动平均规则有可能获取除风险补偿和交易成本之外的超额收益。这需要在多个移动平均规则之间进行对比实现。

## 4.4　本章小结

本章主要学习基于移动平均线的趋势跟随策略。通过简单介绍技术分析的发展历程，了解趋势跟随策略的思想，并应用移动平均规则实现趋势跟随策略。通过这种简单的学习，同学们可以利用其他均线或指标来制定相应的交易策略。

## 本章思考题

1. 如何改进趋势跟随策略？
2. 技术分析的优点和不足有哪些？

## 本章操作题

1. 在移动平均线基础上，设计一种交易策略，收集三只股票数据对该策略进行验证。

2. 利用指数平滑移动平均线（MACD）指标来改进趋势跟随策略，收集两只股票数据检验该策略的有效性。

## 本章参考文献

忻海．解读量化投资：西蒙斯用公式打败市场的故事 [M]．北京：机械工业出版社，2010.

# 第5章

# 期货市场概述

**本章学习目标**

- 了解期货交易的基本概念与主要特征
- 了解我国期货市场的主要交易品种
- 理解期货交易策略与期货市场功能的内在联系

## 5.1 引例

在我国北方某些地区，冬小麦一般在 9 月中下旬至 10 月上旬播种，翌年 5 月底至 6 月中下旬成熟，即秋季播种、第二年春季收获。在春季的时候，若某农户打算卖出夏季收获的小麦，可以有哪些交易方式呢？

第一种是等待小麦夏季收获后直接卖给粮食收购商，一手交钱一手交货。这种交易方式称为现货交易。若收获时小麦减产，供不应求，小麦价格将上涨；若收获时小麦增产，供过于求，小麦价格将下跌。无论是上涨还是下跌，农户都会面临价格波动风险。此外，农户不了解其他地区的小麦产销情况，面对收购商时存在信息劣势，可能会面临不利局面。

第二种是在春季时预先与粮食收购商签订销售合同，约定小麦交易的时间和价格，等待夏季收获后双方交收小麦。这种交易方式称为远期交易。相对于现货交易，远期交易规避了价格波动风险。然而，若收获时小麦价格低于约定价格，粮食收购商可能会选择违约，不再收购约定的小麦。若收获时小麦价格高于约定价格，农户可能会选择违约，不再卖出约定的小麦。农户和收购商都可能面临对方的信用风险。这种远期交易方式可能履约机会较低。

第三种是农户和收购商不直接签订合同，而是由粮食批发市场作为中介组织农户与收购商签订合同，收取一定的保证金，并为双方提供担保。夏季小麦收获后，粮食批发市场组织完成双方的小麦交收。若有一方违约，粮食批发市场负责承担履约义务。这种交易方式就类似于期货交易。若粮食批发市场替换为期货交易所，小麦替换为标准化的期货合约，这种交易就称为期货交易。期货交易既规避了价格波动风险，又减轻了交易对手的信用风险。

## 5.2　期货交易的概念与特征

### 5.2.1　期货交易的概念

期货交易就是在期货交易所内买卖标准化期货合约的交易，即投资者缴纳一定数量的保证金，通过在期货交易所公开竞价买卖期货合约，并在合约到期前对冲或实物交割来了结义务的一种交易方式。其中，期货合约是由期货交易所统一制定的、规定在将来某一特定时间和地点交割一定数量的标的物的标准化合约。标的物（又称为基础资产）可以是某种商品（如铜或原油），可以是某种金融资产（如外汇或债券），还可以是某个金融指标（如股票指数）。

### 5.2.2　期货交易的特征

一般而言，期货交易主要有以下几个基本特征：

1. 合约标准化：期货合约是由交易所统一制定的标准化合约，规定了标的物的数量、交割时间和地点等。然而，并非所有的商品和金融产品都能成为期货合约的标的物。期货合约的标的物一般具有便于储藏运输、品质可界定、交易量大、价格频繁波动等特性。

2. 集中竞价交易：期货交易实行场内或电子交易系统内交易，所有买卖指令必须在交易所内或电子系统内进行集中竞价成交，成交价格由市场供求关系决定。只有交易所会员（如期货公司）才能进场交易，其他交易者只能委托交易所会员代理进行期货交易。

3. 保证金交易：期货交易实行保证金制度，交易者在买卖期货合约时不必缴纳全额资金，而是按合约价值的一定比例（一般为 5% ~ 15%）缴纳保证金作为履约保证，即可进行数倍于保证金的交易。因此，期货交易属于"杠杆交易"。

4. 双向交易：期货交易采用双向交易方式，交易者既可以买入建仓（称为多头或买空，Long Position），也可以卖出建仓（称为空头或卖空，Short Position，即通过卖出期货合约开始交易）。双向交易机制给予投资者双向的投资机会，预期期货价格上涨（下跌）时，可以通过低买高卖（高卖低买）来获利。

5. 对冲了结：大多数期货交易者建仓后，并不是通过交割来结束交易，而是通过对冲了结。买入（卖出）建仓后，可以通过卖出（买入）同一期货合约进行平仓来解除履约责任，建仓和平仓的价差决定盈亏。对冲了结使得投资者不必通过交割现货来结束期货交易，提高了期货市场的流动性。

6. 当日无负债结算：即逐日盯市（Marking to Market），每日交易结束后，按照当日结算价对交易者结算所有合约的盈亏，如果交易者的保证金余额低于规定的标准，就必须立即追加保证金，做到"当日无负债"。当日无负债结算制度可以有效防范违约风险，保障期货市场的正常运转。

### 5.2.3 期货交易与现货交易

现货交易是指买卖双方根据所商定的支付方式与交货方式，采取即时或在较短时间内进行实物商品交收的一种交易方式。其覆盖面广，不受交易对象、交易时间、交易空间等方面的制约，交易灵活方便。而期货交易则是在现货市场发展到一定程度和社会经济发展到一定阶段后才形成和发展起来的。二者的主要区别如下：

1. 交易对象不同：现货交易买卖的直接对象是商品本身，期货交易买卖的直接对象是标准化期货合约。现货交易的对象比期货交易的对象更加广泛。

2. 交易目的不同：现货交易是一手交钱一手交货的交易，直接获得或出让商品的所有权，是满足买卖双方需求的直接手段。而期货交易的目的一般不是到期获得商品，而是通过期货交易转移现货市场的价格风险，或从期货市场的价格波动中获得风险利润。

3. 交易方式不同：现货交易一般是一对一谈判签订合同，具体内容由双方商定。如果签订合同之后不能兑现，就要诉诸法律。期货交易是在期货交易所以公开、公平竞争的方式进行交易。

4. 交易场所不同：现货交易一般不受交易时间、地点、对象的限制，交易灵活方便，随机性强，可以在任何场所与对手交易。期货交易必须在交易所内依照法规进行公开、集中交易，不能进行场外交易。

5. 商品范围不同：现货交易的品种是一切进入流通的商品，而期货交易品种是有限的，包括农产品、石油、金属商品以及金融产品等。

6. 结算方式不同：现货交易主要采用到期一次性结清的结算方式，有的也采用货到付款或分期付款等方式。期货交易则实行"每日无负债结算制度"，即交易双方必须缴纳一定数额的保证金，每天都要按规定进行一次结算。

### 5.2.4 期货交易与远期交易

期货交易与远期交易均为双方约定于未来一定时期或某特定期间，以约定的价格买入或卖出一定数量商品的交易。二者的主要区别如下：

1. 交易对象不同：远期交易的对象是交易双方私下协商达成的非标准化合同，所涉及的产品没有任何限制。期货交易的对象是交易所统一制定的标准化期货合约。

2. 功能作用不同：期货交易的功能是规避风险和发现价格。远期交易尽管在一定程度上也能起到调节供求关系、减少价格波动的作用，但由于远期合同缺乏流动性，所以价格的权威性和分散风险的作用大打折扣。

3. 履约方式不同：期货交易有实物交割与对冲平仓两种履约方式，而远期交易主要采取实物交收的履约方式。

4. 信用风险不同：期货交易以保证金制度为基础，实行当日无负债结算制度，信用风险较小。远期交易从交易达成到最终完成实物交割有相当长的一段时间，各种不利于履约的行为都有可能出现，具有较高的信用风险。

5. 保证金制度不同：期货交易有特定的保证金制度，远期合同交易则由交易双方自行商定是否收取保证金。

# 5.3　期货市场的发展与现状

## 5.3.1　期货市场的产生与发展

期货交易是在现货交易、远期交易基础上发展起来的交易方式。远期交易，即在未来约定日期进行的交易。集中化的远期交易最早可追溯到 13 世纪的英国。当时，出现了商人提前购买在途货物的做法。交易双方先签订一份合同，列明货物品种、数量、价格等，预交一定的定金，待货物抵岸时才交收全部货款和货物。较为规范的期货市场在 19 世纪中叶产生于美国芝加哥。芝加哥被称为"风城"，是美国第三大城市、五大湖地区最大的工业中心，是美国东西部交通、水、陆、空运输中心。19 世纪中叶，芝加哥作为连接美国中西部产粮区和东部消费市场的粮食集散地，已发展成为全美最大的谷物集散中心。由于农产品生产的季节特征，在收获季节谷物短期内堆积上市导致价格大跌，到了来年春季又出现供不应求和价格飞涨的现象。当地经销商在收获季节向农场主收购谷物，为了规避谷物过冬期间价格波动的风险，提前与芝加哥的加工商签订来年春季交货的远期合同。

1848 年 3 月 13 日，82 位美国商人在芝加哥发起组建了芝加哥期货交易所（Chicago Board of Trade，CBOT）。成立之初，交易所旨在改进运输和储存条件，同时为会员提供价格信息等服务。1851 年，CBOT 引进远期合同，起到稳定产销、规避季节性价格波动风险的作用。在这种交易方式中，商品的数量、价格、交货时间、交货地点等都是根据双方的情况协商而达成。当出现需转让已签订的合同时，这种交易方式就开始显现出它的局限性，并且当合同到期需要履约时，拒绝履约的行为时常发生。为了进一步规范交易，CBOT 于 1865 年推出了标准化合约，同年又实行了保证金制度。1882 年，CBOT 允许以对冲合约的方式结束交易而不必交割实物，增加了期货市场的流动性。1925 年，CBOT 结算公司成立，现代意义上的期货市场初具雏形。

期货市场的发展是一个交易品种不断增加、交易规模不断扩大的过程。期货交易品种主要分为商品期货和金融期货。其中，商品期货主要包括农产品期货（如谷物、畜产品、林产品、乳品、软商品）、金属期货（如有色金属、贵金属、黑色金属）、能源化工期货（如原油、汽油、取暖油、天然气）等。金融期货主要包括外汇期货、利率期货、股指期货、股票期货等。此外，一些新期货品种不断出现，如温度指数期货、经济指数期货、保险期货等。

## 5.3.2　国际主要期货市场

目前，美国、英国、德国、日本、新加坡等都发展出了成熟的期货市场。芝加哥商品交易所集团（CME Group）和洲际交易所（Intercontinental Exchange，ICE）是世界上最大的两家期货交易所。

1. 芝加哥商品交易所集团（CME Group）。芝加哥商品交易所集团是全世界规模最大、种类最全的期货和衍生品交易市场，交易量占全美期货和期权交易量的85%以上。CME Group 是在 1874 年建立的芝加哥商品交易所（Chicago Mercantile Exchange，CME）的基础上，先后于 2006 年和 2008 年并购芝加哥期货交易所（CBOT）、纽约商业交易所（New York Mercantile Exchange，NYMEX）、纽约商品交易所（Commodity Exchange of New York，COMEX）而形成的。这四家交易所都是期货市场的先锋，在超过 250 年的期货交易史上有着不可磨灭的地位。芝加哥商品交易所集团通过旗下这四家交易所提供涵盖所有主要资产类别的范围最广的全球基准产品，包括基于利率、股票指数、外汇、能源、农产品、金属、天气和房地产的期货和期权。其中，农产品包括谷类、油籽、牲畜、乳制品、木材、咖啡、糖等；能源商品包括 WTI 轻质低硫原油、Henry Hub 天然气、煤炭等；股票指数包括标普 500 指数、纳斯达克 100 指数、道琼工业平均指数、日经 225 指数、MSCI 指数以及英国 FTSE 指数等；金属商品包括金、银、铂、钯、铜及铁等。

2. 洲际交易所（ICE）。洲际交易所是一家全球领军的金融和商品期货的交易所和结算中心集团，组建于 2000 年；2001 年通过收购伦敦国际石油交易所（IPE）进入期货市场；2005 年登陆纽交所；2007 年 1 月收购纽约期货交易所（NYBOT），8 月收购温尼伯商品交易所；2009 年收购清算公司（TCC）；2010 年 7 月收购气候交易所；2013 年 11 月收购纽约泛欧证券交易所（NYSE – Euronext）。

目前，洲际交易所拥有 23 个交易所和交易市场，包括美国、加拿大、欧洲境内的 ICE 期货交易所，美国、欧洲境内的 LIFFE 期货交易所，纽约股票交易所，泛欧集团股票交易所，股权期权交易所，OTC 能源，信贷和股权交易市场等。洲际交易所通过旗下期货业务、全球 OTC 业务、市场数据业务等三个业务部门运营，涉及能源、利率、信贷、外汇、债券、农业、贵金属、股权、交易所交易产品、股票期权的合约交易。其中，期货业务主要由美国、欧洲、加拿大等地交易所构成，OTC 业务包括能源和 CDS 合约，市场数据业务则是通过市场数据授权获得营收。ICE 期货交易所挂牌一系列多元化的全球相关基准期货和期权合约，包括农产品、货币、碳排放、能源和股票指数。ICE 欧洲期货交易所挂牌 ICE 布伦特原油、ICE 柴油和 ICE WTI 原油期货和期权，此外还有碳排放以及服务欧洲公用事业市场的天然气和电力等合约。ICE 美国期货交易所挂牌基准原糖、棉花、可可、咖啡和橙汁合约，同时也是罗素指数期货和期权市场、美元指数和外汇期货的独家交易场所。ICE 加拿大期货交易所挂牌油菜籽、小麦和大麦期货和期权合约。

### 5.3.3　中国期货市场

我国期货市场出现于 20 世纪 90 年代初。当时，随着改革开放的逐步深化，价格体制逐步放开，农产品价格频繁波动，一批学者提出了建立农产品期货市场的构想。特别是"抢购风潮"出现后，国务院于 1988 年 5 月制订期货市场试点方案。1990 年 10 月 12 日，郑州粮食批发市场经国务院批准设立。随后，在深圳、上海金属交易所成立之后，各地的期货交易所如雨后春笋般建立起来。截至 1994 年底，我国建成期货交易所 50 多家，开发了近 50 个期货交易品种。然而，由于缺乏有效监管，我国期货市场出现了盲目无序发展的局面，期货交易违规事件不断发生。1994—1998 年，国务院两次大规模整顿期货市场，期货交易所由 50 多家缩减为 14 家，最后撤并为 3 家；期货交易品种由近 50 个缩减为 35 个，最后仅保留 12 个。从 2001 年开始，期货市场逐渐复苏，期货法规与风险监控逐步完善，期货市场的规范化程度继续提高。2006 年 9 月 8 日，中国金融期货交易所成立。

目前，我国共有 4 家期货交易所，分别是上海期货交易所、大连商品交易所、郑州商品交易所和中国金融期货交易所。上海期货交易所的上市交易品种有黄金、白银、铜、铝、锌、铅、螺纹钢、线材、燃料油、天然橡胶、石油沥青、热轧卷板、镍、锡等 14 种期货合约。大连商品交易所的上市交易品种有玉米、玉米淀粉、黄大豆 1 号、黄大豆 2 号、豆粕、豆油、棕榈油、鸡蛋、纤维板、胶合板、线型低密度聚乙烯、聚氯乙烯、聚丙烯、焦炭、焦煤和铁矿石共计 16 个期货品种。郑州商品交易所的上市交易品种有普麦、强麦、早籼稻、晚籼稻、粳稻、棉花、油菜籽、菜籽油、菜籽粕、白糖、动力煤、甲醇、精对苯二甲酸（PTA）、玻璃、铁合金（硅铁和锰硅）、棉纱、苹果等 17 个期货品种。中国金融期货交易所的上市交易品种有沪深 300 指数、上证 50 指数、中证 500 指数、5 年期国债、10 年期国债等 5 个期货品种。

# 5.4　期货市场功能与期货交易策略

## 5.4.1　期货市场功能

一般而言，期货市场主要有风险规避、价格发现和风险投资三个主要功能。

1. 风险规避功能：期货交易可以规避现货价格波动风险。一般来说，同一商品的期货价格与现货价格受相同供求因素的影响，具有极为紧密的联动性，二者同方向变动而且最终趋同。投资者只需在期货市场和现货市场进行相反的交易，就可以在两个市场之间建立起一种互相冲抵的机制，以一个市场的盈利来冲抵另一个市场的亏损，从而规避价格波动风险。

2. 价格发现功能：期货市场具有公开透明的交易机制，吸引了数量众多的交易者，集中了关于商品价格的多方面信息。因此，期货价格具有真实性、预期性、连续性和权威性等特点，可引导现货价格。例如，原油市场上现货交易价格通常以期货价格为基准。

3. 风险投资功能：投资者可通过参与期货交易来获得收益，实现风险投资的目的。

## 5.4.2　期货交易策略

根据交易目的和交易方式的不同，期货交易策略可分为套期保值、期货套利、期货投机三种。

（一）套期保值

套期保值是利用期货规避现货价格波动风险，以一个市场的盈利抵消另一个市场的亏损。让我们看一个套期保值的例子。

某大豆种植户在 3 个月后将收获大豆并上市销售，而某大豆压榨企业需要在 3 个月后采购大豆原料。双方都面临着未来价格波动的风险，价格下跌则种植户受损，价格上涨则压榨企业受损。他们可以通过期货市场来规避风险。大豆种植户担心价格下跌，可卖出 3 个月后到期的大豆期货合约，如果 3 个月后大豆价格果真下跌了，那么他在现货交易中损失了一笔，但是在期货市场赚了一笔，二者可能正好抵消。大豆压榨企业担心价格上涨，可买入 3 个月后到期的大豆期货合约，如果 3 个月后大豆价格果然上涨了，那么他在期货市场上赚了一笔，可能正好抵消其现货采购成本上升造成的损失。

从上面的例子可以看出，大豆种植户持有现货多头，需在期货市场持有空头；大豆压榨企业持有现货空头，需要期货市场持有多头。套期保值的目的并不在于追求盈利，而是要实现以一个市场的盈利抵消另一个市场的亏损以规避价格波动的风险。此外，套期保值并不能消灭风险，而是转移风险，转移出去的风险大部分由期货市场中大量存在的投机者来承担。

（二）期货套利

期货套利是利用相关合约之间的价差变化进行方向相反的交易，以期价差发生有利变化而获利的交易行为。让我们看一个期货套利的例子。

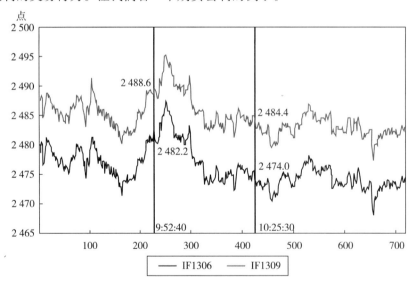

注：图中所示为 2013 年 5 月 15 日 9：15～11：15 股指期货 IF1306 和 IF1309 的价格走势。

**图 5-1　沪深 300 股指期货走势**

2013 年 5 月 15 日 9：52：40，沪深 300 股指期货 IF1306 合约为 2 482.2 点，IF1309 合约为 2 488.6 点，二者价差为 6.4 点。某套利者经分析认为目前价差偏小，未来价差可能会增大（如 IF1309 上涨或 IF1306 下跌）。于是，他买入一份 IF1309 合约并卖出一份 IF1306 合约。到了 10：25：30 时，IF1306 合约下跌到 2 474.0 点，IF1309 合约下跌到

2 484.4点，二者价差为10.4点。该套利者对冲平仓，卖出 IF1309 合约并买入 IF1306 合约。其获利情况为：（2 482.2 - 2 474.0 - 2 488.6 + 2 484.4）×300 = 1 200 元（未计算交易成本）。

从上面的例子可以看出，期货套利是以获利为目的，从相关合约之间的相对价差变动获利，需同时买入和卖出进行风险对冲。

（三）期货投机

期货投机是通过预测期货合约未来价格走势，在期货市场进行买空卖空以博取买卖价差收益。投机一般在一次交易中仅买或仅卖，利用单一合约绝对价格的波动获利，比套利的风险更大。

# 5.5　本章小结

本章主要介绍了期货交易的基本概念与主要特征、期货交易与现货交易及远期交易的比较、期货市场的产生与发展、国际主要期货市场及期货品种、我国期货市场及期货品种、期货市场功能与期货交易策略等。

## 本章思考题

1. 期货交易与现货交易、远期交易有哪些异同，各有哪些优势与不足？
2. 期货交易策略与期货市场功能存在怎样的内在联系？

## 本章操作题

1. 通过中国期货业协会、期货交易所等网站，了解并分析期货保证金制度与持仓限额制度。
2. 选取新近上市的期货品种，收集相关资料，分析该品种的标的特点、现货市场运行情况、期货合约条款以及该品种的上市历程。
3. 选取某种期货品种，比较国内期货和外盘期货在合约条款上差异并展开分析。

## 本章参考文献

[1] 郑明川，王胜强．期货交易理论与实务（第3版）[M]．浙江：浙江大学出版社，2002.

[2] 李强．期货交易实务（第3版）[M]．北京：中央广播电视大学出版社，2011.

[3] 中国期货业协会．期货及衍生品基础（修订版）[M]．北京：中国财政经济出版社，2017.

# 第6章

# 期货套期保值策略

**本章学习目标**

- 了解期货套期保值的原理
- 理解期货套期保值的目的和作用
- 掌握期货套期保值策略的设计方法

## 6.1 引例

让我们回顾一下第 5 章的套期保值例子。

某大豆种植户在 3 个月后将收获大豆并上市销售，而某大豆压榨企业需要在 3 个月后采购大豆原料。双方都面临着未来价格波动的风险，价格下跌则种植户受损，价格上涨则压榨企业受损。他们可以通过期货市场来规避风险。大豆种植户担心价格下跌，可卖出 3 个月后到期的大豆期货合约，如果 3 个月后大豆价格果真下跌了，那么他在现货交易中损失了一笔，但是在期货市场赚了一笔，二者可能正好抵消。大豆压榨企业担心价格上涨，可买入 3 个月后到期的大豆期货合约，如果 3 个月后大豆价格果然上涨了，那么他在期货市场上赚了一笔，可能正好抵消其现货采购成本上升造成的损失。

该例子正说明了套期保值的原理，即利用一个市场的盈利冲抵另一个市场的亏损来达到规避价格波动风险的目的。然而，例子总是简化的，实际中套期保值的过程更加复杂，需要考虑多方面的问题，比如：

（1）在未来 3 个月中，大豆价格波动的可能性和范围有多大？若价格波动的概率不大，或套期保值的收益难以弥补套期保值的成本，则可不实施套期保值。

（2）若实施套期保值，应选择哪种期货合约？是选择 3 个月后到期的大豆期货合约，还是选择 1 个月后到期的大豆期货合约并逐步展期？

（3）如何确定大豆期货合约的交易数量？建仓时，是一次建仓，还是分次建仓？

（4）套期保值结束后，如何评价套期保值的效果？

上述问题的分析和解答构成了本章的主要内容。

# 6.2　套期保值的概念与特征

## 6.2.1　套期保值的概念

套期保值是一种以规避现货价格波动风险为目的的期货交易行为,是指在期货市场上建立与现货市场方向相反的交易部位(或头寸),使一个市场的盈利弥补另一个市场的亏损,从而转移、规避价格风险的交易行为。交易者在现货市场和期货市场同时就同一种商品进行数量相同、买卖方向相反的交易,即在现货市场买进(或卖出)某种商品的同时,在期货市场卖出(或买进)与现货市场品种相同、数量相同、交易方向相反的期货合约,以便在未来一定时期内通过买进(或卖出)相同数量的期货合约而补偿因现货市场价格波动所带来的实际价格风险。

## 6.2.2　套期保值的特征

套期保值建立了现货市场与期货市场之间相互补偿、相互冲抵的机制,呈现出交易方向相反、商品种类相同、商品数量相等、月份相同或相近等特征。

(一)交易方向相反

套期保值交易必须在两个市场上同时采取相反的买卖行动,即反向操作。具体地说,在现货市场上买入商品的同时,就应该在期货市场上卖出该商品的期货合约;而在现货市场上卖出商品的同时,就应该在期货市场上买进该商品的期货合约。对于同种商品来说,由于受相同供求因素的影响,该商品在现货市场上的价格和期货市场上的价格之间会保持相同的走势。同时在两个市场采取反向操作就能有效地利用两个市场,建立起互相补偿的机制,以一个市场上的盈利来弥补另一个市场上的亏损。

(二)商品种类相同

套期保值交易所选择的期货合约的标的物必须和在现货市场上买卖的现货商品是相同种类的。例如,若为现货市场中的铜进行套期保值时,就应该选择铜期货合约。只有商品种类相同,期货价格和现货价格之间才有可能形成密切的关系,呈现大致相同的价格走势,从而在两个市场上同时采取反向操作才能规避风险。若商品种类不同,套期保值交易不仅不能达到规避价格波动风险的目的,还有可能增加价格波动风险。需要注意的是,并非所有商品都能成为期货合约的标的物,某些现货商品找不到相同种类的期货合约。因此,实际套期保值业务通常出现“交叉套保”的现象。交叉套保是指,套期保值交易时若无现货商品相对应的期货合约,可选取一种与该商品不同种类但价格走势大致相同的相关商品的期货合约来进行保值。例如,可采用原油期货合约为成品油现货进行套期保值。一般而言,两种商品之间的替代性越强,套期保值的效果越好。

(三)商品数量相等

套期保值交易时,期货合约头寸所反映的商品数量应与现货商品交易数量相等。只有保持两个市场上买卖商品的数量相等,才能使一个市场上的盈利额与另一个市场上的亏损额相等或最接近。然而，由于期货合约是标准化的，每手期货合约所代表的商品数量是固定不变的，交易者在现货市场上买卖的商品数量却是各种各样的。因此，套期保值交易有时期货商品数量与现货商品数量难以保持一致，这在一定程度上影响了套期保值的效果。

（四）月份相同或相近

套期保值交易所选用的期货合约的交割月份最好与交易者将来在现货市场上实际买进或卖出现货商品的时间相同或相近。这样才能使期货价格和现货价格之间的联系更加紧密，增强套期保值效果。

# 6.3　套期保值的原理

套期保值通过反向操作建立起期货市场与现货市场之间相互冲抵的机制，从而达到规避现货价格波动风险的目的。这要求期货价格与现货价格走势一致且变化幅度相同。这主要基于以下两个原理。

1. 同种商品的期货价格和现货价格走势方向一致。同种商品的期货价格和现货价格受相同因素的影响，可能表现为价格变动趋势相同、走势基本一致的现象。无论价格变动是上升还是下降，在现货市场和期货市场上进行方向相反的交易，在一个市场上获得一定的盈利，而在另一个市场会出现一定的亏损。从理论上来讲，在某一市场上（现货或期货）的损失将可由另一市场的盈利来弥补。

2. 随着交割日的临近，期货价格与现货价格趋同。期货价格包含了资金的时间价值和商品的持有成本（如仓储费、保险费等），通常高于现货价格。当接近交割日时，时间价值和持有成本逐步消失，导致期货价格接近现货价格。此外，期货交易的交割制度也保证了现货市场价格与期货市场价格随期货合约到期日的临近而趋向一致。

# 6.4　套期保值的目的和作用

## 6.4.1　套期保值的目的

套期保值的主要目的是规避价格波动风险。在市场经济条件下，诸多不确定因素可能导致商品供求关系产生变化，进而导致价格波动。价格波动带来的损失就表现为风险。例如，农业生产具有季节性特征，农产品价格容易波动。这会给农户、农业企业等带来较大风险。因此，规避价格波动风险就显得十分必要。而套期保值正是规避价格波动风险的主要手段。

例如，某大豆压榨企业主要从事豆油榨取业务，采购大豆原料，卖出豆油和豆粕。经营中面临大豆、豆油和豆粕等的价格波动风险。原材料（大豆）价格上涨或产成品（豆油和豆粕）价格下跌，会给企业带来损失。该企业可参与商品期货市场，买入大豆期货合约，卖出豆油期货合约和豆粕期货合约，同时在原材料端和产成品端进行套期保值。这样，该企业可锁定利润空间，合理制订并顺利实施其财务计划和生产计划。此外，参与套期保值交易还可以降低企业的信用风险，提高银行对企业的授信。

再例如，某基金经理管理的基金持有多只股票构成的投资组合。比如在全国"两会"前夕，该基金经理不确定未来政策对所持股票是利好还是利空，他可以卖出股指期货进行套期保值，待相关政策出台后，若是利空，他可以对股指期货平仓来弥补股票市场的损失。当然，套期保值也会损失利好消息带来的收益。

### 6.4.2　套期保值的作用

套期保值者通过套期保值交易规避了个体面临的价格波动风险，而众多套期保值者的共同作用也对整个市场产生了影响。因此，套期保值的作用不仅体现在微观层面，而且体现在宏观层面。

在微观层面，套期保值为企业提供应对不利价格波动的防范手段，使企业能在很大程度上规避价格波动对其经营造成的不利影响，从而企业可在采购、定价、销售等经营活动中获得较大的灵活性。在宏观层面，套期保值有利于稳定生产成本、节约社会资本，还有利于形成合理的定价水平。当价格偏低时，套期保值者在市场上竞相购入合约，可以使价格回升；当价格偏高时，套期保值者竞相出售合约，使价格回落。因此，市场价格趋于稳定，从而形成合理的价格水平。

## 6.5　套期保值的类型

在实际交易中，套期保值可分为多种类型。按期货品种划分，套期保值可分为商品期货套保和金融期货套保。按交易方向划分，套期保值可分为买入套期保值和卖出套期保值。其中，参与买入套期保值的投资者一般是将来在市场上的买方个人或企业，他们通过套期保值达到控制成本、规避价格上涨风险的目的。参与卖出套期保值的投资者一般是将来在市场上的卖方个人或企业，他们通过套期保值达到锁定销售价格、规避价格下跌风险的目的。此外，买入套期保值和卖出套期保值也可联合使用，称为双向套期保值。

### 6.5.1　买入套期保值

买入套期保值，即持有期货多头头寸，是指预先在期货市场上买入期货合约，从而为交易者将要在现货市场上买进的现货商品进行保值。基本做法是：预先在期货市场上买入与将来要在现货市场上买进的现货商品种类相同、数量相等、月份相同或相近的期货合约。此后，当买进现货商品时，同时卖出预先买入的期货合约，结束买入套期保值。若此时现货商品价格上涨，期货合约价格也随之上涨，投资者在现货市场上付出了更多的成本（亏损），但在期货市场上盈利了。这样的话，利用期货市场的盈利弥补现货市场的亏损，可达到保值的目的。反之，若此时现货商品价格下跌，期货合约价格也随之下跌，投资者在现货市场上付出了较少的成本（盈利），但在期货市场上亏损了。也就是说，套期保值的代价是放弃现货价格发生有利变化带来的盈利机会。

下面是一个买入套期保值的例子。某饲料加工厂计划在 10 月购入玉米。在 7 月时，玉米现货市场价格为 1 680 元/吨。该饲料加工厂担心 10 月时玉米价格会大幅上涨，于是购买了 11 月份到期的玉米期货合约，价格为 1 690 元/吨。在 10 月时，如果玉米现货价格上涨至 1 700 元/吨，11 月到期的期货合约价格上涨至 1 710 元/吨，该饲料加工厂的盈亏情况如下：

现货购入价：1 700 元/吨

期货市场盈亏：1 710 - 1 690 = 20 元/吨

现货实际购入价：1 700 - 20 = 1 680 元/吨

该种情况下，玉米现货实际购入价为 7 月的价格 1 680 元/吨，达到了保值的目的。相反，如果玉米现货价格下跌至 1 660 元/吨，11 月到期的期货合约价格下跌至 1 670元/吨，该饲料加工厂的盈亏情况如下：

现货购入价：1 660 元/吨

期货市场盈亏：1 670 - 1 690 = - 20 元/吨

现货实际购入价：1 660 + 20 = 1 680 元/吨

该种情况下，玉米现货实际购入价仍为 7 月的价格 1 680 元/吨，现货成本降低被期货损失所抵消。

### 6.5.2　卖出套期保值

卖出套期保值，即持有期货空头头寸，是指预先在期货市场上卖出期货合约，从而为交易者将要在现货市场上卖出的现货商品进行保值。基本做法是：预先在期货市场上卖出与将来要在现货市场上卖出的现货商品种类相同、数量相等、月份相同或相近的期货合约。此后，当卖出现货商品时，同时买进预先卖出的期货合约，结束卖出套期保值。若此时现货商品价格下跌，期货合约价格也随之下跌，投资者在现货市场上出现亏损，但在期货市场上盈利了。这样的话，利用期货市场的盈利弥补现货市场的亏损，可达到保值的目的。反之，若此时现货商品价格上涨，期货合约价格也随之上涨，投资者在现货市场上相对盈利，但在期货市场上亏损了。也就是说，套期保值的代价是放弃现货价格发生有利变化带来的盈利机会。

下面是一个卖出套期保值的例子。某农场主计划在 10 月大豆收获后卖出大豆。在 5 月份时，大豆现货市场价格为 3 800 元/吨。该农场主担心 10 月时大豆价格会大幅下跌，于是卖出了 11 月到期的大豆期货合约，价格为 3 900 元/吨。在 10 月时，如果大豆现货价格下跌至 3 700 元/吨，11 月到期的期货合约价格下跌至 3800 元/吨，该农场主的盈亏情况如下：

现货销售价：3 700 元/吨

期货市场盈亏：3 900 - 3 800 = 100 元/吨

现货实际销售价：3 700 + 100 = 3 800 元/吨

该种情况下，大豆现货实际销售价仍为 5 月的价格 3 800 元/吨，达到了保值的目的。相反，如果大豆现货价格上涨至 3 900 元/吨，11 月到期的期货合约价格上涨至 4 000元/吨，该农场主的盈亏情况如下：

现货销售价：3 900 元/吨

期货市场盈亏：3 900 − 4 000 = −100 元/吨

现货实际销售价：3 900 − 100 = 3 800 元/吨

该种情况下，大豆现货实际销售价仍为 5 月的价格 3 800 元/吨，现货盈利被期货损失所抵消。

### 6.5.3　双向套期保值

双向套期保值，是指同时运用买入套期保值和卖出套期保值对交易者将要在现货市场采购和销售的现货商品进行保值。双向套期保值的做法是把买入套期保值的做法和卖出套期保值的做法相结合。这种套期保值可用于贸易商对买卖两个环节上的同种商品进行保值，也可用于加工商对原材料和产成品两种商品进行保值。

# 6.6　套期保值应注意的问题

套期保值是一种防御性的交易策略，其风险不如投机交易大。在套期保值实务中，仍需考虑相关因素，如价格波动的概率（即价格上升或下降的可能性）、价格上升或下降的幅度、当价格出现不利变动时可能遭受的损失额、套期保值费用（如交易手续费、资金占用成本）等。此外，套期保值还应注意以下问题：

（1）应了解期货交易所的上市期货商品有哪些，尽量选择同种商品的期货合约来做套期保值交易；在无相同商品时，可采用关系比较紧密的替代商品的期货合约。

（2）应了解所选择的期货合约的标准化规定。

（3）应确定目标利润和目标价格。

（4）操作时应严格遵循套期保值交易的四个基本特征和原则，即交易方向相反、商品种类相同、商品数量相同、月份相同或相近。

（5）要计算出做套期保值交易时的基差并随时关注基差的变化，在基差有利时结束套期保值交易。

（6）要认识到套期保值功能是有限的。基差的变化、期货商品的数量无法完全与需要进行保值的商品数量完全相等、替代商品期货价格和现货商品价格之间相互关联程度不很强、等级差别对现货商品的价格影响很大而对期货合约的价格影响甚微等都会影响套期保值的效果。所以，一旦预期到套期保值的效果将会受到影响时，不妨做基差交易来进一步加强套期保值的效果。

（7）要认识到套期保值交易的防御性特征，不要企图用套期保值来获取厚利。作为套期保值者最大的目标是保值，即在转移价格风险后专心致力于经营，获取正常经营利润。

# 6.7 套期保值策略设计

## 6.7.1 设计原理

套期保值实务涉及多方面的问题，包括选择期货品种、选择期货合约、确定期货与现货的相对比例（套期保值比率，Hedging Ratio）、保证金管理、合约展期等。其中，套保比率的确定是套保策略设计的核心。

在商品期货套保中，若存在与现货商品相同的期货品种，期货合约代表的数量与现货数量之比应为1。例如，某大豆种植基地预计3个月后可收获2万吨大豆上市销售，为规避将来大豆价格下跌的风险，可利用3个月后到期的大豆期货合约做套保。因大豆期货合约的交易单位为10吨/手，所以需要卖出2 000手期货合约。而在股指期货套保中，合约标的物是股票指数，只有严格按照指数的构成买卖一揽子股票（如沪深300指数包括300只股票），才能与期货合约标的物完全对应。但事实上，绝大多数投资者和金融机构都不会持有如此庞大的股票组合（Portfolio）。因此，股指期货套保比率的确定更为复杂。

直观上，套保的目的是对冲风险。因持有不同股票所承担的风险不一样，故在市值相同的情况下，买入风险越大（小）的股票所需卖出的期货合约数量越多（少）。股票市场的风险可分为系统性风险和非系统性风险。其中，系统性风险是指对整个股市普遍产生不利影响的风险，其主要特征是对所有股票均产生不同程度的影响。非系统性风险是指由于上市公司的经营管理、财务状况、市场销售、重大投资等因素发生重大变化而导致的风险，它一般只影响某只股票或某个行业的股票价格产生波动。根据现代证券组合理论，投资者可通过构造投资组合来分散掉大部分非系统性风险。而系统性风险则需要利用股指期货来对冲。

期货市场是不同于现货市场的独立市场，因而期货价格的波动与幅度不一定与现货价格完全一致，这样买入一份现货的同时卖出一份期货合约就会产生盈利或亏损，如何将这种价格波动风险降到最低程度就关系到套期保值比率的计算。套期保值比率就是确定买入一份现货需要卖出的期货合约数量。风险最小化方法是最易理解、最常用确定最优套期保值比率的方法。常用的风险最小化套期保值比率是最小方差套期保值比率。

从套保后收益的风险最小化角度研究套期保值问题就是将现货市场和期货市场的交易头寸视为一个投资组合，即利用套保组合收益率的标准差作为衡量风险的大小，在组合资产的收益风险最小化的条件下，确定最优套期保值比率。套保组合的收益率为：

$$R_t = X_s(S_t - S_{t-1}) - X_f(F_t - F_{t-1})$$

其中，$X_s$表示股票现货组合数量，$X_f$表示股指期货持有头寸，$S_t$、$F_t$分别表示现货组合和股指期货合约的对数价格。该套保组合收益率的方差为：

$$VaR(R_t) = X_s^2\sigma_s^2 + X_f^2\sigma_f^2 - 2X_sX_f\sigma_{sf}$$

其中，$\sigma_s^2$、$\sigma_f^2$分别表示现货和期货对数收益率的方差，$\sigma_{sf}$表示二者之间的协方差。套期保值的准则是使套保组合收益率的方差最小，其一阶条件是：

$$\frac{\partial \mathrm{VaR}(R_t)}{\partial X_f} = 0$$

可求得风险最小化条件下的最优期货头寸为：

$$X_f^* = \frac{\sigma_{sf}}{\sigma_f^2} \times X_s$$

最优套期保值比率可定义为：

$$h^* = \frac{X_f^*}{X_s} = \frac{\sigma_{sf}}{\sigma_f^2}$$

因此，要得到最优套期保值比率，只需估计以下回归模型：

$$R_{s,t} = \alpha + \beta R_{f,t} + \varepsilon_t$$

其中，$R_{s,t}$、$R_{f,t}$ 分别表示现货收益率和期货收益率。利用最小二乘法做回归分析得到最优套期保值率。

　　套期保值效率主要衡量套保后资产方差减小的比率，可以用来比较最优套保比率的保值效果。如果资产没有进行套期保值，那么其方差为 $\mathrm{VaR}(R_{s,t})$，套期保值后组合的方差为 $\mathrm{VaR}(R_{s,t} - \beta R_{f,t})$。将套保效率（$He$）定义为未套保投资组合方差与套保投资组合方差的差占未套保投资组合方差的比值，可以表示为：

$$He = 1 - \frac{\mathrm{VaR}(R_{s,t} - \beta R_{f,t})}{\mathrm{VaR}(R_{s,t})}$$

$He$ 值越高，则说明套期保值后方差减小的部分越大，保值效果越好。

### 6.7.2　设计示例

　　假设某机构在 2012 年 6 月 29 日持有上证 180ETF 基金，市值为 1 000 万元。该机构欲对 ETF 基金进行套期保值，应卖出多少份股指期货合约？

　　1. 选择现货与期货合约，收集期货与现货价格数据。收集 2011 年 1 月 4 日至 2012 年 12 月 31 日共 487 个交易日的当月合约收盘价和上证 180ETF 基金的收盘价（复权附息价格）。

　　2. 计算期货与现货收益率，采用 OLS 法估计最小方差套期保值比率。分别计算股指期货对数收益率和上证 180ETF 基金对数收益率，利用 2011 年 1 月 4 日至 2012 年 6 月 29 日的 361 个交易日数据估计最优套期保值比率。相关 EViews 程序如下（1x0 clsprc 表示当月合约收盘价，etf180 表示上证 ETF 收盘价）：

```
smpl @ all
series rf =100* (log (lx0clsprc) - log (lx0clsprc (-1))) '当月合
约收盘价收益率
series rs =100* (log (etf180) - log (etf180 (-1)))

smpl 2011/01/01 2012/06/30
equation eq1.ls rs c rf
```

回归结果如下：

Sample：1/04/2011 6/29/2012

Included observations：360

| Variable | Coefficient | Std. Error | t – Statistic | Prob. |
|---|---|---|---|---|
| C | 0.010753 | 0.022120 | 0.486111 | 0.6272 |
| RF | 0.943966 | 0.017077 | 55.27739 | 0.0000 |
| R – squared | 0.894863 | Mean dependent var | | – 0.053523 |
| Adjusted R – squared | 0.894570 | S. D. dependent var | | 1.292592 |

3. 根据套期保值比率构建套期保值策略。套保组合风险最小化时的最优套期保值比率为0.944，意味着市值为1 000万元的ETF基金需要卖出股指期货头寸944万元能实现风险最小化的套期保值。假设在未来126个交易日（样本外）的最优套保比与根据历史数据（样本内）估计得到的最优套保比相同，那么可根据每个交易日的股指期货价格计算所需卖出的期货合约数。例如，2012年7月2日IF1207合约的结算价为2 462.8点，此时需要卖出该合约份数为944 × 10 000/（2 462.8 × 300）＝12.8张IF1207合约。

4. 计算套期保值绩效。采用2012年7月2日至2012年12月31日的126个交易日用来评价套期保值效率。相关EViews程序如下：

```
smpl 2012/07/01 2012/12/31
series h1 = rs - eq1. @ coefs (2) * rf
series he1 = 1 - @ var (h1) /@ var (rs)
```

结果显示，套保效率为92.26%，即采用股指期货对上证180ETF套保，可减少92.26%的波动风险。

# 6.8　本章小结

本章主要介绍了期货套期保值的概念与特征，套期保值的原理、目的和作用，买入套期保值，卖出套期保值，双向套期保值等不同类型，套期保值应注意的问题，套期保值策略设计原理与方法等。

## 本章思考题

1. 期货套期保值有哪些主要特征？这些特征背后的经济原理是什么？
2. 套期保值实务操作中应注意哪些问题？
3. 如何推导最小方差套保比率？

## 本章操作题

1. 针对商品期货套保，选取商品期货品种，搜集期货与现货价格数据，设计套期保值策略并分析该策略的套保效率。

2. 针对股指期货套保，选取股指期货品种（沪深 300 股指期货、上证 50 股指期货、中证 500 股指期货）和现货资产（股票、组合、基金等），搜集期货与现货价格数据，设计套期保值策略并分析该策略的套保效率。

## 本章参考文献

［1］郑明川，王胜强. 期货交易理论与实务（第 3 版）［M］. 浙江：浙江大学出版社，2002.

［2］李强. 期货交易实务（第 3 版）［M］. 北京：中央广播电视大学出版社，2011.

［3］中国期货业协会. 期货及衍生品基础（修订版）［M］. 北京：中国财政经济出版社，2017.

# 第7章

# 期货套利策略

**本章学习目标**

- 了解期货套利的原理
- 理解期货套利的目的和作用
- 掌握期货套利策略的设计方法

## 7.1 引例

让我们回顾一下第5章的套利例子。

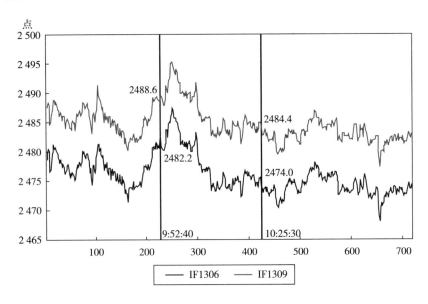

注：图中所示为 2013 年 5 月 15 日 9：15～11：15 股指期货 IF1306 和 IF1309 的价格走势。

**图 7－1 沪深 300 股指期货走势**

2013 年 5 月 15 日 9：52：40，沪深 300 股指期货 IF1306 合约为 2 482.2 点，IF1309 合约为 2 488.6 点，二者价差为 6.4 点。某套利者经分析认为目前价差偏小，未来价差可能会增大（如 IF1309 上涨或 IF1306 下跌）。于是，他买入一份 IF1309 合约并卖出一份 IF1306 合约。到了 10：25：30 时，IF1306 合约下跌到 2 474.0 点，IF1309 合约下跌到 2 484.4 点，二者价差为 10.4 点。该套利者对冲平仓，卖出 IF1309 合约并买入 IF1306 合约。其获利情况为：（2 482.2 − 2 474.0 − 2 488.6 + 2 484.4）×300 = 1 200 元（未计算交易成本）。

从上面的例子可以看出，期货套利是以获利为目的，从相关合约之间的相对价差变动获利，需同时买入和卖出进行风险对冲。

## 7.2　套利交易的概念

套利交易，也称为价差交易，是指期货交易者在期货市场上买进一定数量期货合约的同时，卖出一定数量其他相关的期货合约，然后在适当的时候对两种期货交易部位进行平仓，从而赚得一定利润的做法。这两种期货合约既可以是属于同一商品，也可以是相互之间有关联的商品品种，也可以是不同交易所上市的商品。套利交易者关注的重点是期货合约之间的相互价格关系，即两者之间价差水平的变化。

套利交易与投机交易存在较大区别。一方面，投机交易是从单一的期货合约中利用价格的上下波动赚取利润，而套利交易则从不同的两个期货合约之间的相对价格差异套取利润。另一方面，投机交易在一段时间内只作买或卖，而套利交易则是在同一时间买入并卖出期货合约，交易者在同一时间内既是买空者又是卖空者。

## 7.3　套利交易的原理

有效的期货市场可以发挥其价格发现的市场功能，其价格产生机制良性运行。这表现为同一品种各月份合约依据即时的市场情况呈现良性的时间和价格序列、不同交易所的两个或两个以上相关品种合约的价格变动在合理的幅度之内、同一品种的现货价格与期货价格的相关性很高。总之，相关的期货合约价格之间体现一定的稳定关系。

尽管相关期货合约价格关系相对稳定，但也有发生变化的时候，特别是在价格关系失调、差距过大或过小时，进入期货市场进行套利交易就有较大的获利机会。套利交易者就是通过分析、预期这种价差的变化趋势对两种以上相关期货合约作反向操作。

## 7.4　套利交易的作用

套利交易对期货市场的运行起到了非常重要的作用。它有助于扭曲的期货市场价格重新恢复到正常，是价格结构稳定的主要力量之一，也是提供市场流动性的一支重要力量。

1. 有助于合理价格水平的形成。套利交易只有在期货市场各种价格关系出现不正常时才有可能进行。当期货市场价格发生扭曲时，各种价格关系变化超出正常范围，给套利者制造了盈利的投资机会。因为期货市场上不正常的价格关系通常是由于一些技术性因素引起的，往往不会持续很长的时间，而套利交易就使市场上的交易行为达到平稳，使扭曲的价格很快回到正常的水平。

套利交易者会不断地分析和研究期货市场上相关合约的各种比价关系，找出不正常的价格关系，进行套利。由于影响期货市场各合约价格和现货市场价格的因素存在一定的差异，套利交易者十分关注市场动向，发现不正常的价格关系，利用两种期货合约价差的变化，随时进行套利交易。套利者同时"买低""卖高"的交易结果有助于期货市场各种价格关系趋于合理。

2. 为交易者提供风险对冲的机会，保证市场的流动性。从理论上讲，每个月份合约都存在着流动性风险。从上市直至交割，合约的市场流动性经历了由弱变强、再由强变弱的过程。套利者和套期保值者通常最先进行远期月份合约的交易。由套利者制造了远期月份合约的流动性，再由投机者维持并加强其市场流动性。这是套利者与投机者的区别之一，这也决定了远期月份合约开始时投机者是较少介入的，只有在套利者制造了市场流动性之后，投机者才会进入。而套期保值者则依靠套利者提供足够数量的流动性，以完成拟进行的套期保值交易。套利者买入或卖出远期月份的合约，同时对近期月份合约进行相反的交易。一般而言，最大的交易活动总是在每一种品种的近期月份合约进行，期货合约月份越远，交易活动越少。因此，远期月份合约的流动性比近期月份合约小，但商业性套期保值者将其套保交易主要放在远期月份合约。如果没有套利者，套期保值者就不能有效地进行这样的交易。可以说，套利交易的有效开展为套期保值业务提供了现实可能性。

# 7.5　套利交易的类型

根据所选期货合约的不同，期货套利可分为期现套利、跨期套利、跨市场套利和跨品种套利等四种类型。其中，期现套利选取期货合约与现货，如商品期货与现货、沪深300 股指期货与交易型开放式指数基金（Exchange Traded Funds，ETF）；跨期套利选取近期合约与远期合约，如当月合约和下月合约；跨市场套利选取不同交易所相关商品期货合约，如伦敦铜期货和上海铜期货；跨品种套利选取关联商品的期货合约，如大豆期货和豆油期货、螺纹钢期货与焦炭期货。

## 7.5.1　期现套利

期现套利，是利用同一种商品在期货市场与现货市场之间的不合理价差（称为基差，Basis）进行套利的行为。当期货价格与现货价格之间出现不合理的基差时，套利者构建现货与期货的套利资产组合，以期望基差在未来回归合理的价值区间时获取套利利润。

理论上，期货价格是商品未来的价格，现货价格是商品目前的价格。按照一价定律，两者间的差距（即"基差"）应该等于该商品的持有成本。一旦基差与持有成本偏离较大，就出现了期现套利的机会。

期现套利主要包括正向套利和反向套利两种。当期货价格大于现货价格时，称为正向市场。当期货价格对现货价格的升水大于持有成本时，套利者可以实施正向期现套利，即在买入（持有）现货的同时卖出同等数量的期货，等待期现价差收敛时平掉套利头寸或通过交割结束套利。当期货价格小于现货价格时，称为反向市场。反向套利是构建现货空头和期货多头的套利行为，即做空基差。由于现货市场上不存在做空机制，反向套利的实施会受到极大的限制。

### 7.5.2 跨期套利

跨期套利，是指在买进某一交割月份的期货合约的同时，卖出另一交割月份的同类商品期货合约，然后在适当的时候进行平仓以赚取一定的利润。它是利用同商品不同交割月份期货合约价差出现异常变化时进行交易而获利的。例如，在大连商品交易所买入9月大豆期货合约，同时卖出7月大豆期货合约，然后在7月、9月期货合约价差发生有利变化的适当时候同时平仓，即卖出9月大豆期货平仓，买入7月大豆期货平仓。

跨期套利主要包括牛市套利、熊市套利和蝶式套利等三种类型。

1. 牛市套利（Bull Spread）。牛市套利，又称为买空套利，即买空近期期货合约、卖空远期期货合约。交易者在正常市场条件下进行牛市套利时，往往是判断不同交割月份之间的期货价格差距比较大，他期望这种价格差异会缩小。换言之，如果整个期货市场价格都上升时，近期月份期货价格的上升幅度会大于远期月份价格的上升幅度；如果整个期货市场价格都下降，近期月份期货价格的下降幅度会小于远期货价格的下降幅度。一旦价差缩小的预期正确，牛市套利交易会盈利；反之，实际价差不缩反而扩大，牛市套利交易产生亏损。

2. 熊市套利（Bear Spread）。熊市套利，又称为卖空套利，即卖空近期期货合约、买空远期期货合约。交易者在正常市场下进行熊市套利时，往往是判断不同交割月份之间的期货市场价格差距比较小，他期望这种价格差异会扩大。换言之，如果整个期货市场价格都上升时，远期月份的期货价格上升幅度会大于近期月份期货价格的上升幅度；如果整个期货市场价格都下降时，远期期货价格下降幅度会小于近期期货价格的下降幅度。不管期货合约的绝对价格涨跌，只要价差扩大，熊市套利交易就会获利，反之亏损。

3. 蝶式套利。蝶式套利是跨期套利另一种常见的形式，利用不同交割月份的价差进行套利交易而获利，由两个方向相反，共享居中交割月份合约的跨期套利组成。蝶式套利是两个跨期套利的互补平衡组合，实际上可以说是"套利的套利"。例如，买入10手大豆3月合约、卖出20手5月合约、买入10手7月合约，可以视为一个牛市套利并辅之一个熊市套利。又例如，卖出10手大豆3月合约、买入20手5月合约、卖出10手7月合约，可以视为一个熊市套利并辅之一个牛市套利。

蝶式套利由两个不同商品跨期套利组成。两个跨期套利方向相反，一个牛市套利，另一个熊市套利。连接两个跨期套利的居中月份期货合约，在数量上等于两旁月份合约之和。蝶式套利必须同时下达指令，建立蝶式套利交易部位，并同时对冲。由于"套利的套利"，从理论上来说，蝶式套利的风险和利润都较小。

### 7.5.3　跨市场套利

跨市场套利（Intermarket Spread）是指在一个市场买进或者卖出期货合约，同时在另一个市场卖出或者买进同一交割月份的相同种类商品的期货合约，然后利用两个市场间的价差来获利。当同一商品期货合约在两个或更多的交易所进行交易时，由于区域之间存在的地理差别，各相同商品的期货合约之间会存在一定的价差关系。如果这种价差关系由于某些因素的影响发生变化，交易者就可利用这种变化进行跨市场套利。当预测两市场间的价差有缩小趋势时，则在价格较低的市场上做多头，在价格较高的市场上做空头，反之则相反。

在进行跨市场套利时，套利者应注意以下几个问题：

1. 运输费用：不同交易所同种期货合约之间的价差，绝大多数是由运输费用造成的。离产地越近，交易所的期货价格越低，反之，离产地远价格就高。交易者在进行套利时，起码要考虑到不同期货交易所间这种运输费用造成的正常价差关系。

2. 基准品质价差：跨市场套利虽然涉及两个交易所的同种期货商品，但不同交易所规定的期货合约的基准品可能会有差异，对那些与基准交割品种不同的品种进行溢价或贴水。

3. 允许交割的品级：不同的交易所虽然都经营同一种期货品种，但有些交易所对可交割商品的品级有一定限制。有些市场之间的跨市套利是单向的。

4. 交易单位和报价：在进行国际间套利时，交易者可能会遇到不同的交易单位和报价体系的问题。如伦敦金属交易所一张铜期货合约为 25 吨，报价以美元为单位；而纽约商品交易所的一张铜期货合约为 25 000 磅，报价单位是美元。因此，交易者为弥补两者的差异，要调整两个交易所套利的合约数量，以便在总数量上保持两地一致。另外，如果计价货币不同，交易者还要考虑两种货币之间的汇率波动。

5. 保证金和佣金成本：两个市场的套利不同于在一个市场内套利。套利者在两个市场都要支付佣金和保证金。因此，跨市场套利的交易成本一般比其他套利的成本要高。

### 7.5.4　跨品种套利

跨品种套利，是指利用两种不同的但相互关联的商品之间的期货合约价格差异进行套利交易，即买入某一交割月份某种商品的期货合约，同时卖出另一相同的交割月份、相互关联的商品期货合约，然后伺机同时对冲获利。有些商品之间由于具有相互替代性或受同一供求因素影响而具有相关性，其价格也有一定的相互关系，因此可以从中进行跨品种套利。由于两种商品的关联性，价格变动方向是一致的，因此买入某种商品期货合约，卖出另一种商品期货合约，会出现一个盈利，另一个亏损的局面。但是，尽管两种相关期货合约的价格朝同一方向变动，由于某些因素的影响，价格波动幅度并不会完全相同，即其中某种商品合约的涨幅或跌幅会高于或低于另一种商品合约，交易者可以从这种价格波动幅度的差异中获利。

跨品种套利可以是一般商品间的套利（如小麦与玉米、黄金与白银、玉米与大豆等），也可以是原材料与成品间的套利，如大豆压榨套利。最典型的跨品种套利是在大豆及其两项成品豆油和豆粕之间的套利。这种套利往往要涉及三个商品，相对复杂。大豆原料与成品间的套利视不同情况有两种做法：大豆压榨套利和反向大豆压榨套利。

大豆压榨套利经常是大豆加工商在市场价格关系基本正常时进行，目的是防止大豆价格突然上涨，或豆油、豆粕价格突然下跌引起的损失。大豆加工商赚取的利润就是将大豆压榨制成豆油和豆粕成品后取得的附加值。因此，大豆加工商为取得利润，必须以低价购买大豆，然后再以高出原料成本加其他费用的价格出售豆油和豆粕。但是大豆的购买和成品的销售并不可能同时进行，在签订成品出售合同后，有可能遇到原料购买成本增加的风险。购入大豆原料后，同样也会遇到成品价格突然下跌的风险。因此，为了避免损失，大豆加工商就要做大豆压榨套利。其做法是：购买大豆期货合约的同时卖出豆油和豆粕的期货合约，并将这些期货交易头寸一直保持到现货市场上购入大豆或将成品最终销售时才分别予以对冲。通过这种方法，大豆加工商可以将成本和利润固定住，防止市场价格波动给他造成的损失。大豆压榨套利也可认为是一种保值的做法。

反向大豆压榨套利是大豆加工商更经常进行的套利交易。若大豆出口增多，供应量减少，大豆原料价格会上升。而豆油和豆粕的供应较充足，价格不变或下跌。这样，大豆原料与豆油、豆粕等成品的正常价格关系遭到了破坏。大豆价格的提高可能会使大豆加工商无利可图。因此，大豆加工商就会在原料与成品价格倒挂的情况下，做反向压榨套利，即卖出大豆期货合约，买进豆油和豆粕的期货合约。同时缩减生产，减少豆粕和豆油的供给量，三者之间的价格关系会趋于正常。这时，交易者分别平仓。

## 7.6　套利交易应注意的问题

为了能在套利交易中最大限度地限制可能产生的风险、提高获利机会，套利交易者必须遵守一定的基本原则，包括充分了解期货合约、确定获利目标与最大亏损限度、确定投入的风险资本、慎重选择入市时机、正确把握期货价格发展趋势、以短线为主等。在具体操作中，套利者还要注意以下几点：

1. 正确地下套利的交易指令。当交易者建立套利策略时，要同时完成买入和卖出合约；在完成套利时，也要同时对冲在手的多头和空头合约，不能只对冲获利合约，而寄希望于价格反向波动。

2. 不要用套利交易来保护已亏损的投机交易。有的投机者在交易已明确显示亏损时，为避免追加保证金或更坏的情况发生，企图通过下一张相反的交易订单形成套利局面。事实上，这只能让亏损的交易继续留在市场中而让亏损的可能扩大而已，对已形成的亏损于事无补。因此，一旦出现这种情况应及时平仓，静观市场，选择时机，重新入市。

3. 在流动性大的月份和市场中进行交易，避免在合约即将期满时做套利交易。参与套利交易，要保证自己的在手合约能及时对冲平仓，不要陷入被迫交割的境地。因此，市场的流动性是成功的套利交易的一个保障。

4. 不同商品的期货套利可考虑采用现金套利形式。由于在不同的商品期货合约中，基本的交易数量单位不同，因此在价格上点数跳动而产生的差异也随之不同，所以最好把它们换成现金来分析。这样就能有效地观察套利差额变化情况。

5. 合理动用资金，避免做超额套利交易。通常，套利交易的保证金低于单盘（投机）交易，但是这并不意味套利交易是低风险，有时其整体风险性比直接交易还要高。因此，必须分配好资金，严格控制下单量，避免意想不到的损失。

# 7.7　跨期套利策略设计

## 7.7.1　设计原理

跨期套利是一种最常见的套利交易方式，它利用同一市场同一商品但不同交割月份的合约间价格的差价出现异常变化时进行对冲而获利。一般来说，在其他条件不变的前提下，总的趋势是远期交割期货价格高于近期交割期货价格。同种商品的近期交割期货与远期交割期货的价格总存在差异，跨期套利就是利用同种商品在不同时期内的价格差进行交易。严格来说，跨期套利不是无风险套利，实际属于价差套利。跨期套利操作的重点在于判断不同到期月份的价差将来是扩大还是缩小，而不是整个市场的未来走势。

基于同一标的指数的股指期货在市场上会有不同交割月份的合约同时交易。如沪深300指数期货合约在每个月有4份合约同时交易：当月合约（IFLX0）、下月合约（IFLX1）、下季合约（IFLX2）、隔季合约（IFLX3）。利用沪深300股指期货可构建跨期套利策略。

同一时刻同一标的指数的任意两张合约的理论价格可表示为：

$$F_{0,t} = S_t e^{(r_f - d)(T_0 - t)}$$
$$F_{2,t} = S_t e^{(r_f - d)(T_2 - t)}$$

由此可得两份合约之间的价格关系为：

$$F_{2,t} = F_{0,t} e^{(r_f - d)(T_2 - T_0)}$$

对上式两边取对数，得到：

$$\ln(F_{2,t}) - \ln(F_{0,t}) = (r_f - d)(T_2 - T_0)$$

据此可判断两份合约的理论价差变化情况，制定相应的套利策略。但是，计算理论价差时股息率是难以确定的。此外，理论价差的波动较小，可能导致套利周期较长，风险较大。

既然不同交割月合约的标的资产为同一个指数，这使得两份合约的价格变化具有一个共同的基础。即使两份合约的价格在短期内可能出现偏离，但在长期一定存在一个稳定的动态关系（或均衡关系）。如果能够发现这一长期均衡关系，就可以确定短期价格偏差的方向（高估或低估），进而制定恰当的跨期套利策略。因此，协整方法可用于构建跨期套利策略。主要思想如下：

　　首先采用协整方法检验近月合约价格与远月合约价格之间的长期均衡关系。若二者之间存在协整关系，则误差修正机制可把价格之间的短期失衡状态和长期均衡价值联系起来。

　　令 $\ln(F_{0,t})$ 代表近月合约的对数价格，$\ln(F_{2,t})$ 为远月合约的对数价格，协整方程为：

$$\ln(F_{2,t}) = \alpha + \beta\ln(F_{0,t}) + \varepsilon$$

在短期内，二者的关系有可能会偏离均衡状态，偏离均衡的误差可表示为：

$$\mu_t = \ln(F_{2,t}) - \alpha - \beta\ln(F_{0,t})$$

　　若两个价格永远处于均衡状态，则偏差为零。然而由于各种因素的影响，偏差不为零，即存在非均衡误差。当系统偏离均衡点时，平均来说，系统将在下一期移向均衡点。这是一个动态均衡过程。本期非均衡误差 $\mu_t$ 是 $F_{2,t+1}$ 取值的重要解释变量。当 $\mu_t > 0$ 时，说明 $F_{2,t}$ 相对高出均衡位置。平均来说，变量 $F_{2,t+1}$ 将向 $F_{0,t+1}$ 有所回落。

　　正是因为这种误差修正机制，我们可以在短期价格发生偏离时构造相应的套利策略。当 $\mu_t > 0$ 时，$F_{2,t}$ 相对高于均衡价格，在未来会下跌，此时可卖出远期合约并买入近期合约。当 $\mu_t < 0$ 时，$F_{2,t}$ 相对低于均衡价格，在未来会上涨，此时可买入远期合约并卖出近期合约。在实际操作中，为了使买卖交易信号更加精确，可以对误差的幅度做出更具体的限制。

### 7.7.2　设计示例

　　假定某套利者希望采用协整方法构建沪深 300 股指期货当月合约与下季合约之间的跨期套利策略。主要步骤如下：

　　1. 选取不同到期日的期货合约，收集期货价格数据。收集 2010 年 4 月 16 日至 2013 年 5 月 21 日共 749 个交易日的当月合约（IFLX0）和下季合约（IFLX2）的收盘价数据。当月合约（下季合约）到期后，直接转入下一个当月合约（下季合约），以此构造连续合约价格序列。前 400 个交易日的数据为样本内拟合数据，构建套利策略。后 349 个交易日的数据用于样本外评价，分析套利表现。

　　2. 检验期货价格序列的非平稳特征，检验不同到期日的期货价格间的协整关系。

　　首先对 ln（F0）与 ln（F2）的前 400 个数据进行单位根检验。相关 EViews 程序如下：

```
smpl @ all
series f0 =lx0clsprc
series f2 =lx2clsprc
smpl 1 400
freeze (tab1) log (f0) .uroot (adf, dif =0)
freeze (tab2) log (f0) .uroot (adf, dif =1)
freeze (tab3) log (f2) .uroot (adf, dif =0)
```

```
freeze (tab4) log (f2) .uroot (adf, dif =1)
```
检验结果见下表。

表 7 - 1               **ln（F0）与 ln（F2）的单位根检验**

| | 原始序列 | | 一阶差分序列 | |
|---|---|---|---|---|
| | ADF | P 值 | ADF | P 值 |
| ln（F0） | － 1.688 | 0.437 | － 21.544 | 0.000 |
| ln（F2） | － 1.687 | 0.437 | － 21.662 | 0.000 |

由表 7 - 1 可知，对数价格序列都不拒绝其含有单位根的假设，它们的差分是平稳序列，说明它们在这个时间段内都是一阶单整序列。

然后，检验对数价格序列之间的协整关系。相关 EViews 程序如下：
```
equation eq1.ls log (f2) c log (f0)
eq1.makeresids resid01
freeze (tab5) resid01.uroot (adf, dif =0)
```
回归结果见下图：

Sample：1 400

Included observations：400

| Variable | Coefficient | Std. Error | t － Statistic | Prob. |
|---|---|---|---|---|
| C | － 0.460553 | 0.038159 | － 12.06937 | 0.0000 |
| LOG（F0） | 1.059664 | 0.004770 | 222.1516 | 0.0000 |
| R － squared | 0.992000 | Mean dependent var | | 8.016033 |
| Adjusted R － squared | 0.991980 | S. D. dependent var | | 0.088550 |

对模型的残差 resid01 进行单位根检验，结果如下：

表 7 - 2               **残差 resid01 的单位根检验**

| 序列 | ADF | P 值 |
|---|---|---|
| Resid01 | － 4.092 | 0.001 |

从表 7 - 2 得知，拒绝 resid01 含有单位根的假设，即认为 resid01 是平稳序列。因此，我们认为 ln（F0）、ln（F2）两对数序列存在协整关系。

3. 计算不同到期日的期货合约间的价差以及价差的上下门限值。将协整回归结果代入样本外数据，计算样本外残差，公式如下：

$$resid03_t = \frac{resid02_t}{stdev(resid01)}$$

$$resid02_t = \ln(F_{2,t}) - \hat{\alpha} - \hat{\beta}\ln(F_{0,t}), t = 401, \cdots, 749$$

样本内数据中建立的协整模型的残差 resid01，其样本标准差为 std（resid01）。以 std（resid01）对 resid02 进行标准化，得到 resid03。公式如下：

相关 EViews 程序如下：

```
smpl 401 749
series resid02 = log (f2) - eq1.@ coefs (1) - eq1.@ coefs (2) *
log (f0)
smpl 1 749
series resid03 = resid02/@ stdev (resid01)
smpl 401 749
group group01.add f0 f2 resid03
```

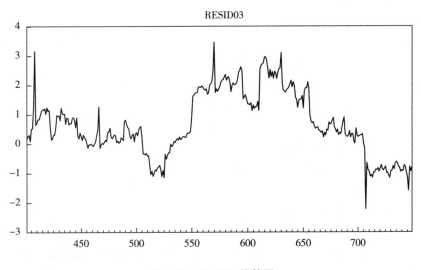

**图 7-2　Resid03 趋势图**

4. 构建跨期套利策略（若价差超过下门限值，即开始建立套利策略；若价差超过上门限值，即平仓止损）。

设定开仓平仓的规则为：若 resid03 的绝对值超过 1 开仓，再回落到 1 时则平仓；开仓后当 resid03 的绝对值超过 2 时平仓止损，并且这一时间段内不再交易。这样的开仓平仓标准可以确保两对数序列的价差在可控的范围内，而不像基于持有成本理论的套利策略那样，开仓后价差不在可控范围内，可能会向不利方向发展过大从而导致爆仓。

5. 分析套利策略的表现。计算样本外套利交易的次数及收益率（结合止损策略），对收益率进行统计检验。相关 Eviews 程序如下：

```
' 计算套利策略的表现
smpl @ all
table tab_ results
tab_ results (1, 1) =" 累积收益"
tab_ results (2, 1) =" 平均收益"
tab_ results (3, 1) =" 交易次数"
tab_ results (4, 1) =" 平均交易周期"
```

```
tab_ results (5, 1) =" 盈利次数"
tab_ results (6, 1) =" 胜率"
tab_ results (7, 1) =" 最大盈利"
tab_ results (8, 1) =" 最大亏损"
matrix (1, 4) res '1 套利收益 2 交易周期 3 起始日期 4 结束日期
! no =0 '套利次数
! num =@ obs (f0) '样本数量


! ii =401 '样本外开始
while ! ii < =! num
    if abs (resid03 (! ii)) < =1 or abs (resid03 (! ii)) > =2 then
        ! ii =! ii +1
    else
    if resid03 (! ii) >1 and resid03 (! ii) <2 then
        ! s1 =f0 (! ii) ' start arbitrage
        ! s2 =f2 (! ii) ' start
        ! jj =! ii ' start date

        ! ii =! ii +1
        if ! ii < =! num then
        while resid03(! ii) >0 and ! ii <! num '1 and resid03(! ii) <2
            ! ii =! ii +1
        wend ' end arbitrage
        ! e1 =f0 (! ii) ' end
        ! e2 =f2 (! ii) ' end
        ! no =! no +1
        matrix (! no, 4) res
        res(! no,1) =log(! e1) -log(! s1) -(log(! e2) -log(! s2))
        res (! no, 2) =! ii -! jj +1
        res (! no, 3) =! jj
        res (! no, 4) =! ii
        endif
    endif' 套利策略结束
    if resid03 (! ii) < -1 and resid03 (! ii) > -2 then
        ! s1 =f0 (! ii) ' start arbitrage
        ! s2 =f2 (! ii) ' start
        ! jj =! ii ' start date
```

```
            ! ii = ! ii +1
            if ! ii < = ! num then
            while resid03 (! ii) <0 and ! ii <! num' -1 and resid03
(! ii) > -2
                ! ii = ! ii +1
            wend ' end arbitrage
            ! e1 = f0 (! ii) ' end
            ! e2 = f2 (! ii) ' end
            ! no = ! no +1
            matrix (! no, 4) res
             res (! no, 1) = - (log (! e1) - log (! s1)) + (log (!
e2) - log (! s2))
            res (! no, 2) = ! ii - ! jj +1
            res (! no, 3) = ! jj
            res (! no, 4) = ! ii
                endif
        endif ' 套利策略结束
        endif
    wend
    vector v1 = @ csum (res)
    tab_ results (1, 2) = v1 (1)
    v1 = @ cmean (res)
    tab_ results (2, 2) = v1 (1)
    tab_ results (3, 2) = ! no
    tab_ results (4, 2) = v1 (2)
    vector v2 = @ columnextract (res, 1)
    mtos (v2, v3)
    series v4 = (v3 >0)
    tab_ results (5, 2) = @ sum (v4)
    tab_ results (6, 2) = @ sum (v4) /@ obs (v4)
    tab_ results (7, 2) = @ max (v3)
    tab_ results (8, 2) = @ min (v3)
```

不同样本的套利表现见表 7 -3。

表 7 - 3 不同样本的套利表现

| 样本 | 401 - 500 | 401 - 550 | 401 - 600 | 401 - 700 |
|---|---|---|---|---|
| 累积收益 | 0.18% | 1.15% | - 0.53% | - 0.77% |
| 平均收益 | 0.04% | 0.14% | - 0.04% | - 0.05% |
| 交易次数 | 4 | 8 | 12 | 16 |
| 平均周期 | 4.5 | 3.25 | 5.5 | 5.6 |
| 盈利次数 | 3 | 7 | 7 | 8 |
| 胜率 | 75% | 88% | 58% | 50% |
| 最大盈利 | 1.04% | 1.04% | 1.04% | 1.04% |
| 最大亏损 | - 1.54% | - 1.54% | - 1.54% | - 1.54% |

# 7.8 本章小结

本章主要介绍了期货套利交易的概念、套利交易的原理、套利交易的作用、套利交易的类型、套利交易应注意的问题、跨期套利策略设计原理与方法等。

## 本章思考题

1. 期货套利交易的主要原理是什么？套利交易在市场中起到了哪些作用？

2. 套利交易应注意哪些问题？

3. 协整方法在跨期套利策略设计中起到了什么作用？

## 本章操作题

1. 选取股指期货（沪深 300 股指期货、上证 50 股指期货、中证 500 股指期货）与现货品种（股票、组合、基金等），基于协整检验框架设计期现套利策略并核算收益。

2. 选取不同股指期货品种（沪深 300 股指期货、上证 50 股指期货、中证 500 股指期货），基于协整检验框架设计跨品种套利策略并核算收益。

## 本章参考文献

［1］郑明川，王胜强．期货交易理论与实务（第 3 版）［M］．浙江：浙江大学出版社，2002.

［2］李强．期货交易实务（第 3 版）［M］．北京：中央广播电视大学出版社，2011.

［3］中国期货业协会．期货及衍生品基础（修订版）［M］．北京：中国财政经济出版社，2017.

# 第8章

# 股票挂钩结构化产品设计

**本章学习目标**

- 了解股票挂钩结构化产品的基本结构
- 理解结构化衍生证券设计原理和方法
- 掌握相关 MATLAB 的编程技术

## 8.1 引例

投资人一般喜欢收益而厌恶风险，保本债券对那些厌恶风险的投资人具有吸引力。金融机构常利用期权来构造保本债券，在投资人不损失本金的情况下，对风险资产建立头寸。如果未来符合预期，则赚取一定收益。如果未来情况恶化，则最多损失初始投资的利息或者其他收入（如红利），但本金有保障。例如，以获取正向报酬为目的的保本型连动式债券（Capital Guaranteed Notes），以面额或折价形式发行，到期时，本金可获得一定比例保障，保本率事先决定，一般为95%、97%、100%和105%。而透过连结标的看涨期权，投资人可享受未来连结标的价格上涨而带来的收益。

假设连续复利的 3 年期利率是 6%，一个股票组合现值 1 000 元，其价值波动率是15%，股息率为 1.6%。银行如何设计 3 年期保本型股票挂钩结构化理财产品？

如果挂钩股票组合未来价值看涨，则理财产品可通过以下两部分构成：面值为 1 000 元的 3 年期零息债券，再加上标的物为股票组合的 3 年期欧式平值看涨期权。只要债券3 年利息大于欧式看涨期权费，构造出上述结构化理财产品可行。从发行方角度，就是用债券利息购买期权。从投资人角度，最坏的情况就是损失债券利息，但本金有保证。最好的情况是股票组合价值增长，投资人享受看涨期权带来的额外收益。

目前股票挂钩结构化产品的形式非常丰富，即使挂钩股票组合的价值没有发生太大的变化，也可以使投资人获得收益。下面是招商银行一款区间累积型理财产品。挂钩沪深 300 股票指数，产品期限为 90 天，沪深 300 指数的波动区间设定为 [2470，2650]，潜在累积收益率为 5.20%（年化），最低累积收益率为 0，观察日总天数为 61 天。

最佳情况：沪深 300 指数在整个理财计划期限的每个观察日始终处于波动区间内；则投资者于到期日取得到期理财收益率为：

$$0 + (5.20\% - 0) \times 61 \div 61 = 5.20\% （年化）$$

普通情况：沪深 300 指数在整个理财计划期限处于波动区间内观察日天数为 41 天；投资者于到期日取得到期理财收益率为：

$$0 + (5.20\% - 0) \times 41 \div 61 = 3.49\% （年化）$$

最差情况：沪深 300 指数在整个理财计划期限的每个观察日内都处在波动区间外；对于整个理财计划期限而言将没有任何到期理财收益支付予投资者，投资者于到期日取回 100% 理财本金。

# 8.2 股票挂钩产品的概念与构成

## 8.2.1 股票挂钩产品的概念

股票挂钩产品是一种收益与股票价格或股价指数等标的相挂钩的结构性产品，由固定收益产品和衍生产品两部分组合而成。这种产品的资产配置为传统货币市场工具加上金融期权投资，传统货币市场工具投资可以获得稳定的固定收益，而金融期权投资当达成触发条件时可以获得较传统投资高的额外收益，因此，不仅可以提供投资人一定程度本金的保障，其金融期权部分还可能获得较高的总体收益。

股票挂钩结构型理财产品从本质上来说不是一种真正意义上的银行理财产品，它更像是一种金融期权，也就是当挂钩股票（股指）达成触发条件时，投资者有获得最高预期收益率的权利，否则只能保证本金不受损失，仅仅损失投资期的利息收入，该部分对应期权费。所以我们也可以把股票挂钩产品看做是一个金融衍生品。投资这类理财产品的投资者要具备较强的专业判断能力，把握未来的不确定性是这类产品的核心设计理念。

## 8.2.2 固定收益部分

股票挂钩产品对投资人本金保障可以根据客户的需求而具体设定，投资收益从小到大依次为不保障本金、部分保本、完全保本、承诺最低收益。一般可以提前赎回，但需要一定的费用。

付息方式也根据客户需求而具体设定，主要包括以下三种类型：

1. 零息债券——按低于票面金额的价格发行，而在兑付时按照票面金额兑付，其利息隐含在发行价格和兑付价格之间。零息债券的最大特点是避免了投资者所获得利息的再投资风险。零息债券是不派息的债券，投资者购买时可获折扣（即以低于面值的价格购买），在到期时收取面值。由于这些特性，零息债券对利率的改变特别敏感。一般而言，债券价格与利率变动呈反向变动关系。

2. 附息债券——指在债券券面上附有息票的债券，或是按照债券票面载明的利率及支付方式支付利息的债券。息票上标有利息额、支付利息的期限和债券号码等内容。持有人可从债券上剪下息票，并据此领取利息。附息债券的利息支付方式一般会在偿还期内按期付息，如每半年或一年付息一次。

3. 浮动利率债券——指发行时规定债券利率随市场利率定期浮动的债券，也就是说，债券利率在偿还期内可以进行变动和调整。浮动利率债券往往是中长期债券。浮动利率债券的利率通常根据市场基准利率加上一定的利差来确定。美国浮动利率债券的利率水平主要参照 3 个月期限的国债利率，欧洲则主要参照伦敦同业拆借利率（LIBOR），中国现有的参照基准利率主要是 1 年期定期储蓄存款利率、上海银行间同业拆放利率（SHIBOR）和银行间 7 天回购利率。

为了满足投资者对期间内的现金需求，大部分股票挂钩产品都是给付利息的，尤其是期限较长的产品。而零息债券由于结构简单，便于标准化发行和交易，在结构化产品中也常常使用，如在香港联交所上市交易的 ELI（Equity – Linked Instruments）就是采用这种形式。

### 8.2.3　期权收益部分

期权设计是股票挂钩类产品定价的核心和基础，涉及以下几个方面：

1. 挂钩标的——股票挂钩结构化产品的回报率通常取决于挂钩资产（挂钩标的）的表现，挂钩标的可以是单一股票、一篮子股票或股票指数，基本上都是规模大、质量好、影响大的蓝筹股或指数，也可根据客户的具体需求而选择某类股票（个股或篮子）或指数。在严格避险操作情况下，无论标的涨跌，发行人都可以获得无风险收益，即在充分避险条件下，此类业务的风险是可测的、可控的。

2. 挂钩/行权方式——股票挂钩产品到期收益与挂钩标的直接相联系，目前挂钩行权方式复杂了许多，除常见的欧式期权外，还包括亚式、彩虹式、障碍式等更为复杂的奇异期权。主要考虑以下几个方面：首先，挂钩标的数目增加，多种标的之间在地理位置、行业领域等方面存在较大差异，如有的挂钩多个国家的主力股指，有的挂钩股票、黄金、石油等多种商品价格；其次，挂钩多个标的的相对表现，如选择多个标的中表现最差、最好或一般的标的；最后，具有路径依赖或时间依赖等性质，如棘轮式期权。挂钩方式的复杂大大增加了产品定价的难度。

3. 价内/价外程度——这是反映期权虚实度的指标。虚值期权价格较低，因而可以使得产品的参与率较大，而较大的参与率对投资者的吸引力较大。参与率表征的是期权投资程度，它与固定收益投资部分决定的保本率呈反向关系。

参与率 =（股票挂钩产品价值 – 固定收益部分价值）/隐含期权价值

4. 可赎回条件——股票挂钩产品也可设置赎回条件，赋予发行人在预设条件下赎回股票挂钩产品的权利，这同时将限制投资者的获益程度。可赎回条件的触发一般和股价相关，处理上通常是将这类期权与股票挂钩产品内嵌的其他期权一同考虑，而保留固定收益部分单纯的债券性质。

## 8.3 股票挂钩产品发展与分类

### 8.3.1 股票挂钩产品的发展

股票挂钩产品在世界范围内出现的历史并不长，但是其发展却很迅速。它最早出现于 20 世纪 80 年代的美国。

（一）初始发展时期（1985—1990 年）

20 世纪 80 年代中期美国经济走出滞胀，股市也在实体经济的推动下，进入新一轮的牛市，道琼斯指数在 1987 年 8 月见顶。股票市场行情的火爆使得引入挂钩于股票市场收益的债券变得很有吸引力。设计和推出能够分享权益资本收益的债券产品，不失为投资银行和商业银行同股票市场争夺资金的一个新武器。同时，大的投资银行和商业银行为了更好地回避利率和汇率的风险，也需要进行金融创新和发展新的金融衍生产品，把结构性产品将一些非标准化的混合型和奇异期权嵌入其中或与一些新的资产种类相挂钩。

1985 年 4 月美林证券为 Waste Management 废物管理公司发行了一款和该公司股价挂钩、零息、可转换、可赎回、可提前卖出的结构性票据。

1986 年所罗门兄弟公司发行了 1 亿美元的 S&P500 指数挂钩票据，简称 SPIN，也是美国第一只股票挂钩票据。

1987 年 3 月美国大通银行又推出一款与市场指数挂钩票据，揭开了商业银行进入这一领域的序幕。

美林证券于 1987 年 10 月又发行了一款 1.25 亿美元的流动收益选择权票据，这是一款与纽约证交所综合指数相挂钩的无利息票据。采用 76.679% 的折价比例折价发行，其到期收益除获得面值金额外，还加上到期指数与 1.46 倍销售日指数之差的 68.5% 的金额。同时具有零息票、可转换、可赎回及可售回等性质，这种设计可以满足投资人保本和以利息投资高风险权益证券的双重要求。

1987 年 10 月 19 日是著名的"黑色星期一"，美国股票市场崩盘。以期权规避股票挂钩产品风险的公司多数蒙受了极大的损失，投资者对新发行的股票挂钩产品的需求也急速下降，股票挂钩产品的发展从此陷入低潮。在此期间，股票挂钩产品的发行数量极少。

（二）迅速发展时期（1991 年至今）

20 世纪 90 年代初的低利率是促使股票挂钩产品重回市场的重要原因。由于实际利率的偏低，加上许多主要国家的收益率曲线均很陡峭（表示不同期别的利差很大），存在信贷息差，投资者为寻求较高收益而青睐结构性产品。商业银行及证券公司在这段时期推出了大量的结构性产品，同时产品设计也趋于多样化。股票挂钩产品有了急速发展，自 1991 年第一个股票挂钩产品在证券交易所挂牌后，挂牌上市的交易方式迅速发展。

1991 年 1 月，由高盛证券设计、奥地利共和国政府发行的 1 亿美元股价指数成长票据 SIGN，SIGN 是一股票挂钩保本票据，在 5 年半的存续期内不支付任何利息，到期时的或有收益是 S&P500 指数在票据存续期内收益率的 100%。此票券的报价单位是 10 美元，且有机构 AAA 的信用保证。

1992 年以后，股权连动和指数连动债券呈现爆炸性成长。花旗银行推出的股票指数保险账户（Stock Index Insured Account），它是一款利息与 S&P500 指数挂钩、但不保证最低收益的 5 年期定期存款。到期支付本金涨幅两倍收益率，涨幅由 60 个月月底指数平均值计算。

目前股票挂钩产品在美国的上市和交易最为普遍。其中芝加哥期权交易所及美国证券交易所更设立了独立的部门来负责此类产品。在上市交易的品种中，有与股指挂钩的，也有与个别股票挂钩的。美国证券交易所约有 40 多家发行人，共计 412 种结构性产品，其中股票挂钩定期票据共计 97 种，指数挂钩型票据 290 种。此外，股票挂钩产品在欧洲，包括伦敦、卢森堡、法兰克福等交易所均有上市交易。

（三）国内的发展

我国的结构性产品首先以外币结构性存款的形式出现，并得到快速发展。2000 年 9 月，我国进行了外币利率市场化改革，人民银行放开了大额外汇存款（等值 300 万美元以上）的利率上限，随着银行在传统货币市场的利差空间越来越小，各家银行积极尝试把期权等衍生金融工具引入传统负债业务，通过产品创新大幅提高存款收益，外汇结构性存款就是在这样的背景下诞生的。2003 年 11 月，建设银行上海分行推出的"汇得盈"为首个外汇结构性理财产品。

从 2004 年初开始，小额外汇结构性存款在我国流行起来，在当时外汇投资渠道狭窄的情况下，其以高出同期存款数倍的收益率受到了特定投资者的追捧。不久，商业银行推出了股票挂钩的结构性存款及其他一些理财产品，其设计原理与股票挂钩产品十分接近，是股票挂钩产品的雏形。

可以预计，股票挂钩类产品在国内将有广阔的发展前景。目前中国居民储蓄存款超过 18 万亿元，而居民持有的证券类资产，初步估计不足 2.2 万亿元，占储蓄总额比例低于 12%。金融市场存在的突出问题仍是可供居民投资的品种太少，直接融资市场规模偏小，股票市场的风险太大，尽管居民储蓄存款利率很低，但在没有更好的选择的情况下，他们只能选择存款。如果假定市场上投资者大部分是风险厌恶型，则风险越大的投资产品，市场需求量越小，股票挂钩类产品可以在风险介于股票和定期存款之间构造出多种类型的投资产品，它的市场规模理论上应大于股票市场，小于银行存款余额，也就是说这个市场的潜在规模将在 2.2 万亿元至 18 万亿元。从银行本外币结构性理财产品在国内销售之火爆可以看出，股票挂钩类产品在国内将有相当大的需求。

## 8.3.2　股票挂钩分类

（一）按挂钩标的个数分类

挂钩单个标的的结构性产品最终的计算：与单一标的在到期日或者观测期内的表现有关。例如：汇丰银行推出的"挂钩恒生指数的结构性存款"，荷兰银行的"香港恒生指数连动结构性存款""日经指数连动结构性存款",东亚银行的"新华富时中国 25 指数挂钩保本产品"等。

挂钩多个标的的结构性产品收益的计算:与多只股票或者多个股票指数在到期日或者观测期内的表现有关。例如:工商银行上海分行推出的"聚金之 6 月期股票挂钩类美元产品"。

（二）按照内嵌期权种类进行划分

1. 二元期权产品收益的计算:

$$P(T) = \begin{cases} R, 如果 S_T \gg K \\ 0, 如果 S_T < K \end{cases}$$

举例:农业银行所推出的"2014 年第 1 期看涨沪深 300 指数人民币理财产品"。

2. 价差期权产品收益的计算:

$$C(T) = \begin{cases} K_2 - K_1, 如果 S_T \gg K_2 \\ S_T - K_1, 如果 K_1 \ll S_T \ll K_2 \\ 0, 如果 S_T < K_1 \end{cases}$$

举例:渣打银行在 2005 年 8 月推出的挂钩美国道琼斯工业指数的外汇理财产品。

3. 互换期权产品收益的计算:

$$P(T) = \max \{S_{1T} - S_{2T}, 0\}$$

举例:汇丰银行推出的"汇享天下—两年期人民币结构性投资产品（2013 年第 37期）"。

4. 最大值（最小值）期权产品收益的计算:

$$C(T) = \max \{\max\{S_{1T}, S_{2T}\} - K, 0\}$$

举例:恒生银行所推出的"月月赏系列部分保本投资产品"。

5. 平均值期权产品收益的计算:

$$C(T) = \max \left\{ \frac{1}{n} \sum_{i=1}^{n} S_{it} - K, 0 \right\}$$

举例:中信银行 2006 年开始发售的"人民币股票联系型结构性产品"。

# 8.4  产品设计过程

根据产品组成结构,可以将股票挂钩产品分为两大类:保本票据（Principal Guaranteed Notes，PGN）和高息票据（High – Yield Notes，HYN）。保本票据能够实现完全或部分保本,甚至承诺最低收益,由投资传统货币市场工具加上买进期权部分组成。高息票据不保本,收益率相比同类产品高,由投资传统货币市场工具加上卖出期权部分组成。

PGN 的到期收益为"本金 + 利息 + 期权行权价值 – 期权权利金"。由于期权权利金有限,通过适当组合完全可以由利息覆盖,因此,此类产品能够实现完全或部分保本,甚至承诺最低收益。当然,由于期权行权价值可能无限大,投资者的收益理论上也可能无限大，但概率小，且发行人一般会设定上限收益率加以限制。

HYN 的到期收益为"本金 + 利息 + 期权权利金 – 期权行权价值"。由于期权行权价值可能很大，因而，这类产品一般不保本，甚至可能出现投资损失。但投资者可以获得权利金收入，在期权行权价值较小甚至到期处于价外情况时，收益率相比同类产品较高，因此称为高息票据。同时，HYN 也存在着天然的最高收益率限制，此时，期权到期处于价外状态。

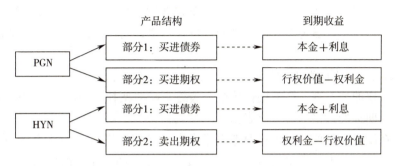

**图8－1 股票挂钩产品的结构：HYN 与 PGN**

假设投资本金为 1 元，H 为最高收益率，L 为最低收益率，λ 为参与率，K 为期权行使价，S 为到期时挂钩股票价格。两类产品的到期收益结构可以统一的描述如下：

看涨类：$1 + MIN [ H, MAX ( L, \lambda ( S/K - 1 ) ) ]$

看跌类：$1 + MIN [ H, MAX ( L, \lambda ( 1 - S/K ) ) ]$

## 8.4.1 设计参数

股票挂钩产品的设计参数包括保本率、最低收益率、最高收益率、参与率、行权价、发行价、面值、换股比例和期限。

1. 保本率（Principal Guaranteed Rate）。即本金保障程度，由固定收益部分决定，即保本率 = 到期最低收益现值/本金投资额 = 固定收益部分到期现值/票据面值。通常 PGN 产品有保本率，而 HYN 不给予本金保障。一般保本率不超过 100%，对于超出 100% 的部分可以理解为最低收益率；同时，对最低保本率有限制，如中国台湾要求 80% 以上。

2. 最低收益率。最低收益率与保本率密切相关，同样由固定收益部分决定，可理解为：最低收益率 = 保本率 – 1。一般情况下，当保本率不足 100% 时，可认为最低收益率为负；当承诺了正的最低收益率时，也可以认为是 100% 保本。同样，这个参数适用于 PGN 而不是 HYN。

3. （预期）最高收益率。对 PGN，最高收益率是基于产品买进期权的结构而内在设定的。看涨式 PGN 产品的最高收益率理论上是无限的，但在实际中发行人也会通过设置上限等措施，限制最高收益率水平。看跌式 PGN 产品的最高收益率是有限的，理论上最大收益发生在标的价格降为 0 时。

对 HYN，最高收益率（年息率）是基于产品卖出期权的结构而内在设定的，实现时，卖出的期权并非被行权，投资者没有遭受行权损失。通常的计算公式为：年息率 ＝（面值 － 认购额）÷ 认购额 ÷ 年化的投资期限 ＝（1 － 发行价）÷ 发行价 ÷ 年化的投资期限。

4. 参与率（Participation Rate）。参与率是 PGN 产品的重要参数之一，参与率越大，分享挂钩标的涨跌收益的比例就越大，一般在 50% ~ 100%。HYN 产品一般不提及参与率，由于卖出期权，可理解为参与率是 100%。

参与率可用如下公式表示：参与率 ＝（股票挂钩产品价值 － 固定收益部分价值）÷隐含期权价值。可见，参与率表征的是期权投资程度，它与固定收益投资部分决定的保本率呈反向关系。

5. 行权价。行权价是决定股票挂钩产品中期权部分价值的重要因素。行权价的设定直接决定了期权的虚实度，影响期权价格，最终影响股票挂钩产品结构和收益特征。行权价有时用当期标的价格的百分比表示。

发行人在设定行权价时，不仅要考虑投资者的市场判断和发行人营销方面的要求，还要从定价和避险两方面考虑行权价与隐含波动率之间的关系，即所谓"波动率微笑"的影响。尤其是，不同的股票或股价指数可能由于价格分布的不同而产生微笑结构差异，相应的对行权价的设计要求也是不同的。比如，S&P500 指数期权隐含波动率随着行权价提高而降低，呈现出向右下倾斜的形状而非标准的微笑结构。

6. 发行价。PGN 通常平价发行，即发行价就是产品的面值或投资的本金。

而 HYN 通常折价发行，到期偿还面值本金，发行价就是折价发行后的实际投资金额，一般用实际投资金额和面值金额的比例来表示。如前所述，可以通过发行价求得 HYN 的预期最高收益率。

实际中也有 HYN 产品为了提高产品吸引力，在名义上按面值发行的同时，承诺到期除了可以获得与挂钩标的的表现相关的投资收益外，还可以获得部分优惠利息。其本质上还是折价发行，可以通过对未来稳定预期的现金流折现来化为一般的折价发行的 HYN 产品。

7. 面值。股票挂钩产品的票面价值对 HYN 和 PGN 有着不同意义。一般来说，HYN 产品的面值代表着未来理想状况下的偿还本金，通常是换股比例与行权价的乘积；而 PGN 产品的面值就是投资者购买时的实际投资金额，也是完全保本下的承诺最低偿还金额。股票挂钩产品，无论是 HYN 还是 PGN，一般面值较大，甚至可换算为几百万元，影响了其流动性。

8. 换股比例。HYN 产品中有换股比例，即投资者在到期时不利条件下每份 HYN 将获得的标的股票数目。换股数是影响面值大小的要素之一，面值 ＝ 换股数 × 行权价。

9. 期限。HYN 产品的期限较短，在中国台湾一般是 28 天到 1 年。较短的投资期限，有利于经过年化处理后获得较高的预期收益率，从而增加 HYN 作为"高息"票据的投资吸引力。而 PGN 产品的期限相对较长，如在美国一般长达 4 ~ 10 年。

严格来说，发行人还要考虑到波动率期限结构的影响，即波动率将随着时间的变化而做出的变化，这同样关乎发行人产品定价和避险交易等方面。

### 8.4.2　保本票据收益分析

假设产品的面值为 MZ，保本率为 L，则到期保证本金为 MZ * L，买入期权价格为 Call，卖出期权价格为 Put，债券利率为 Rf，债券期限为 T。

产品价格为 P，其函数形式为 P（St，t），在时间 t 挂钩股票价格为 St，波动率为 Volatility。若看涨挂钩股票，买入看涨期权，执行价格为 K。各参数值为：

MZ：10 000

L：100%

Call：3.3468

Put：1.4436

Rf：10%

T：1 年

$S_0 = 20$

$K = 20$

Volatility = 0.3

需要购买债券 MZ/（1 + Rf）^T = 10 000/1.1^1 = 9 091

购入看涨期权数量 =（MZ − 9 091）/Call = 909/3.3468 = 271.6027

存续期间产品的价值为"债券的价格 + 期权价格"，可以根据不同到期时间（标的股票价格不变），计算出该产品的理论价格。Matlab 程序代码如下：

```
clear;
clc
%% 参数初始化
S0 = 20;
K = 20;
Rf = 0.1;
Volatility = 0.3;
%% 初始化时间向量 t 与产品价值向量 P
t = 1: -0.05: 0;       %%% 时间 t 等间隔取样
S = S0;              %%% 股票价格保持不变
N = length (t);
P = zeros (1, N);
%% 计算不同时刻 t (i) 对应的产品价值 P (i)
for i = 1: N;
    [Call, Put] = blsprice (S, K, Rf, t (i), Volatility);
    P (i) = 1e4* (1.1) ^ (-t (i)) + 271.6027* Call;
end
%% 画图，2 行 1 列第 1 个
subplot (2, 1, 1)
```

```
plot (t, P, '-*')
legend ('PGNPrice, Price =20')
```

根据同一时刻标的股票的不同价格（距离到期日时间间隔相同，t = 0.5 年），计算出该产品的理论价格，续写 Matlab 程序代码如下：

```
%% 初始化股票价格向量 S 和产品价值向量 P
t =0.5;          %%% 时间 t 不变
S =10: 1: 30;     %%% 股票价格等间隔取样
N = length (S);
P = zeros (1, N);
%% 计算不同股价 S (i) 对应的产品价值 P (i)
for i =1: N
    [Call, Put] = blsprice (S (i), K, Rf, t, Volatility);
    P (i) =1e4* (1.1) ^ (-t) +271.6027* Call;
end
%% 画图，2 行 1 列第 2 个
subplot (2, 1, 2)
plot (S, P, '-o')
legend ('PGNPrice, Time =0.5')
```

计算结果如图：

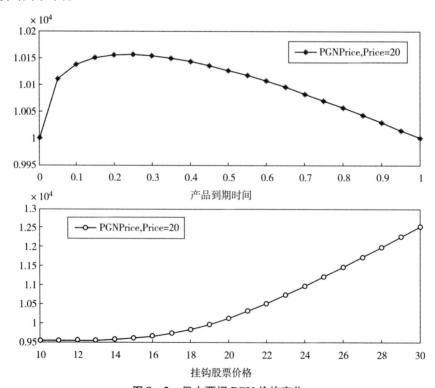

图 8 - 2　保本票据 PGN 价格变化

若挂钩股票到期市场价格为 30 元，即股票涨 50%，每份看涨期权价值 10 元，该保本产品价值为：

10 000 + 271. 6027 × 10 = 12 716. 027

该产品收益率为 27. 16%

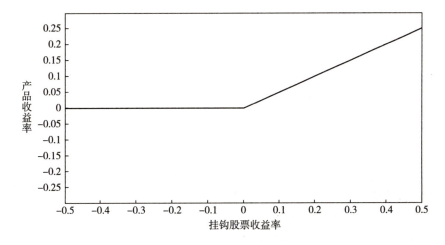

图 8 - 3　保本票据和挂钩股票收益率

### 8. 4. 3　高息票据收益分析

若看涨挂钩股票，也可以通过卖出看跌期权的方法，获得权益金增厚产品收益。例如：现在 1. 4436 元卖出看跌期权，到期价值为 0。同理，若看跌挂钩股票，则可以通过卖出看涨期权的方法，获得权益金增厚产品收益。例如：现在 3. 3468 元卖出看涨期权，到期价值为 0。

若看涨挂钩股票，卖出看跌期权数量：

N = 面值/行权价格 = 10 000/20 = 500

得到期权权益金 = 500 × 1. 4436 = 721. 8

初始产品价格 = 10 000/1. 1 - 721. 8 = 8 369. 2，到期标的股价高于 20 元，则收益率 = 10 000/8 369. 2 - 1 = 19. 49%。

存续期间产品的价格为"债券价格 - 期权价格 + 权益金价格"，可以根据不同到期时间（标的股票价格不变），计算出该产品的理论价格。Matlab 程序代码如下：

```
clear
clc
%% 参数初始化
S0 =20;
K =20;
Rf =0.1;
Volatility =0.3;
%% 时间向量和产品价值向量初始化
```

```
t =1: -0.05: 0;        %% 时间 t 等间隔取样
S = S0;                %% 股票价格不变
N = length (t);
P = zeros (1, N);
%% 计算不同时刻 t (i) 对应的产品价值 P (i)
for i =1: N
   [Call, Put] =blsprice (S, K, Rf, t (i), Volatility);
   P (i) =9091* 1.1^ (1 -t (i)) -500* Put;
end
%% 画图, 2 行 1 列第 1 个
subplot (2, 1, 1)
plot (t (N: -1: 1), P, '-*')
legend ('HYNPrice, Price =20')
```

根据同一时刻标的股票的不同价格（距离到期日时间间隔相同，t = 0.5 年），计算出该产品的理论价格。续写 Matlab 程序代码如下：

```
%% 初始化股价向量 S 和产品价值向量 P
t = 0.5;               %% 时间 t 保持不变
S =10: 1: 30;          %% 股价 S 等间隔取样
N = length (S);
P = zeros (1, N);
%% 计算不同股价 S (i) 对应的产品价值 P (i)
for i =1: N
   [Call, Put] = blsprice (S (i), K, Rf, t, Volatility);
   P (i) =9091* 1.1^ (1 -t) -500* Put;
end
%% 画图, 2 行 1 列第 2 个
subplot (2, 1, 2)
plot (S, P, '-o')
legend ('HYNPrice, Time =0.5')
```

计算结果见图 8 - 4：

看跌高息票据的，通常为标的股票的长期持有者，比如其手中有 500 股票，同时看跌挂钩股票，这时既可以买入看跌期权，也可以卖出看涨期权 500 份（面值/行权价格），得到期权的权益金 500 × 3.3468 = 1673.4。

若挂钩股票到期市场价格为 10 元，如果未曾卖出看涨期权，则其收益率为 - 50%。如果卖出看涨期权，每股获得权益金 3.3468 元，则损失为：

10 - 3.3468 = 6.6532 元，其收益率为 - 33.27%。

若挂钩股票到期市场价格为 30 元，如果未曾卖出看涨期权，则其收益率为 50%。如果卖出看涨期权，每股获得权益金 3.3468 元，则其收益率为 16.7%。

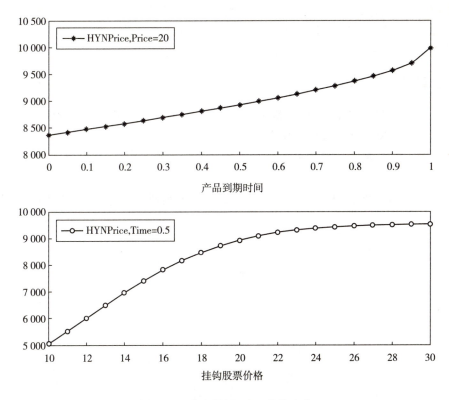

**图 8 – 4　高息票据 HYN 价格变化**

# 8.5　本章小结

作为结构化商品的一种，与股票或股票指数挂钩的股票挂钩产品目前在国内外发展迅速，已经实现多个交易所上市交易。本章主要介绍了股票挂钩产品发展、基本构成、分类和设计参数，并具体分析了保本票据和高息票据的设计过程。

**本章思考题**

1. 若看跌挂钩股票，购进债券同时买入看跌期权，如何设计保本票据产品？

2. 发行看跌高息票据的通常为标的股票的长期持有者，这些金融机构通过购进债券，卖出看跌期权来发行股票挂钩高息票据。为了获得更好利润，是否可以卖空（融券）标的股票呢？

**本章操作题**

1. 试分析看跌保本票据（挂钩沪深 300 指数）的价格和收益。要求：

➢ 下载过去 1 年的沪深 300 指数数据，由历史数据估计指数的年波动率。

➢ 看跌期权的初始价格和执行价格相同，都等于期初价格（1 年前）。画出不同到期时间（0~1 年），以及不同标的价格（t = 0.5 年）产品价值图。

➤ 试分析 3 个月、6 个月、9 个月和 12 个月保本票据的收益情况。

2. 试分析分级型投资基金的组成结构及收益情况。

## 本章参考文献

［1］约翰·赫尔著，王勇、索吾林译．期权、期货及其他衍生产品（第 9 版）［M］．北京：机械工业出版社，2014.

［2］蔡向辉．股票挂钩产品的设计、定价和避险原理［J］．证券市场导报，2006（10）：72 – 77.

［3］任瞳，陈云帆．股票挂钩结构性产品发展与创新研究［R］．兴业证券，2014.

# 第 9 章

# 风险价值 VaR 计算

**本章学习目标**

- 理解 VaR 概念与资产组合总体风险度量
- 掌握 VaR 的计算方法及相关理论
- 了解均值—VaR 有效前沿及 VaR 相关应用

## 9.1　引例

　　假如你和女朋友约好晚上 8 点去看电影，你需要考虑几点出门或计算路上要花多少时间。电影院是你们常去的地方，出门步行到车站，坐公交车或者自己驾车，下车再走到电影院，一般情况下（95% 的可能性），45 分钟就够了。这个 95% 的情况下的 45 分钟，就是你约会路上所需时间这个不确定事件的 VaR。风险就是那剩下的 5% 的可能性，路上堵车或其他突发状况，导致你迟到，误了电影面临女朋友的责罚。进一步，这天是女朋友生日或情人节或你准备求婚，你决定要把迟到的概率从 5% 降低到 1%：这意味着 99% 你要 8 点之前到，根据经验，发现 99% 的情况下你约会路上用的时间是 1 个小时，于是你把出门的时间定为 7 点，这 1 个小时就是 99% 的情况下对应的 VaR。

　　上面的例子非常简单，对许多大银行来讲，业务很复杂，包括股票部门、债券部门、外汇交易部门、商品部门等，估计这些业务在一起有多大风险是件不可能精确完成的任务，这时 VaR 这个东西就变得重要起来，只不过他们这个大 VaR 要分解成各个部门的 VaR（等同于你路上的时间分解成从家到车站，车上的时间以及下车到电影院的时间），各个部门的 VaR 之间又有某种程度上的关联，比如股市涨了，而国债就跌了等。把这些因素统统考虑进来，得到了一个数字，目的就是确定 95%（或者 99%）的情况下最大亏损是多少。更重要的是公司的资本金是否扛得住，如果扛不住，就要缩减业务规模，降低头寸或者增加资本金，跟上面例子中更早提前出门一样。

　　VaR 的重要性还在于监管当局使用 VaR 确定风险资本金。1988 年，巴塞尔协议（Basel I）就银行信用风险所要求的最低资本金达成了共识。几年以后，巴塞尔委员会又颁布了 1996 修正案，区分银行交易账户和业务账户。同时采用了 VaR 来计算资本金，其时间展望期为 10 天，置信水平为 99%，意味着只有 1% 的可能在今后 10 天的损失会超过所计算的 VaR。银行的资本金等于某种因子 k 乘以 10 天置信水平 99% 的 VaR，这里 k 由监管机构裁定，至少为 3.0。

## 9.2 VaR 的概念与测度

### 9.2.1 VaR 的概念

传统的资产负债管理过于依赖报表分析，缺乏时效性。利用方差及 β 系数来衡量风险过于抽象，不直观，而且反映的只是市场（或资产）的波动幅度，且资本资产定价模型又无法糅合金融衍生品种。在上述传统的几种方法都无法准确定义和度量金融风险时，G30 集团在研究衍生品种的基础上，于 1993 年发表了题为《衍生产品的实践和规则》的报告，提出了度量市场风险的 VaR 方法，目前该方案已成为金融界测量市场风险的主流方法。稍后由 J. P. Morgan 推出的用于计算 VaR 的 Risk Metrics 风险控制模型更是被众多金融机构广泛采用。目前国外一些大型金融机构已将其所持资产的 VaR 风险值作为其定期公布的会计报表的一项重要内容加以列示。

VaR（Value at Risk）按字面解释就是"在险价值"，其含义指在市场正常波动下，某一金融资产或证券组合的最大可能损失。更为确切的是指，在一定概率水平（置信度）下，某一金融资产或证券组合价值在未来特定时期内的最大可能损失，即"我有 X% 的把握，在今后的 N 天内，损失不会大于 V"。

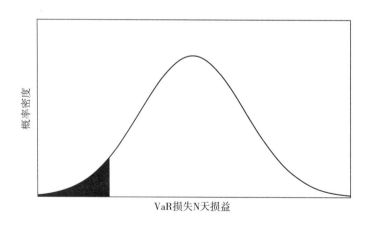

**图 9-1 由投资组合价值变化概率分布计算 VaR**

需要说明的是，VaR 衡量资产或全部投资组合的整体风险，其特点主要有：

第一，可以用来简单明了地表示市场风险的大小，没有任何技术色彩，没有任何专业背景的投资者和管理者都可以通过 VaR 值对金融风险进行评判。

第二，可以事前计算风险，不像以往风险管理的方法都是在事后衡量风险大小。

第三，不仅能计算单个金融工具的风险，还能计算由多个金融工具组成的投资组合风险，这是传统金融风险管理所不能做到的。

### 9.2.2　VaR 的测度

VaR 可以用公式表示为：

$$P(\Delta P \leqslant \text{VaR}) = a$$

其中 $P$ 是资产组合价值损失小于可能损失上限的概率，$\Delta P$ 是某一金融资产或组合在一定持有期的价值损失额。$a$ 是给定的置信水平，风险价值 VaR 就是给定置信水平 $a$ 下可能的损失上限。

VaR 从统计的意义上讲，本身是个数字，是指面临"正常"的市场波动时"处于风险状态的价值"，即在给定的置信水平和一定的持有期限内，预期的最大损失量（可以是绝对值，也可以是相对值）。例如，某一投资公司持有的证券组合在未来 24 小时内，置信度为 95%，在证券市场正常波动的情况下，VaR 值为 520 万元，其含义是指，该公司的证券组合在一天内，由于市场价格变化而带来的最大损失超过 520 万元的概率为 5%，平均 20 个交易日才可能出现一次这种情况。或者说有 95% 的把握判断该投资公司在下一个交易日内的损失在 520 万元以内。5% 的几率反映了金融资产管理者的风险厌恶程度，可根据不同的投资者对风险的偏好程度和承受能力来确定。

由上述定义出发，要确定一个金融机构或资产组合的 VaR 值或建立 VaR 的模型，必须首先确定以下三个系数：一是持有期间的长短；二是置信区间的大小；三是观察期间。

1. 持有期。持有期 $\triangle t$，即确定计算在哪一段时间内的持有资产的最大损失值，也就是明确风险管理者关心资产在一天内一周内还是一个月内的风险价值。持有期的选择应依据所持有资产的特点来确定，比如对于一些流动性很强的交易头寸往往需以每日为周期计算风险收益和 VaR 值，如 G30 小组在 1993 年的衍生产品的实践和规则中就建议对场外 OTC 衍生工具以每日为周期计算其 VaR，而对一些期限较长的头寸如养老基金和其他投资基金则可以以每月为周期。

从银行总体的风险管理看，持有期长短的选择取决于资产组合调整的频度及进行相应头寸清算的可能速率。巴塞尔委员会在这方面采取了比较保守和稳健的姿态，要求银行以两周即 10 个营业日为持有期限。

2. 置信水平 $\alpha$。一般来说对置信区间的选择在一定程度上反映了金融机构对风险的不同偏好。选择较大的置信水平意味着其对风险比较厌恶，希望能得到把握性较大的预测结果，希望模型对于极端事件的预测准确性较高。根据各自的风险偏好不同，选择的置信区间也各不相同。比如 J. P. Morgan 与美洲银行选择 95%，花旗银行选择 95.4%，大通曼哈顿选择 97.5%，Bankers Trust 选择 99%。作为金融监管部门的巴塞尔委员会则要求采用 99% 的置信区间，这与其稳健的风格是一致的。

实际计算过程中，分析人员总是先将 $\triangle t$ 设定为 1 天，计算 1 天 99% VaR，并且假定：

$$10 \text{ 天 VaR} - \sqrt{10} \times 1 \text{ 天 VaR}$$

当投资组合价值在不同天之间的变化相互独立并且服从期望值为 0 的相同正态分布时,以上公式严格成立。对于其他情形,这只是一个近似式。

3. 观察期间(Observation Period)。观察期间是对给定持有期限的回报的波动性和关联性考察的整体时间长度,是整个数据选取的时间范围,有时又称数据窗口(Data Window)。例如选择对某资产组合在未来 6 个月,或是 1 年的观察期间内,考察其每周回报率的波动性(风险)。这种选择要在历史数据的可能性和市场发生结构性变化的危险之间进行权衡。为克服商业循环等周期性变化的影响,历史数据越长越好,但是时间越长,收购兼并等市场结构性变化的可能性越大,历史数据因而越难以反映现实和未来的情况。巴塞尔银行监管委员会目前要求的观察期间为 1 年。

综上所述,VaR 实质是在一定置信水平下经过某段持有期资产价值损失的单边临界值,在实际应用时它体现为作为临界点的金额数目。

### 9.2.3 C – VaR 介绍

一个 99% 的 VaR 意味着有 1% 的可能(大概是交易半年一遇的概率),损失会比我们计算的 VaR 要大。然而,一旦发生 1% 的事情,VaR 没有说明损失具体有多大。因此一些风险非常低,但是风险损失巨大的投资机会对金融机构造成的危害巨大。例如,开一个抛硬币的赌局,赔率是 1:1024,赌硬币不可能 10 次都出现正面。从概率上说,这个赌局很安全,出现 10 次正面的概率只有 1/1024,约等于 0.1%。在 99.9% 的情况下,这个赌局是赚钱的,这个投资机会的 VaR 值是 0。但是你输一次,你的亏损是你平时赚的 1 024 倍,通常的金融机构都有很高的杠杆,出现一次,就会破产。而这种极端事件出现的概率比我们想象中大得多,市场变量在一天内变化超出 5 个标准差就是一次极端事件,在正态分布的假设下,每 7 000 年才可能发生一次,而在实际中,这种事件每 10 年就发生 1 ~ 2 次。

一种可以解决上面问题的测度为预期亏损(Expected Shortfall)或条件风险价值度 C—VaR,VaR 测度回答的是:"事情会糟糕成什么样子?"而 C—VaR 回答的是:"当事

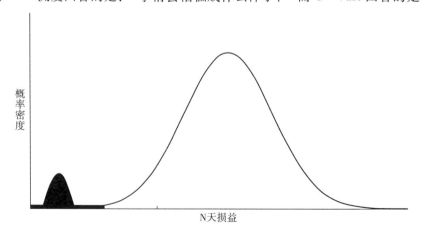

图 9 – 2  相同 VaR 潜在损失很大的情形

情变糟时，预期损失有多大?"，即在今后 N 天，当损失在（100 - X）分位数左侧时损失的期望值。

在 2012 年 5 月，巴塞尔银行监管委员会发表了一篇研讨论文，提议用 C—VaR 来取代 VaR 对市场风险进行检测。但由于 VaR 简单易懂，金融机构高管和监管层便于接受，即使 VaR 有这样那样的缺陷，仍然是业界进行风险管理的重要工具。在经历 2008 年国际金融危机后，监管部门提议计算压力状态下的 VaR，要求 VaR 搭配压力测试，检验金融资产或投资组合在过去一段时间所出现的某些极端市场条件下的表现。同时要求做回顾测试，检验 VaR 估计值在过去的表现，计算投资组合在一天内损失过所计算的 1 天 99% VaR 的天数，如果超过天数占整体天数的比例很大，说明 VaR 计算方法有问题。

### 9.2.4　VaR 模型的优点和注意事项

1. VaR 模型测量风险简洁明了，统一了风险计量标准，管理者和投资者较容易理解掌握。风险的测量是建立在概率论与数理统计的基础之上，既具有很强的科学性，又表现出方法操作上的简便性。同时，VaR 改变了在不同金融市场缺乏表示风险统一度量，使不同术语（如基点现值、现有头寸等）有统一比较标准，使不同行业的人在探讨其市场风险时有共同的语言。另外，有了统一标准后，金融机构可以定期测算 VaR 值并予以公布，增强了市场透明度，有助于提高投资者对市场的把握程度，增强投资者的投资信心，稳定金融市场。

2. 可以事前计算，降低市场风险。不像以往风险管理的方法都是在事后衡量风险大小，不仅能计算单个金融工具的风险，还能计算由多个金融工具组成的投资组合风险。综合考虑风险与收益因素，选择承担相同的风险能带来最大收益的组合，具有较高的经营业绩。

3. 确定必要资本及提供监管依据。VaR 为确定抵御市场风险的必要资本量确定了科学的依据，使金融机构资本安排建立在精确的风险价值基础上，也为金融监管机构监控银行的资本充足率提供了科学、统一、公平的标准。VaR 适用于综合衡量包括利率风险、汇率风险、股票风险以及商品价格风险和衍生金融工具风险在内的各种市场风险。因此，这使得金融机构可以用一个具体的指标数值（VaR）概括地反映整个金融机构或投资组合的风险状况，大大方便了金融机构各业务部门对有关风险信息的交流，也方便了机构最高管理层随时掌握机构的整体风险状况，因而有利于金融机构对风险的统一管理。同时，监管部门也得以对该金融机构的市场风险资本充足率提出统一要求。

尽管 VaR 模型有其自身的优点，但在具体应用时应注意以下几方面的问题：

1. 数据问题。运用数理统计方法计量分析、利用模型进行分析和预测时要有足够的历史数据，如果数据库整体上不能满足风险计量的数据要求，则很难得到正确的结论。另外数据的有效性也是一个重要问题，而且由于市场的发展不成熟，一些数据不具有代表性。而市场炒作、消息面引导等原因，致使数据非正常变化较大，缺乏可信性。

2. VaR 在其原理和统计估计方法上存在一定缺陷。VaR 对金融资产或投资组合的风险计算方法是依据过去的收益特征进行统计分析来预测其价格的波动性和相关性，从而估计可能的最大损失。所以单纯依据风险可能造成损失的客观概率，只关注风险的统计特征，并不是系统的风险管理的全部。因为概率不能反映经济主体本身对于面临的风险的意愿或态度，它不能决定经济主体在面临一定量的风险时愿意承受和应该规避的风险的份额。

3. 在应用 VaR 模型时隐含了前提假设。即金融资产组合的未来走势与过去相似，但金融市场的一些突发事件表明，有时未来的变化与过去没有太多的联系，因此 VaR 方法并不能全面地度量金融资产的市场风险，必须结合敏感性分析、压力测试等方法进行分析。

4. VaR 主要使用于正常市场条件下对市场风险的测量。如果市场出现极端情况，历史数据变得稀少，资产价格的关联性被切断，或是因为金融市场不够规范，金融市场的风险来自人为因素、市场外因素的情况下，这时 VaR 方法便无法测量此时的市场风险。

总之，VaR 是一种既能处理非线性问题又能概括证券组合市场风险的工具，它解决了传统风险定量化工具对于非线性的金融衍生工具适用性差、难以概括证券组合的市场风险的缺点，有利于测量风险、将风险定量化，进而为金融风险管理奠定了良好的基础。随着我国利率市场化、资本项目开放以及衍生金融工具的发展等，金融机构所面临的风险日益复杂，综合考虑、衡量信用风险和包括利率风险、汇率风险等在内的市场风险的必要性越来越大，这为 VaR 应用提供了广阔的发展空间。但是 VaR 本身仍存在一定的局限性，而且我国金融市场现阶段与 VaR 所要求的有关应用条件也还有一定距离。因此 VaR 的使用应当与其他风险衡量和管理技术、方法相结合。要认识到风险管理一方面需要科学技术方法，另一方面也需要经验性和艺术性的管理思想，在风险管理实践中要将两者有效结合起来，既重科学、又重经验，有效发挥 VaR 在金融风险管理中的作用。

# 9.3　两种 VaR 计算方法

## 9.3.1　历史模拟法

历史模拟法是利用过去的数据来表示市场因子的未来变化。具体使用时采用全值估计方法：首先根据市场因子的未来价格水平对头寸进行重新估计，计算出头寸的价值变化（损益）。其次将组合的损益从最小到最大排序，得到资产组合未来价值的损益分布。最后通过给定置信度下的分位数求出 VaR。

假设我们采用过去 501 天的历史数据来计算某公司 1 天展望期、99% 置信度的 VaR。历史模拟法的第一步是选定影响投资组合的市场变量，这些变量一般是利率、股价、期货价格等。所有的价格都应当以本国货币来计算。例如，对一家德国银行来讲，一个市场变量可能会是以欧元计算的标普 500 指数。

然后我们需要收集这些变量在最近 501 天内的数据，这些数据为我们提供了从今天到明天市场变量可能发生的 500 种变化情形。我们将数据开始的第 1 天记为第 0 天（day 0），数据开始的第 2 天记为第 1 天（day 1），并依此类推。情形 1 为所有变量的百分比变化与它们在第 0 天和第 1 天之间的变化一样，情形 2 为所有变量的百分比变化与它们在第 1 天和第 2 天之间的变化一样，等等。对于每一个情形，我们可以计算从今天到明天之间的投资组合价值变化，并由此可以得出投资组合在一天内价值变化的概率分布。

最后由给定的 99% 的置信水平，分布的 1% 分位数对应于 500 个计算数值的第 5 大的损失，VaR 的估计刚好是第 1 个百分比分位数所对应的损失量。假定过去 500 天是对明天将发生情形的一个好的预测，那么公司会有 99% 的把握肯定，投资组合的损失会小于我们所估计的 VaR 值。

为了以代数形式来表示计算过程，定义 $v_i$ 为市场变量在第 $i$ 天的取值，并且假设今天是第 $n$ 天。在历史模拟方法中，情形 $i$ 假设了市场变量在明天的取值为：

$$v_n \frac{v_i}{v_{i-1}}$$

为了说明历史模拟方法的计算过程，假设在 2008 年 9 月 25 日，某个美国的投资人拥有价值为 1 000 万美元的在以下 4 个指数上的投资：400 万美元在美国的道琼斯工业平均指数（DJIA）、300 万美元在英国的富时 100 指数（FTSE100）、100 万美元在法国巴黎指数（CAC 40）、200 万美元在日本日经 225 指数（Nikkei 225）。因为我们是以美国投资者的角度来进行计算，因此 FTSE100、CAC 40 和 Nikkei 225 都要根据汇率按美元数量来计量。例如，在 2008 年 8 月 10 日，FTSE100 为 5 823.40，当时的美元/英镑汇率是 1.8918（即 1 英镑值 1.8918 美元）。这意味着以美元计量时，FTSE 的值为 5 823.40 × 1.8918 = 11 016.71，表 9 - 1 展示了经汇率调整后数据的一部分。

表 9 - 1　　　　　　　　经汇率调整后的各股指历史值

| 情形序号 | DJIA | FTSE 100 | CAC 40 | Nikkei 225 | 组合价值（1 000 美元） | 损失（1 000 美元） |
|---|---|---|---|---|---|---|
| 1 | 10 977.08 | 9 569.23 | 6 204.55 | 115.05 | 10 014.33 | -14.334 |
| 2 | 10 925.97 | 9 676.96 | 6 293.60 | 114.13 | 10 027.48 | -27.481 |
| 3 | 11 070.01 | 9 455.16 | 6 088.77 | 112.4 | 9 946.74 | 53.26 |
| ... | | | | | | |
| 499 | 10 831.43 | 9 383.49 | 6 051.94 | 113.85 | 9 857.47 | 142.54 |
| 500 | 11 222.53 | 9 763.97 | 6 371.45 | 111.4 | 10 126.44 | -126.439 |

表 9 - 1 给出的是在 2008 年 9 月 26 日这一天为产生各种情形所需要的市场变量值（以美元计）。情形 1（第 1 行）显示的是：在假定从 2008 年 9 月 25 日到 26 日市场变量百分比变化等于 2006 年 8 月 7 日到 8 日市场变量百分比变化的前提下，市场变量在 2008 年 9 月 26 日的取值；情形 2（第 2 行）显示的是：在假定从 2008 年 9 月 25 日到 26 日市场变量百分比变化等于 2006 年 8 月 8 日到 9 日市场变量百分比变化的前提下，市场变量在 2008 年 9 月 26 日的取值。一般情况下，情形 $i$ 产生的假设前提是：指数在 2008 年 9 月 25 日到 26 日的百分比变化等于第 $i-1$ 日到第 $i$ 日之间指数百分比变化（$1 \leq i \leq 500$）。表 9 - 1 中的 500 行代表以此生成的 500 个情形。

在 2008 年 9 月 25 日，DJIA 是 11 022.06。在 2006 年 8 月 8 日，DJIA 值是 11 173.59，这比在 2006 年 8 月 7 日的值 11 219.38 要低。因此在情形 1 下，DJIA 的取值为：

$$11\,022.06 \times 11\,173.59/11\,219.38 = 10\,977.08$$

类似地，FTSE 100，CAC 40 和 Nikkei 225 的值分别为 9 569.235，6 204.55 和 115.05。因此在情形 1 下，投资组合的价值为（以千美元计）：

$$4\,000 \times \frac{10\,977.08}{11\,022.06} + 3\,000 \times \frac{5\,180.40}{5\,197.00} + 1\,000 \times \frac{4\,229.64}{4\,226.81} + 2\,000 \times \frac{12\,224.10}{12\,006.53}$$

$$= 10\,014.334$$

因此在情形 1 下，组合价值增长了 14334，对其他情形可以进行类似的计算。然后，将 500 个不同情形下的亏损排序，表 9－2 给出了部分结果。亏损中最坏的结果对应于情形 494。1 天 99% VaR 对应于亏损中第 5 个最坏的结果，即 253385。

表 9－2　　　　　　　　　　　500 种情形下的亏损排序

| 情景编号 | 亏损（千美元） | 情景编号 | 亏损（千美元） |
|---|---|---|---|
| 494 | 477.841 | 473 | 191.269 |
| 339 | 345.435 | 306 | 191.05 |
| 349 | 282.204 | 477 | 185.127 |
| 329 | 277.041 | 495 | 184.45 |
| 487 | 253.385 | 376 | 182.707 |
| 227 | 217.974 | 237 | 180.105 |
| 131 | 202.256 | 365 | 172.224 |
| 238 | 201.389 | … | … |

前面已说明，10 天 99% 的 VaR 通常是将 1 天 99% 的 VaR 乘以 $\sqrt{10}$，因此对我们所考虑的例子，10 天 99% VaR 等于：

$$\sqrt{10} \times 253\,385 = 801\,274$$

在上面的例子中，每天的 VaR 均要通过最近 501 天的数据来更新。例如，考虑 2008 年 9 月 26 日（第 501 天）的情况。所有市场变量都有新数据，因此我们可以计算投资组合新的市场价值，然后通过以上描述的过程来计算新的 VaR。在计算中我们采用 2006 年 8 月 8 日到 2008 年 9 月 26 日的市场变量数据（由此我们可以产生 501 个市场变量百分比变化的观察值，2006 年 8 月 7 日（即第 0 天）的数据将不再使用）。类似地，在下一个交易日即 2008 年 9 月 29 日（在 502 天），我们可以采用 2006 年 8 月 9 日到 2008 年 9 月 29 日（即第 2 天至第 502 天）的数据来计算 VaR。

在实际中，金融机构的投资组合当然比我们这里考虑的例子要复杂得多。金融机构的投资组合往往是由几千甚至几万个头寸所组成，其中一些比较典型的产品包括远期合约、期权与其他衍生产品，并且每一天投资组合都会发生变化。如果交易造成投资组合的风险增大，投资组合的 VaR 将会增大；如果交易造成投资组合的风险减小，投资组合的 VaR 将会减小。金融机构往往会在假定下一个交易日里组合不变的前提下计算 VaR。

### 9.3.2　模型构建法

模型构建法（方差—协方差方法）的基本思想是利用证券组合的价值函数与市场变

量间的近似关系，推断市场因子的统计分布（方差—协方差矩阵），进而简化 VaR 的计算。

首先假设市场变量收益的概率分布，进而计算证券组合价值变化的概率分布，最终计算 VaR。

对于期权定价，"年"通常被视为时间单位，所以资产的波动率度量单位往往是"年波动率"。当我们采用模型构建法计算市场风险 VaR 时，"日"被作为时间单位，因此资产波动率的度量单位往往是"日波动率"。

期权定价中的年波动率与计算 VaR 时的日波动率之间转换关系是什么呢？定义 $\sigma_{year}$ 为某种资产的年波动率，$\sigma_{day}$ 为该资产相应的日波动率，假定一年总共有 252 个交易日，我们有：

$$\sigma_{year} = \sigma_{day} \times \sqrt{252}$$

或

$$\sigma_{day} = \sigma_{year} \div \sqrt{252}$$

我们将资产价格（或其他市场变量）的日波动率定义为资产价格在一天内百分比变化的标准差。根据上面方程显示，日波动率大约是年波动率的 6%。

现在考虑如何用模型构建法来计算一个价值为 1 000 万元，并且只包含百度公司股票的投资组合的 VaR。在计算中我们假设时间展望期为 10 天和置信水平为 99%，即在 99% 的把握下，计算未来 10 天内该投资组合的最大损失。

假定百度公司股票的波动率为每天 2.5%（对应的年波动率为 41.7%），因为交易头寸的数量为 1 000 万元，所以投资组合每天价值变化的标准差为 1 000 万元的 2.5%，即 250 000 元。

在模型构建法中，我们通常假设在一段展望期内，市场价格变化的期望值为 0。这一假设虽然不是完全正确，但还是比较合理。同该变化的标准差相比，市场价格本身的变化在一个较短展望期内相对较小。例如，假设百度公司的年收益是 25%，在 1 天内，预期收益大约是 0.25/252 = 0.099%，与此对应每天价格变化的标准差是 2%。考虑 10 天的展期，预期收益为 0.099% × 10 即 0.99%，而 10 天所对应的收益标准差为 2% × $\sqrt{10}$，即大约 6.3%。

我们已经得出了百度公司股票在一天内价格变化的标准差为 250 000 元，并且（在近似意义上）每天价格变化的均值为 0。我们假定价格的变化服从正态分布，N（−2.326）= 0.01，这意味着在正态分布下，我们有 99% 的把握肯定，价格下跌不会超过 2.326 倍的标准差。因此，1 000 万元百度股票的一天展望期的 99% VaR 等于

$$2.326 \times 250\ 000 = 581\ 500(元)$$

假定百度股票在天与天之间的变化相互独立，因此 10 天的 VaR 等于 1 天的 VaR 乘以 $\sqrt{10}$，10 天的 99% VaR 等于：

$$581\ 500 \times \sqrt{10} = 1\ 838\ 864(元)$$

接下来我们考虑价值为 500 万元的平安银行股票投资。假定平安银行股票的日波动率为 2%（对应的年波动率大约为 32%）。采用与百度股票类似的计算，我们得出平安

银行在 1 天内价格变化的标准差为:

$$5\,000\,000 \times 0.02 = 100\,000$$

假定价格的变化为正态分布,1 天展望期的 99% VaR 等于:

$$100\,000 \times 2.326 = 232\,600(元)$$

10 天展望期的 99% VaR 等于:

$$232\,600 \times \sqrt{10} = 735\,546(元)$$

现在我们考虑由 1 000 万元百度股票与 500 万元平安银行股票所构成的投资组合。假定百度与平安银行的股票价格变化服从二元正态分布,分布的相关系数为 0.3。如果变量 $X$ 与 $Y$ 的标准差分别为 $\sigma_X$ 和 $\sigma_Y$,相关系数为 $\rho$,那么由统计学中的标准结果可知 $X + Y$ 的标准差为:

$$\sigma_{X+Y} = \sqrt{\sigma_X + \sigma_Y + 2\rho\sigma_X\sigma_Y}$$

在应用这一结果时,我们令 $X$ 为百度股票在一天内的价格变化,令 $Y$ 为平安银行股票在 1 天内的价格变化,则由两种股票组成的投资组合的价值变化的标准差为:

$$\sqrt{250\,000^2 + 100\,000^2 + 2 \times 0.3 \times 250\,000 \times 100\,000} \approx 295\,804$$

价格变化服从正态分布,并且假设均值为 0,因此 1 天展望期的 99% VaR 等于:

$$295\,804 \times 2.326 = 688\,040$$

10 天展望期的 99% VaR 等于 $\sqrt{10}$ 乘以以上数量,即 2 175 773。

在我们以上考虑的例子中,我们发现了风险分散带来的益处。

由单一百度股票组成的投资组合 10 天展望期的 99% VaR 等于 1 838 864 元;

由单一平安银行股票组成的投资组合 10 天展望期的 99% VaR 等于 735 546 元;

由百度与平安银行两种股票所组成的投资组合 10 天展望期的 99% VaR 等于 2 175 773元。

$$(1\,838\,864 + 735\,546) - 2\,175\,773 = 398\,637(元)$$

除非百度与平安银行的股票价格变化为完美相关,即相关系数等于 1,也就是百度与平安银行共同组成的投资组合的 VaR 等于百度的 VaR 加上平安银行的 VaR。否则小于 1 的相关系数使部分风险被分散化解。

进一步假定我们持有的价值为 P 的投资组合中含有 $n$ 个不同资产,在资产 $i(1 \leq i \leq n)$ 上投资资金的数量为 $\alpha_i$。定义 $\Delta x_i$ 为资产 $i$ 在 1 天内的回报,在 1 天内投资于资产 $i$ 所产生的价值变化为 $\alpha_i \times \Delta x_i$,因此整个投资组合在 1 天内的价值变化为:

$$\Delta P = \sum_{i=1}^{n} \alpha_i \times \Delta x_i$$

为了计算 $\Delta P$ 的标准差,我们假定 $\sigma_i$ 为第 $i$ 项资产的日波动率,$\rho_{ij}$ 为资产 $i$ 回报与资产 $j$ 回报之间的相关系数,这意味着 $\Delta x_i$ 的标准差为 $\sigma_i$,$\Delta x_i$ 与 $\Delta x_j$ 之间的相关系数为 $\rho_{ij}$。$\Delta P$ 的方差为:

$$\sigma_P^2 = \sum_{i=1}^{n}\sum_{j=1}^{n} \rho_{ij}\alpha_i\alpha_j\sigma_i\sigma_j = \sum_{i=1}^{n}\alpha_i^2\sigma_i^2 + 2\sum_{i=1}^{n}\sum_{j<i}^{n}\rho_{ij}\alpha_i\alpha_j\sigma_i\sigma_j$$

$N$ 天内投资组合价值变化的标准差为 $\sigma_P\sqrt{N}$,因此 $N$ 天展望期的 99% VaR 等于

$2.326\,\sigma_P\,\sqrt{N}$ 。

投资组合在一天里的回报率是 $\Delta P/P$ ，其方差为 $\sum\limits_{i=1}^{n}\sum\limits_{j=1}^{n}\rho_{ij}\,w_i\,w_j\,\sigma_i\,\sigma_j$ ，其中 $w_i=\alpha_i/P$ 是组合在第 $i$ 项资产上的投资比重。

如果组合里资产较多，用方差—协方差矩阵会方便很多。变量 $i$ 与变量 $j$ 之间的协方差是变量 $i$ 的日波动率、变量 $j$ 的日波动率以及它们相关系数的乘积：

$$cov_{ij}=\sigma_i\,\sigma_j\,\rho_{ij}$$

投资组合方差的表达式可以写成：

$$\sigma_P^2=\sum_{i=1}^{n}\sum_{j=1}^{n}cov_{ij}\,\alpha_i\,\alpha_j$$

协方差矩阵（Covariance Matrix）里第 $i$ 行和第 $j$ 列元素是变量 $i$ 和变量 $j$ 之间的协方差。变量与自身的协方差等于其方差，因此矩阵中的对角线元素为变量的方差。故协方差矩阵有时也被称为方差—协方差矩阵（Vanance-covariance Matrix）。

$$\begin{bmatrix} var_1 & cov_{12} & cov_{13} & \cdots & cov_{1n} \\ cov_{21} & var_2 & cov_{23} & \cdots & cov_{2n} \\ cov_{31} & cov_{32} & var_3 & \cdots & cov_{3n} \\ \vdots & \vdots & \vdots & \vdots & \vdots \\ cov_{n1} & cov_{n2} & cov_{n3} & \cdots & var_n \end{bmatrix}$$

**图 9 - 3　方差—协方差矩阵**

使用矩阵记号，上面所给出的投资组合方差可以写成：

$$\sigma_P^2=\alpha^T C\alpha$$

其中 $\alpha$ 是列向量，第 $i$ 个元素是 $\alpha_i$ ，$C$ 是方差—协方差矩阵，$\alpha^T$ 是 $\alpha$ 的转置。

### 9.3.3　案例分析

目前资产组合是总价值 1 000 万元的三只股票，包括 400 万元平安银行（000001. SZ）、300 万元贵州茅台（600519. SH）以及 300 万元比亚迪（002594. SZ）。历史数据是 2016 年 1 月 4 日至 2017 年 9 月 29 日每个交易日的股票后复权收盘价，数据文件名为 daily_ stocks. xls，数据格式如表 9 - 3 所示。

**表 9 - 3　Excel 数据文件 daily_ stocks. xls**

| | A | B | C | D |
|---|---|---|---|---|
| | 日期 | 平安银行 | 贵州茅台 | 比亚迪 |
| 1 | 2016 - 01 - 04 | 974. 31 | 1 440. 09 | 58. 82 |
| 2 | 2016 - 01 - 05 | 980. 33 | 1 459. 29 | 59. 41 |
| 3 | 2016 - 01 - 06 | 991. 51 | 1 454. 9 | 60. 48 |
| 4 | 2016 - 01 - 07 | 940. 78 | 1 386. 67 | 55. 46 |
| 5 | 2016 - 01 - 08 | 956. 25 | 1 403. 13 | 59. 49 |

续表

| | A | B | C | D |
|---|---|---|---|---|
| 7 | 2016 – 01 – 11 | 925. 3 | 1 370. 42 | 57. 94 |
| 8 | 2016 – 01 – 12 | 929. 6 | 1 349. 37 | 59. 88 |
| 9 | 2016 – 01 – 13 | 921 | 1 369. 88 | 57. 42 |
| 10 | 2016 – 01 – 14 | 926. 16 | 1 404. 43 | 59. 96 |
| 11 | 2016 – 01 – 15 | 899. 5 | 1 364. 53 | 58. 11 |
| 12 | 2016 – 01 – 18 | 895. 2 | 1 367. 48 | 57. 74 |
| 13 | 2016 – 01 – 19 | 921 | 1 441. 6 | 58. 93 |
| 14 | 2016 – 01 – 20 | 906. 38 | 1 387. 29 | 57. 8 |

分别采用历史模拟法和模型构建法计算资产组合 99% 置信水平下 10 天展望期的 VaR，要体现通过资产组合投资可以分散化解部分风险，并分析两种方法计算结果差异的原因。

Matlab 程序代码如下：

```
clc
clear all
%% 参数初始化
money = [400; 300; 300];
alpha = 0.01;
%% 读取数据，并将价格转化成收益率
[data, textdata, raw] = xlsread ('daily_stocks.xls');
Stockdata = data (:, 1: 3);
Stockdata_r = price2ret (Stockdata);%% price2ret 命令，将价格数
据转化为收益率数据
%% 历史模拟法
method = 'history';
var1_hs_portfo = VaR (Stockdata_r, money, alpha, method);%%
股票组合 1 天的 VaR
var10_hs_portfo = var1_hs_portfo * sqrt (10) %% 股票组合 10 天
的 VaR
%% 三只股票各自的 10 天 VaR，并计算三者之和
var10_hs_stock1 = sqrt (10) * VaR (Stockdata_r (:, 1), money
(1), alpha, method);
var10_hs_stock2 = sqrt (10) * VaR (Stockdata_r (:, 2), money
(2), alpha, method);
var10_hs_stock3 = sqrt (10) * VaR (Stockdata_r (:, 3), money
```

```
(1), alpha, method);
    var_ hs_ sum = var10_ hs_ stock1 + var10_ hs_ stock2 + var10_ hs_
stock3
```
%% 模型构建法
```
    method = 'normal';
    var1_ md_ portfo = VaR (Stockdata_ r, money, alpha, method);
    var10_ md_ portfo = var1_ md_ portfo* sqrt (10)        %% 股票组
合 10 天 VaR
```
%% 三只股票各自的 10 天 VaR，并计算三者之和
```
    var10_ nm_ stock1 = sqrt (10) * VaR (Stockdata_ r:, 1), money
(1), alpha, method);
    var10_ nm_ stock2 = sqrt (10) * VaR (Stockdata_ r (:, 2), money
(2), alpha, method);
    var10_ nm_ stock3 = sqrt (10) * VaR (Stockdata_ r (:, 3), money
(3), alpha, method);
    var_ nm_ sum = var10_ nm_ stock1 + var10_ nm_ stock2 + var10_ nm_
stock3
```
子程序代码如下：
```
functionf = VaR (Stockdata_ r, money, alpha, method)
switch method
        case 'history'
           loss = Stockdata_ r* money;
           n = length (loss);
           loss = sort (loss);
           f = - interp1 (1: n, loss, n* alpha); %% 插值法估算损失
        case 'normal'
        totalmoney = sum (money);
        ExpReturn = mean (Stockdata_ r);     %% 计算五只股票各自期望收益率
        ExpCovariance = cov (Stockdata_ r); %% 计算五只股票收益率的协
方差矩阵
        Weights = money'/totalmoney;          %% 计算每只股票的权重
         [PortSigma PortReturn]...,           %% ..., 为换行符
         = portstats (ExpReturn, ExpCovariance, Weights);    %% 求
单位组合的均值、方差
        f = portvrisk (PortReturn, PortSigma, alpha, totalmoney);
 %% 求组合 VaR
```
运行结果：
历史模拟法

组合的 10 天 VaR = 105. 4416 万元

三只股票各自的 10 天 VaR 加和 = 55. 9736 + 30. 5396 + 75. 1324 = 161. 6455 万元

    模型构建法

组合的 10 天 VaR = 80. 5610 万元

三只股票各自的 10 天 VaR 加和 = 35. 1193 + 30. 9157 + 41. 1486 = 107. 1835 万元

观察运行结果，不难发现，无论是历史模拟法还是模型构建法，组合的 VaR 都小于组合成员各自 VaR 的直接加和，充分体现了组合投资分散风险的特性。同时我们还发现，运用历史模拟法计算得到的在险价值大于模型构建法所得到的在险价值，这是偶然事件吗？更换股票组合，我们发现这种现象仍普遍存在。股票收益率符合正态分布的假设并不一定跟现实世界完全相符，在股票市场上，极端事件真实发生的概率要远远大于理论估计。比如中国股市在 2014—2016 年经历了牛熊转换，许多概率为千分之一、万分之一的事件我们一年之间可能要经历好几次。在计量经济学中，这种现象叫做"肥尾效应"。我们猜测，正是由于现实收益率存在肥尾效应，所以正态分布假设下求得的在险价值比真实情况要小，正态分布不能完美拟合真实世界。

# 9.4　均值—VaR 有效前沿

下面将均值方差前沿推广到均值—VaR 前沿，即将 VaR 替代方差后得到新的前沿组合，并将均值方差前沿和均值—VaR 前沿进行比较。

首先我们给出不允许卖空情形下均值—方差前沿、均值—VaR 的数学模型。

不允许卖空情形下均值—方差前沿组合的数学模型为：

$$\min \frac{1}{2} W^T V W$$
$$\text{s. t. } W^T e = E(r_p)$$
$$W^T 1 = 1$$
$$W \geqslant 0$$

不允许卖空情形下均值—VaR 前沿组合的数学模型为：

$$\min \text{VaR}$$
$$\text{s. t. } W^T e = E(r_p)$$
$$W^T 1 = 1$$
$$W \geqslant 0$$

我们从沪深证券市场任意取了 5 只股票 2007 年 1 月 31 日—2017 年 8 月 31 日的月度后复权价格序列，分别计算基于最小化方差、99% VaR 的前沿组合。具体数据如表 9 - 5 所示，文件名为 monthly_ data_ stock. xls，如表 9 - 4 所示。我们分别使用模型构建法和历史模拟法来计算 VaR。

表 9 – 4　　　　　　　　　Excel 数据文件 monthly_ stocks. xls

| 序号 | A | B | C | D | E | F |
|---|---|---|---|---|---|---|
| 1 | 日期 | 北大荒 | 上汽集团 | 西安旅游 | 光明乳业 | 中航电子 |
| 2 | 2007—01—31 | 13.5 | 42.7 | 13.3 | 16.2 | 5.14 |
| 3 | 2007—02—28 | 15.51 | 59.16 | 14.97 | 18.82 | 7.26 |
| 4 | 2007—03—30 | 15.83 | 55.82 | 18.3 | 20.06 | 9.06 |
| 5 | 2007—04—30 | 18.29 | 64.84 | 24.71 | 23.51 | 11.87 |
| 6 | 2007—05—31 | 20.3 | 68.54 | 23.27 | 30.56 | 15.13 |
| 7 | 2007—06—29 | 16.78 | 77.87 | 17.29 | 20.1 | 8.56 |
| 8 | 2007—07—31 | 21.28 | 107.77 | 24.18 | 26.58 | 12.23 |
| 9 | 2007—08—31 | 22.18 | 111.57 | 25.52 | 30.15 | 11.68 |
| 10 | 2007—09—28 | 27.54 | 134.08 | 27.03 | 30.91 | 11.68 |
| 11 | 2007—10—31 | 25.47 | 119.24 | 21.57 | 24.25 | 8.53 |
| 12 | 2007—11—30 | 23.29 | 108.84 | 22.1 | 23.36 | 9.6 |
| 13 | 2007—12—28 | 29.75 | 119.33 | 25.75 | 27.75 | 11.96 |

我们首先使用模型构建法计算 VaR，并分别在均值—标准差、均值—VaR 坐标体系下比较均值—方差前沿和均值—VaR 前沿。

Matlab 程序代码如下：

```
clc
clear all
%%% 参数初始化
alpha =0.01;
method ='normal';
%% 读取数据
[data, text, raw] =xlsread ('monthly_ stocks. xls');
Stockdata =data;
%% 处理数据，得到收益率的期望和方差 – 协方差矩阵
Return =price2ret (Stockdata);    %% 历史价格数据转化成收益率
ExpReturn =mean (Return)        %% 五只股票各自的收益率均值（期望）
ExpCovariance =cov (Return); %% 五只股票收益率的协方差矩阵
%% 确定画图时收益率 rp 的范围和间隔
rp1 =min (ExpReturn);%% 组合收益率的期望大于各自收益率期望的最小值
rp2 =max (ExpReturn);%% 组合收益率的期望小于各自收益率期望的最大值
p = (rp2 – rp1) /50;    %% 50 个间隔，共 51 个点，方便画图
i =1;
```

%% 求解 rp 一定时，VaR 和 Sigma 最小的组合权重最优解。

```
for rp = rp1: p: rp2
    x0 = [0.2; 0.2; 0.2; 0.2; 0.2];      %% x0 赋初值，供 fmincon 函数使用
    A = []; b = [];                      %% 不等式约束 – 无，fmincon
参数
    Aeq = [ExpReturn; 1 1 1 1 1]; beq = [rp; 1]; %% 等式约束：Aeq*
x = beq,
    lb = [0; 0; 0; 0; 0]; ub = [1; 1; 1; 1; 1];   %% x 取值范围，
均为 0—1 之间
    [x1, fval1] = ...,
    fmincon (@ (x) VaR1 (Return, alpha, method, x), x0, A, b,
Aeq, beq, lb, ub);
    [x2, fval2] = ...,
    fmincon (@ (x) Sigma (Return, method, x), x0, A, b, Aeq,
beq, lb, ub);
    r (i) = rp;
    var1 (i) = fval1;
    sigma (i) = fval2;
    i = i + 1;
end
subplot (2, 1, 1)
plot (var1, r)
legend ('ER – VaR'), xlabel ('VaR'), ylabel ('Er')
subplot (2, 1, 2)
plot (sigma, r)
legend ('ER – Sigma'), xlabel ('Sigma'), ylabel ('Er')
```

上面的程序用到了以下辅助函数 Sigma (Return, method, x) 和 VaR1 (Return, alpha, method, x)：

```
%%% Sigma 函数，权重为未知数的组合方差的方程
function f = Sigma (Return, method, x)
switch method
    case 'history'
     r_hs = Return* x;
     f = std (r_hs)
    case 'normal'
     ExpCovariance = cov (Return);
     f = sqrt (x'* ExpCovariance* x)
```

```
End

%% VaR 函数，求权重未知的在险价值的方程
function f = VaR1 (Return, alpha, method, x)
switch method
    case 'history'
     n = length (Return);
     loss = Return* x;
     loss = sort (loss);
     f = - interp1 (1: n, loss, n* alpha);
    case 'normal'
     ExpReturn = mean (Return)
     ExpCovariance = cov (Return);
     [PortSigma PortReturn] = ...,
     portstats (ExpReturn, ExpCovariance, x');
     f = portvrisk (PortReturn, PortSigma, alpha, 1);
end
```

因为假定收益为正态分布，因此，最小化 VaR 与最小化方差是等价的，这一点可以从图 9-4、图 9-5 中得到验证。

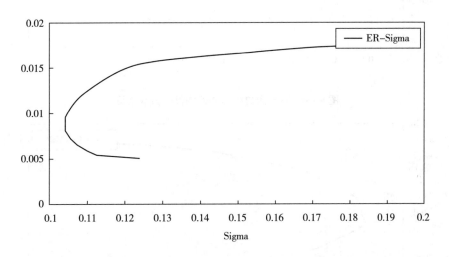

**图 9-4　基于模型构建法的均值—方差前沿**

将上述程序中的 method 赋值由 'normal' 改为 'history'，得到基于历史模拟计算 VaR 的前沿组合，输出结果如图 9-6、图 9-7 所示。

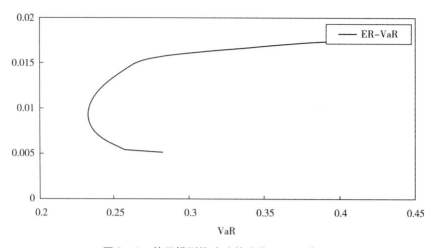

图 9 – 5　基于模型构建法的均值—VaR 前沿

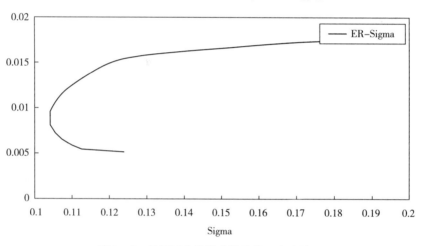

图 9 – 6　基于历史模拟法的均值—方差前沿

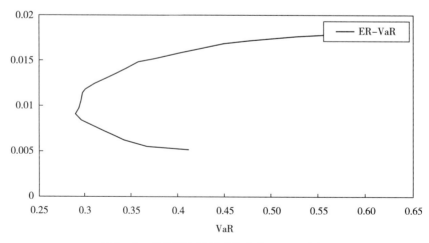

图 9 – 7　基于历史模拟法的均值—VaR 前沿

# 9.5　本章小结

本章主要介绍了 VaR 的基本概念与主要计算方法，以及如何采用历史模拟法与模型构建法计算均值—VaR 前沿组合。

## 本章思考题

1. 金融机构在计算 10 天 99% VaR 时，为什么总是先将时间展望期设定为 1 天，先计算 1 天 99% VaR，乘以 $\sqrt{10}$ 得到 10 天 99% VaR？

2. C—VaR 比 VaR 在风险管理方面明显具有优势，但为何 C—VaR 的应用没有 VaR 普遍呢？

## 本章操作题

自行构造包括至少五只股票的投资组合，并搜集最近 3 年相关历史数据：

（1）采用历史模拟法和模型构建法分别计算资产组合的 10 天展望期置信水平 99% 的 VaR，要体现通过资产组合投资可以分散化解部分风险，并分析两种方法计算结果差异的原因。

（2）采用历史模拟法和模型构建法分别画出均值—VaR 有效前沿。

## 本章参考文献

[1] 约翰·赫尔著，王勇、索吾林译．期权、期货及其他衍生产品（第 9 版）[M]．北京：机械工业出版社，2014.

[2] 曹志广．金融计算与编程——基于 MATLAB 的应用 [M]．上海：上海财经大学出版社，2013.

[3] 郑志勇．金融数量分析——基于 MATLAB 编程（第 3 版）[M]．北京：北京航空航天大学出版社，2014.

# 第 10 章

# 互联网金融概述

**本章学习目标**

- 了解以 P2P 网络借贷为代表的互联网金融发展现状
- 理解互联网金融的概念和范畴
- 掌握 P2P 网贷、众筹融资、第三支付的交易机制

## 10.1 互联网金融的概念

谢平（2012）首先提出了互联网金融的概念：即"以互联网为代表的现代信息科技，特别是移动支付、社交网络、搜索引擎和云计算等，将对人类金融模式产生颠覆性影响，可能出现既不同于商业银行间接融资，也不同于资本市场直接融资的第三种金融融资模式，称为互联网直接融资市场或互联网金融模式"。然而，无论是学术界还是传统的金融业界，对互联网金融概念和内涵的理解都有完全不同的声音。如戴险峰（2014）、王念和王海军（2014）、中国人民银行开封市中心支行课题组（2013）、吴晓灵（2014）等认为，互联网作为技术有助于提高金融服务的效率和客户体验，延展金融服务的边界，使得金融服务对象能够下沉和深入，是金融改革的助推器，但金融在经济体中执行的六大功能（支付、融资、配置资源、风险管理、价格发现、处理信息不对称）从未被互联网技术所改变，即互联网并没有派生出新的金融功能。柏亮等（2013）则认为，在互联网金融环境下，虽然金融中介仍然会承担一定的职能，但是其职能的大幅度减小是极有可能出现的。

另一类有鲜明代表性的观点来自于互联网行业的企业，如马云（2013）认为，互联网金融不同于金融行业走向互联网的金融互联网，互联网金融是基于互联网开放、平等、协作、创新的精神而形成的新金融生态环境，是外来者利用互联网思想和技术来开展金融行业的业务。可见，互联网金融的本质是互联网技术还是金融或者是二者兼而有之，仍然是一个富有争议的话题。

虽然当前业界与学术界对互联网金融的概念和内涵尚未形成统一、权威的定义，然

而几类公认的互联网金融模式：众筹融资（Crowdfunding）、P2P 网贷（Peer to Peer Lending）、第三方支付、以阿里"余额宝"为代表的互联网货币基金等新兴的金融服务和产品已在国内外得到了快速发展。总体而言，互联网金融模式正在迅速地影响着个人和企业的投融资行为，对传统金融机构和金融市场格局产生了较大的冲击和影响。

## 10.2 互联网金融的起源与发展

### 10.2.1 互联网金融的起源

互联网技术起源于 20 世纪 70 年代左右的美国，并在 20 世纪 90 年代开始广泛地商业化应用。在近 20 年互联网高速发展的期间，互联网对传统金融行业的影响和变革最终促使"互联网金融"这一尚有争议的概念在我国被提出。按照参与互联网金融活动的主导者，可以将互联网金融发展分为两个阶段：第一阶段是互联网金融的起源阶段，即以传统金融行业互联网化为主导。第二阶段是大量互联网企业参与金融市场活动，是互联网金融快速发展时期，促进了新的支付方式、投融资渠道和投融资方法的创新。

虽然西方发达国家尚无"互联网金融"概念的提法，但自 20 世纪 90 年代中期互联网技术真正被商业化应用开始，到 20 世纪 90 年代末互联网技术不断成熟和网速的提高，互联网技术逐渐对传统金融行业产生了巨大的影响和变革。事实上，互联网金融起源的主要推动者是来自传统的金融机构，即银行、保险和证券公司等将线下业务转移到线上的过程。例如，1995 年 10 月美国的安全第一网络银行（Security First Network Bank, SFNB）的成立，标志着传统银行服务和产品从线下向线上的转移。随后，理论界与银行业界相继提出了电子金融（e - finance）、在线银行（Online Bank）、网络银行（Network Bank）等概念。其中，电子金融概念较为宽泛且被广泛接受。Allen（2002）定义电子金融是基于通信、信息网络，以及其他网络的金融活动，包括在线银行、电子交易，以及如保险、抵押贷款、经纪业务等金融产品和服务的提供和清算。此时，对电子金融的认识还是强调运用电子技术处理所有与商业、金融和银行业务相关的产品和服务的购买、销售和支付过程中所涉及的信息收集、数据处理、检索和传输等环节。如果按照 Allen 对电子金融的定义，在 20 世纪 90 年代中后期先后出现的互联网证券交易、互联网保险等传统金融机构基于 WEB 提供的金融产品或服务都可视为电子金融。

在互联网金融起源阶段，传统证券业务也伴随着互联网的普及和信息技术进步快速发展到网上开户、网上交易、网上资金清算等各个环节。谢平（2014）将国外的网络证券细化为三种模式：（1）以 E - Trade 为代表的纯网络证券公司。E - Trade 成立于 1992 年，它建立了以网站为中心的营销体系，采取金融证券业垂直门户网站的定位，界面清楚，易操作，为客户提供涵盖银行、证券、保险及税务等信息，最主要的特点是交易佣金低。（2）以嘉信理财（Charles Schwab）为代表的 O2O 模式，即除了通过线上提供服务，也通过线下门店提供服务。（3）传统证券公司在互联网时代的转型，如美林证券定位于高端客户，需要为客户提供面对面的服务，不能完全依靠互联网。国内的证券公司，在 20 世纪 90 年后期相继推出了网上行情显示、网上交易等业务。到目前，在保留部分营业部的同时，客户通过 PC 端或者手机实现网上交易的份额越来越大。

与证券业务网络化类似，自 20 世纪 90 年代中期开始，保险业务也开始向互联网上转移。1997 年，日本出现了首家完全通过互联网直销的保险公司，该公司由美国家庭人寿保险公司和日本电信共同投资设立并管理。同时期，中国的部分保险公司也开展了线上服务，即通过网站就能完成保险产品的选择、购买和保费支付。一般可将互联网保险业务分为代理模式和网上直销模式。代理模式主要是指保险销售代理机构实现保险在互联网上的销售。通过互联网庞大的网络辐射能力，获得大量潜在客户和规模经济效应。在代理模式下，也可以发展出网络保险超市模式，即在同一网站上提供多家保险公司的产品和服务。网上直销模式则是保险公司自身通过网络直销保险业务，有助于直接提升保险公司的企业形象。

当互联网技术发展到 21 世纪的时候，人们已经意识到了电子金融开始打破原有的商业模式，且正在创造新经济。所以，虽然国外尚无互联网金融的提法，但早在 20 世纪 90 年代后期提出的电子金融概念与今天我国提出的互联网金融其实有异曲同工之处，我们认为这一时期亦是互联网金融的起源阶段。

### 10.2.2　互联网金融的发展

互联网金融快速发展的第二阶段是 2000 年前后至今。这期间传统金融机构一方面，继续加强互联网技术对金融业务的改造，例如，银行、证券和保险公司的线上服务已经从网络银行扩展到手机银行、移动银行、手机证券、网络保险淘宝模式等新方式。另一方面，传统金融机构的组织结构和运营模式仍然在被互联网所改变。2013 年，阿里巴巴、中国平安和腾讯联合设立了众安在线财产保险公司，成为不设立实体分支机构，纯粹以互联网络进行销售和理赔等业务的保险公司。此外，电子商务的快速发展，促进了第三方互联网支付的高速发展，互联网技术公司在与传统金融机构合作的过程中逐渐参与到金融领域的相关服务。互联网技术公司逐渐在支付、投融资渠道等方面产生了新的解决方法和商业模式，即被称为"互联网金融"的新模式。其中，不得不提的有风靡全球的第三方互联网支付、众筹融资（Crowdfunding）、P2P（Peer to Peer）等模式。

## 10.3　互联网金融的现状

（一）第三方互联网支付

自从 1998 年 12 月以美国 PayPal 为代表的第三方互联网支付平台成立以来，通过互联网实现第三方支付功能得到了快速发展。目前，使用的支付终端已从计算机发展到手机等移动设备，即所谓的移动支付、手机钱包等模式。更为重要的是，通过对用户数据的积累，衍生出新的金融产品创建和销售渠道。在美国，PayPal 成立后不久，1999 年就推出了以 PayPal 支付账户数据为基础的货币基金。

以中国为例，截至 2014 年 8 月，获得第三方支付牌照的企业达 269 家。根据艾瑞咨询数据，2014 年第三季度，国内第三方互联网支付清算交易额度已经达到 2 万亿元规模，同比增速达 41.9%。2013 年 6 月，阿里巴巴以第三方支付工具（支付宝）为基础推出了"余额宝"。需要说明的是，"余额宝"虽然本质上是一款由天宏基金管理的货币基金，但其产生和运作方式却是以第三方支付平台积累的大数据为基础、以互联网络为技术保障。也许个人或商户、第三方支付平台和商业银行之间的清算方式没有变化，但如今以移动互联技术为基础的微信支付、二维码支付等，在给用户带来更新体验的同时也在重新划分支付市场的格局，影响个人的消费和投资行为以及企业的经济活动。

（二）众筹融资

美国 ArtistShare 于 2003 年 10 月在互联网站上发起了第一个项目融资，主要面向音乐界的艺术家及其粉丝。粉丝通过网站出资资助艺术家，艺术家通过网站融资，解决录制唱片过程中的费用，最后出资的粉丝以艺术家的唱片为回报。ArtistShare 可以说是互联网众筹融资模式的鼻祖。奥巴马 2012 年 4 月 5 日签署的"Jumpstart Our Business Startups（JOBS）"法案，允许企业主通过社交网络和互联网平台向公众销售一部分的资产，为众筹融资扫清了法律障碍，使众筹成为解决新创小企业融资的新渠道（Stemler，2013）。根据美国最受欢迎的众筹网站之一的 Kickstarter.com 的数据，有超过 500 万人承诺投资逾 9 亿美元在 1 300 万个项目上，而其中 43% 的项目融资成功（Zheng，2014）。2012 年获得最高资助的前 50 个项目，已有 45 个转型为企业化运作（Mollick，2014）。截至 2013 年 11 月，美国有众筹融资平台 344 家，占全球数量的一半；英国有众筹平台 87 家，平台数目排在第二。

据不完全统计，截至 2016 年 7 月 31 日，我国互联网众筹平台（不含港台澳地区，下同）至少有 448 家，其中已转型或倒闭的平台至少 156 家，约占 34.8% 的比重。在正常运营的 292 家平台中，涉及股权众筹业务的有 176 家，占比为 60.3%；涉及产品众筹业务的有 102 家，占比为 34.9%；兼有两种业务的平台有 40 家。汽车众筹平台 43 家，占比 13.7%；单纯的公益众筹和房产众筹平台分别为 7 家和 4 家。对于问题平台，产品众筹共有 82 家出现歇业、停业，网站关闭、转型等情况，占该类平台总数的 56.9%；股权众筹问题平台共有 46 家，占该类平台总量的 25.3%。房产众筹主要因为政策限制而大量停运或转型，汽车众筹出现较晚，相关风险刚开始显露。据统计，2016 年 7 月产品众筹成功筹款额约为 4.8 亿元，较上月（5.5 亿元）下降 12.7%；当月支持人次达到 454 万，与 6 月（463 万人次）基本持平。2016 年 7 月，共统计到 110 个成功筹资的股权众筹项目，除点筹网（点筹金融）、京东东家和人人投成功撮合项目数量分别在 44 个、8 个和 7 个外，其余平台成功项目的数量均不超过 5 个，成功项目数量的中位数为 2。可统计到项目实际筹款总额 2.8 亿元，整个股权众筹 7 月规模估计在 3.5 亿～4 亿元，有明显萎缩迹象。

最初的众筹模式，如果项目最终筹资成功并运作成功，投资者获得的是产品或者服务等非金钱回报，即所谓的"商品众筹"，其实质类似于商品预售。随后，出现了以资金回报为目的的众筹平台。项目发起人通过转让公司部分股权获得资金，投资人通过获得公司股权收益得到回报，即"股权众筹"模式。无论是商品众筹模式还是股权众筹模式，众筹平台通过互联网技术，使得投资人和项目发起人能直接对接，绕开了金融中介机构。但是，金融中介在投融资过程中的功能和作用是否被众筹融资平台所替代，还需要进一步探讨。

（三）P2P 网贷

P2P 网贷指"个人对个人"的借贷模式，通常由具有资质的平台公司作为中介，借款人（或融资方）在平台发放借款标，投资者（或理财方）进行竞标向借款人放贷的一种网络借贷行为。个人对个人之间的直接借贷本是一种非常古老的借贷方式，直到现在也大量存在于亲戚朋友之间，一般属于民间金融的范畴。但传统的民间直接借贷，一般局限于熟人之间，局限在一个较小的社会网络之内，具有明显的地域特征。2005 年，世界上第一家 P2P 网贷平台 Zopa 在英国成立；2006 年，Prosper 和 Lending Club 先后在美国创立；Lending Club 目前已经成为全球最大的 P2P 网贷平台，累计发起贷款数量约 14 亿美元。P2P 网贷借助于互联网极大地扩展了个人与个人直接借贷的范围，而 P2P 网贷平台主要为借贷双方提供信息服务和支付清算等中介服务。

国内首家 P2P 网贷平台"宜信"于 2006 年 5 月创立；2007 年 8 月，纯中介的 P2P 平台"拍拍贷"成立。随后，出于扩大供需双方参与者和风险控制的考虑，国内 P2P 平台的经营由纯线上中介模式创新出以"宜信"为代表的债权转让模式、以"陆金所"为代表的担保模式和以"爱投资""积木盒子"为代表的 P2B 模式；同时，不少平台引入了第三方托管、风险备用金制度、分散投资和自动投标等一种或多种风险控制机制。2013 年以来 P2P 网贷平台出现爆发式的增长，传统金融机构、上市公司以及各路民间资本都在大举抢占 P2P 网贷市场。

截至 2016 年 7 月 31 日，监测到的 P2P 借贷平台共 4 628 家（仅包括有线上业务的平台，且不含港台澳地区，下同），其中正常运营的仅有 2 112 家，占比为 45.6%。7 月新上线平台数量仅 11 家，创下自 2013 年 3 月以来的新低，正常运营的平台较上月小幅下降 1.8%。问题平台类型以网站关闭为主，共有 25 家，占比为 49%；提现困难的比例创本年新高，13 家平台出现兑付问题，占比为 25.4%；歇业、停业的平台 6 家，其中 4 家至少 2 月未发新标属隐性停运，其余 2 家公告清盘停运；失联跑路的平台有 5 家；P2P 平台薪金融已被警方立案，涉嫌非法吸存；美利金融现有理财端清盘，完成资金端从个人到专业机构的转型。

2016 年 7 月，全国 P2P 借贷行业整体交易额约为 1 707 亿元，同比增长 125.8%，环比增长 11.4%，创近四月以来的最高增速。其中，北京 444 亿元、上海 301 亿元、广东 430 亿元（深圳占 71.3%），三地合计占全国的 68.8%。行业交易额上涨对应的是成交规模的两极分化：百余家成交额靠前的平台行业占比加大，而中小平台交易额有萎缩趋势。可获取数据显示，约 68% 的平台在 7 月出现交易量下滑，考虑到大量交易额较小的平台，这个比例保守应在 85% 以上。P2P 行业贷款余额继续攀升，继上月突破 6 000 亿元大关，7 月继续增长至 6 545 亿元，同比增长 154.3%，环比增长 7.5%，其中北京 2 010 亿元，正式突破 2 000 亿元大关，约占 30.7%。随着各月成交额的增长，未来贷款余额将持续增长，长期信贷比例提升也将助推这一趋势。2016 年 7 月网贷行业的平均借款期限为 248 天，较上月增加 55 天。其中北京、上海和广东分别为 655 天、379 天和 144 天，广东地区增长最为明显，较上月增加了 58 天。7 月 P2P 行业平均投资利率缓慢下行至 9.84%，较之 6 月（9.99%）减少 0.15 个百分点。北京、上海和广东平均投资利率分别为 9.35%、9.86% 和 10.23%，北京和上海分别环比增长 0.11 个和 0.66 个百分点，广东地区下跌 0.17 个百分点。监管趋严导致的行业集中度上升以及行业日趋理性是投资利率整体呈下跌趋势的主要原因。

2016 年 7 月，我国 P2P 行业活跃借款人估计在 121.2 万人左右，同比增加 80.9%，环比小幅增加 4.8%，单个借款人平均借款金额约 13.0 万元，与上月（13.2 万元）基本持平；投资人数则在 416 万人左右，环比增长 3.4%。

总之，伴随 2013—2014 年国内 P2P 网贷平台的井喷式增长，互联网金融对于解决小微企业的融资难问题具有非常积极的作用。另外，陆续爆发出来的 P2P 网贷平台倒闭现象也给投资者带来了较大的损失，同时也增加了局部金融市场的不稳定性，因此对 P2P 网贷行业的监管迫在眉睫。

## 10.4　本章小结

当前互联网金融公认的几种模式是 P2P 网络借贷、众筹融资、第三方支付、余额宝理财、大数据金融等模式。它们在中国的兴起既与我国现阶段的社会经济背景有关，也是跟随世界互联网技术发展的必然趋势。

尽管目前对互联网金融的本质概念尚存在不同的观点，但不可否认的是，互联网金融在我国的高速发展对于提高金融市场资源配置效率，引导民间金融发展，尤其是解决小微金融问题都起到了积极的作用。所以，进一步认清互联网金融的发展过程、发展模式、发展方向以及存在的问题，或许对于改变我国当前的经济结构、促进改革的深化有更深刻的意义。

### 阅读材料

1. 《2016 年（上）中国互联网金融市场数据监测报告》.
2. 谢平，邹传伟. 互联网金融模式研究 [J]. 金融研究，2012（12）：11 – 22.

### 本章思考题

1. 什么是金融的核心功能？互联网金融改变了金融的核心功能了吗？
2. 有人说"互联网金融降低了信息不对称程度"，你是否同意该观点，请说明你的理由。

### 本章操作题

1. 通过"零壹财经"网站或"网贷之家"网站，分析近一年来 P2P 网贷市场的发展现状。
2. 通过众筹网、京东众筹等网站，统计分析近一年来众筹方面的数据，包括但不限于众筹项目数量、项目分类、融资金额等数据。

## 本章参考文献

［1］李平，陈林等．互联网金融的发展与研究综述［J］．电子科技大学学报（自然版），2015，2（44）：245－253．

［2］谢平，邹传伟．互联网金融模式研究［J］．金融研究，2012（12）：11－22．

［3］戴险峰．互联网金融真伪，http：//magazine. caijing. com. cn/2014－03－02/113971547. html.

［4］王念，王海军，赵立昌．互联网金融的概念、基础与模式之辨——基于中国的实践［J］．南方金融，2014（4）：4－11．

［5］中国人民银行开封市中心支行课题组．基于服务主体的互联网金融运营风比较及监管思考［J］．征信，2013（12）：10－14．

［6］吴晓灵．互联网金融是金融改革的助推器，http：//www. yicai. com/news/2014/03/3555785. html.

［7］柏亮，李均，潘瑾健等．中国P2P借贷服务行业白皮书［M］．北京：中国经济出版社，2013．

［8］马云．马云详解"金融互联网"和"互联网金融"http：//www. ce. cn/macro/more/201306/21/t20130621_ 24500957. shtml.

［9］Allen F, McAndrewsJ, etc. E － Finance：An Introduction［J］．Journal of Financial Services Research, 2002, 22（1－2）：5－27.

［10］谢平，邹传伟，刘海而．互联网金融手册［M］．北京：中国人民大学出版社，2014．

［11］Stemler A. The JOBS act and crowdfunding：Harnessing the power － and money － of the masses［J］．Business Horizons, 2013, 56：271－275.

［12］Zheng H, Li D, Wu J, etc. The role of multidimensional social capital in crowdfunding：A comparative study in China and US［J］．Information and Management, 2014, 51：488－496.

［13］Mollick E. The dynamics of crowdfunding：An exploratory study［J］．Journal of Business Venturing, 2014, 29, 1－16.

［14］零壹财经，2016年7月中国互联网众筹报告，https：//www. jrzj. com/185901. html.

# 第 11 章

# 基于 P2P 网贷的利率曲线构建

**本章学习目标**

- 理解收益率曲线和利率曲线的概念
- 掌握利率曲线的构建原理和方法
- 以 P2P 网络借贷数据构建 P2P 借贷市场的短期利率曲线

## 11.1　到期收益率曲线

一般而言，在固定收益证券的投资分析中，到期收益率是一个基础的也是非常重要的指标，尽管它不能简单地作为我们判断一个证券是否具有投资价值的标准。

我们以一个最简单的 $N$ 年期的附息债券说明到期收益率的定义。对一个 $N$ 年期的附息债券，假设面值是 $M$，最后一次偿还本金 $M$，每年支付的息票利息是 $C$，每年支付一次利息，该债券的价格是 $P$，债券没有包含其他期权，则该债券的到期收益率 $y$ 满足如下方程：

$$P = \frac{C}{1+y} + \frac{C}{(1+y)^2} + \cdots + \frac{C+M}{(1+y)^N} \qquad (10-1)$$

由式（10-1）可知，到期收益率是使得债券现金流的现值之和等于其市场价格的贴现利率。但其中隐含了三个基本假设前提：第一是到期收益率要等于再投资收益率；第二是持有到期；第三是没有违约风险。为了理解这三个基本假设，我们还可从无套利定价原理来理解式（10-1）关于到期收益率的定义。

还是以上面的债券为例，假设给你的初始投资金额为 $P$。你现在有两个投资机会，一个投资机会是以年收益率 $y$ 投资 $N$ 年，到 $N$ 年末，投资的终值是：

$$P(1+y)^N \qquad (10-2)$$

另一个投资机会是以价格 $P$ 购买债券。那么购买债券 $P$ 后到第 $N$ 年末的终值是多少呢？第一年末，收到第一个利息现金 $C$，但是对于该现金 $C$，我们还需要将它进行再投资，投资到第 $N$ 年末，由于假设投资收益率是 $y$，所以第一个现金流 $C$ 到第 $N$ 年末的终值是 $C(1+y)^{N-1}$，依此类推，第二个现金流在第 $N$ 年末的终值是 $C(1+y)^{N-2}$ ……则在第 N 年末，投资债券的终值是：

$$C(1+y)^{N-1} + C(1+y)^{N-2} + \cdots + C(1+y) + C + M \qquad (10-3)$$

显然，如果不存在套利机会，这两个投资机会在第 N 年末的终值应该相等，即有：

$$P(1+y)^N = C(1+y)^{N-1} + C(1+y)^{N-2} + \cdots + C(1+y) + C + M$$

上式两边同时除以 $(1+y)^N$，即得到式（10-1）。在这个过程中，三个基本假设起到了非常重要的作用。然而在实际中，这三个假设几乎都很难满足，那么到期收益率衡量了什么特性呢？其实，在上述假设下，到期收益率一个重要的特性在于和价格有一个一一对应的关系，并且存在反向关系，即其他条件不变的情况下，到期收益率越高，债券价格越低，反之则相反。

式（10-1）给出了简单的一年支付一次利息的债券的到期收益率计算公式，实际中很多债券都是每年支付两次利息，还有其他的固定收益证券，可能是按季度或者按月支付利息，所以有更一般的到期收益率计算公式如下：

$$P = \frac{\frac{C}{m}}{1+\frac{y}{m}} + \frac{\frac{C}{m}}{\left(1+\frac{y}{m}\right)^2} + \cdots + \frac{\frac{C}{m}+M}{\left(1+\frac{y}{m}\right)^{N \times m}} \qquad (10-4)$$

式（10-4）中的 $m$ 表示每年支付的利息次数，$C$ 仍然表示每年的息票利息，最后一次偿还本金 $M$，价格为 $P$。

在实际中需要计算的并不是像式（10-1）或者式（10-4）给出的刚好整年（刚好一个利息支付周期）的利息支付时间，那么这时如何计算到期收益呢？

例如：假设当前日期是 2016 年 6 月 1 日，债券的价格是 98，债券的利息支付日期是每年的 7 月 1 日，债券到期日期是 2020 年 7 月 1 日，每年支付一次利息，每次支付的利息是 3 元，面值是 100 元。我们则需要按如下步骤计算债券的到期收益率：

第一步，计算当前日期到债券下一个利息支付日期的天数，即 30 天。

第二步，将当前日期到债券下一个利息支付日期的天数转换为利息支付周期的时间单位，如果每年支付一次利息，以年为单位，则 30 天等于 30/365 年。然后，再下次利息支付是时间是 1+30/365，依次类推，最后一个利息和本金支付的时间是 4+30/365。

第三步，最后将 5 个现金流贴现，现值要等于市场价格：

$$98 = \frac{3}{(1+y)^{30/365}} + \frac{3}{(1+y)^{1+30/365}} + \frac{3}{(1+y)^{2+30/365}} + \frac{3}{(1+y)^{3+30/365}} + \frac{3+100}{(1+y)^{4+30/365}}$$

最后，可以计算出 y = 4.29%

进一步，假设我们将上面问题变一下，变成半年支付一次利息，每次支付 1.5 元，其他的条件都不变。这时候如何计算到期收益率呢？

第一步，仍然计算当前日期到债券下一个利息支付日期的天数，即 30 天。

第二步，将当前日期到债券下一个利息支付日期的天数转换为利息支付周期的时间单位。但此时一个利息支付周期是半年，通常假设半年即 180 天，则 30 天等于 30/180 个半年（利息支付周期）。然后，再下次利息支付是时间是 1+30/180，依次类推，最后一个利息和本金支付的时间是 9+30/180。所以，可以看到，当变为半年支付一次利息

第 11 章　基于 P2P 网贷的利率曲线构建

时，从当前日期 2016 年 6 月 1 日到债券的到期日期 2020 年 7 月 1 日还需要支付 9 次利息（含最后一次本金）

第三步，最后将 9 个现金流贴现，现值要等于市场价格：

$$98 = \frac{1.5}{\left(1 + \frac{y}{2}\right)^{30/180}} + \frac{1.5}{\left(1 + \frac{y}{2}\right)^{1+30/180}} + \frac{1.5}{\left(1 + \frac{y}{2}\right)^{2+30/180}} + \cdots + \frac{1.5 + 100}{\left(1 + \frac{y}{2}\right)^{8+30/180}}$$

可以计算出 $y = 3.91\%$ 。

由上面分析，还可总结影响到期收益率的因素如下：

（1）价格。其他条件不变的情况下，价格越高到期收益率越低，反之则相反。

（2）息票利息。其他条件不变的情况下，息票利息越高，到期收益率越高，息票利息越低，到期收益率越低。

（3）期限。其他条件不变的情况下，到期的期限越长，息票利息越高，到期的期限越短，息票利息越低。

（4）每年利息支付的频率，其他条件不变的情况下，利息支付的频率越高，到期收益率越高，利息支付的频率越低，到期收益率越低。

所谓收益率曲线，通常指在风险（信用风险）相等的情况下，由到期收益率和对应的到期时间所构成的曲线。如国债的到期收益率曲线如表 11 - 1 所示。

表 11 - 1　　　　　　　　　银行间市场国债到期收益率曲线

| 时间 | 到期收益率% | 时间 | 到期收益率% | 时间 | 到期收益率% |
|---|---|---|---|---|---|
| 1 月 | 1.9975 | 1 年 | 2.1267 | 15 年 | 3.0954 |
| 2 月 | 2.0009 | 3 年 | 2.425 | 20 年 | 3.1173 |
| 3 月 | 2.0142 | 5 年 | 2.5733 | 50 年 | 3.451 |
| 6 月 | 2.0704 | 7 年 | 2.7895 | | |
| 9 月 | 2.1092 | 10 年 | 2.7503 | | |

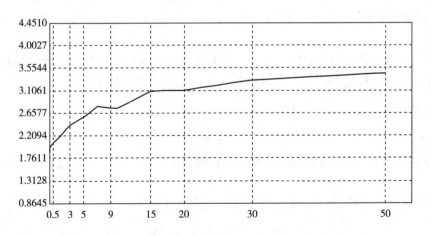

图 11 - 1　银行间市场国债到期收益率曲线

# 11.2　即期收益率曲线

如果一个债券是零息债券，假设 2 年的零息债券，面值是 100，当前价格是 95，由上一节到期收益率的定义，有：

$$95 = \frac{100}{(1 + y)^2}$$

由此得到 y = 2.59% ，表示该零息债券的到期收益率。

通常把零息债券的到期收益率称为即期利率。在金融产品的定价中其实需要的是即期利率，而不是到期收益率。或者说我们需要的是零息债券的到期收益率。下面从几个方面来阐述为什么需要的是即期利率，而不是通常的到期收益率。

一个 N 年期附息债券，每年支付一次利息，利息为 C，到期支付本金。我们可看到其现金流如下：

当投资者持有这样一个附息债券的时候，也相当于持有了 N 个零息债券，对应的期限分别是 1、2、…、N 。每个零息债券到期收到的现金流分别是 C、C、…、C + M。那么这个附息债券的价值应当等于这 N 个零息债券组合的价值之和，即：

　　$P$ = 第 1 个零息债券价格 + 第 2 个零息债券价格 + … + 第 N 个零息债券价格

假设第二年有 5 元的现金流，可以看成一个 2 年期的零息债券，到期支付 5 元，那么现在值多少钱呢？

如果市场中有两个债券：一个是两年期的零息债券，如上所述，价格是 95，到期支付 100，已解得到该零息债券的到期收益率是 y = 2.59% ，也就是 2 年期限的即期利率是 2.59% 。

另外一个两年期的附息债券，每年支付 1 次利息，每次支付利息 3 元，到期支付本金 100 元，当前价格是 96，可以计算得到这个附息债券的到期收益率：

$$96 = \frac{3}{1 + y^*} + \frac{103}{(1 + y^*)^2}$$
$$y^* = 5\%$$

问题是对于第二年有 5 元的现金流，我们应该用 y = 2.59% ，还是 $y^*$ = 5% 来折现到当前？

假设用 y = 2.59% 折现，则两年后 5 元钱现在价值是：

$$\frac{5}{(1 + 2.59\%)^2} = 4.75$$

假设用 $y^*$ = 5% 折现，则两年后 5 元钱现在价值是：

$$\frac{5}{(1+5\%)^2} = 4.54$$

如果用 $y^* = 5\%$ 折现，20 个 5 元的现值与目前市场上存在的零息债券的价格就会不相等，那么就存在套利的机会。所以在计算未来现金流的现值时候，我们不能用到附息债券的到期收益率，而是需要零息债券的到期收益率，也就是即期利率。由对应每个时间点的即期利率构成的曲线，叫做即期利率曲线。

一旦获得了即期利率曲线，我们即可计算任意时间点对应的现金流的现值大小，从而完成基于金融产品价格是未来现金流现值这一原理的定价过程。

表 11 - 2　　　　　　　　　　　零息债券的价格与即期利率

| 时间（年） | 价格（元） | 到期支付（元） | 即期利率 |
|---|---|---|---|
| 1 | 98 | 100 | 0.020 |
| 2 | 96 | 100 | 0.021 |
| 3 | 92 | 100 | 0.028 |
| 4 | 89 | 100 | 0.030 |
| 5 | 85 | 100 | 0.033 |
| 6 | 82 | 100 | 0.034 |
| 7 | 80 | 100 | 0.032 |
| 8 | 75 | 100 | 0.037 |
| 9 | 70 | 100 | 0.040 |

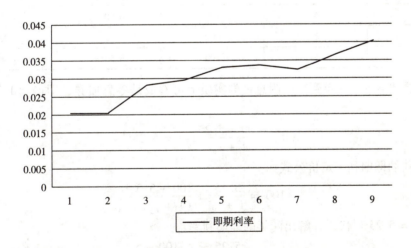

**图 11 - 2　零息债券的到期收益率曲线（即期利率）**

表 11 - 2 给出的零息债券的到期收益率，也是即期利率、如何用它来给债券定价呢？假设有一只债券，还有 9 年到期，每年支付利息 3 元，最后一年支付本金和利息 103 元。则该债券的理论价值是：

$$P = \frac{3}{1+y_1} + \frac{3}{(1+y_2)^2} + \cdots + \frac{103}{(1+y_9)^9}$$

$y_i(i = 1,2,\cdots,9)$ 由表 10 - 2 给出，即有：

$$P = \frac{3}{1 + y_1} + \frac{3}{(1 + y_2)^2} + \cdots + \frac{103}{(1 + y_9)^9} = 93.01$$

综上所述，即期利率曲线对于定价非常重要，那么如何得到该曲线呢，而且在现实中，超过 1 年的零息债券非常少，长期的更没有，那么如何通过零息债券的到期收益率得到对应不同期限的即期利率呢？下一节将介绍三种即期利率曲线构造的常用方法和原理。

## 11.3 利率曲线构建方法

即期利率的构建方法主要包括息票剥离法、三次多项式模型、Nelson - Siegel 模型。

（一）息票剥离法

息票剥离法就是运用附息债券来获得对应时间点的即期利率，假设存在以下附息债券信息（表 11 - 3），每只债券都是一年支付一次利息，面值 100 元。

表 11 - 3　　　　　　　　　　　债券信息表

| 债券 | 年数 | 价格 | 到期收益率 | 票面利率 |
|---|---|---|---|---|
| A | 1 | 100 | 5.25% | 5.25% |
| B | 2 | 100 | 5.50% | 5.50% |
| C | 3 | 100 | 5.75% | 5.75% |
| D | 4 | 100 | 6.00% | 6.00% |
| E | 5 | 100 | 6.25% | 6.25% |
| F | 6 | 100 | 6.50% | 6.50% |

首先看债券 A，一年到期的附息债券实质上可看成是零息债券，即得到 1 年的即期利率 $y_1$：

$$100 = \frac{100 + 5.25}{1 + y_1}, y_1 = 5.25\% \tag{11 - 5}$$

债券 B 的即期利率定价公式如下：

$$100 = \frac{5.25}{1 + y_1} + \frac{100 + 5.5}{(1 + y_2)^2}$$

将 $y_1 = 5.25\%$ 代入，解出两年的即期利率：

$$100 = \frac{5.25}{1 + 5.25\%} + \frac{100 + 5.5}{(1 + y_2)^2}$$
$$y_2 = 5.51\%$$

同理，将 $y_1 = 5.25\%$、$y_2 = 5.51\%$ 代入债券 C 的定价公式中，可解出 3 年的即期利率：

$$100 = \frac{5.75}{1 + 5.25\%} + \frac{5.75}{(1 + 5.51\%)^2} + \frac{105.75}{(1 + y_3)^3}$$

$$y_2 = 5.76\%$$

依此类推，得到 $y_4 = 6.04\%$，$y_5 = 6.31\%$，$y_6 = 6.60\%$。

为了便于计算，将上述过程归纳成如下一般算法。

$$P = \sum_{t=1}^{n} \frac{C}{(1+y_t)^t} + \frac{M}{(1+y_n)^n} \tag{11-6}$$

记式（11-6）为一般的债券定价公式，其中 $C$ 表示每个利息日支付的利息，$M$ 表示到期后支付的本金。$y_t(t=1,2,\cdots,n)$ 表示现金流（利息或本金）支付时间点上的即期利率。进一步记：

$$d_t = \frac{1}{(1+y_t)^t}$$

$d_t$ 即贴现因子，其可以表示未来 1 元钱的现在价值。于是式（11-6）就可以表示为：

$$P = \sum_{t=1}^{n} d_t C + d_n M$$

如果我们得到 $1-n$ 年期的这些债券的信息：

$$P_1 = d_1 M$$
$$P_2 = d_1 C + d_2 C + d_2 M$$
$$\vdots$$
$$P_n = d_1 C + d_2 C + \cdots + d_n C + d_n M$$

记：

$$P = \begin{bmatrix} P_1 \\ P_2 \\ \vdots \\ P_n \end{bmatrix} \quad d = \begin{bmatrix} d_1 \\ d_2 \\ \vdots \\ d_n \end{bmatrix} \quad A = \begin{bmatrix} M & 0 & \cdots & 0 \\ C & M+C & \cdots & 0 \\ \cdots & \cdots & \ddots & \cdots \\ C & C & C & M+C \end{bmatrix}$$

有：

$$Ad = P \tag{11-7}$$

如果 $A$ 可逆，得到：

$$d = A^{-1}P$$

得到贴现因子 $d_t = \frac{1}{(1+y_t)^t}$，即可以得到 $y_t(t=1,2,\cdots,n)$。

由息票剥离法构建即期利率的过程简单容易理解，但是我们在运用式（11-7）求解即期利率时候，对选择的 $n$ 个债券其实有很强的假设条件，即 $n$ 个债券的支付的现金流的时间点是相同的。而在实际中，并不容易找到很多利息支付日都是同一天的债券。针对这个问题，在实际中运用这个原理，结合线性插值法，逐步得到即期利率。例如，我们要构建 10 年期的即期利率曲线，通常按照如下步骤运用息票剥离法。

首先，把还有 1 年到期的债券挑选出来，假设我们找到 5 只还有 1 年到期的债券信息如表 11-4 所示。

表 11－4 债券信息表

| 债券 | 剩余期限 | 价格 | 到期支付（本金＋利息） | 债券 | 剩余期限 | 价格 | 到期支付（本金＋利息） |
|---|---|---|---|---|---|---|---|
| A | 30 天 | 101.2 | 101.5 | D | 240 天 | 100.5 | 102 |
| B | 90 天 | 102.1 | 102.5 | E | 330 天 | 103.3 | 106 |
| C | 180 天 | 99 | 100 | | | | |

假设 1 年以 365 天计算，首先将剩余的期限转换为年为单位，用实际天数除以 365，得到 $t = (0.082, 0.247, 0.493, 0.658, 0.904)$。然后得到 $t$ 对应的即期利率：

$$101.2 = \frac{101.5}{(1 + y_1)^{0.082}}, y_1 = 3.67\%$$

$$102.1 = \frac{102.5}{(1 + y_2)^{0.247}}, y_2 = 1.60\%$$

$$99 = \frac{100}{(1 + y_3)^{0.493}}, y_3 = 2.06\%$$

$$100.5 = \frac{102}{(1 + y_4)^{0.658}}, y_4 = 2.28\%$$

$$103.3 = \frac{106}{(1 + y_5)^{0.904}}, y_5 = 2.89\%$$

表 11－5 即期利率

| 债券 | 剩余期限（年） | 即期利率 | 债券 | 剩余期限（年） | 即期利率 |
|---|---|---|---|---|---|
| A | 0.082 | 3.67% | D | 0.658 | 2.28% |
| B | 0.247 | 1.60% | E | 0.904 | 2.89% |
| C | 0.493 | 2.06% | | | |

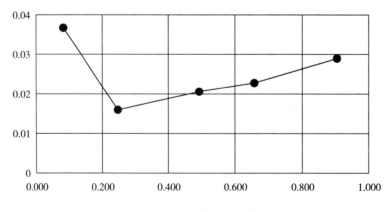

图 11－3 即期利率曲线

如何得到刚好 1 年的即期利率呢？我们使用线性插值法，比如由债券 D 和债券 E 得到的即期利率：

$$\frac{1 - 0.904}{y - 0.0289} = \frac{0.0904 - 0.658}{0.0289 - 0.0228}$$

$$y = 3.13\%$$

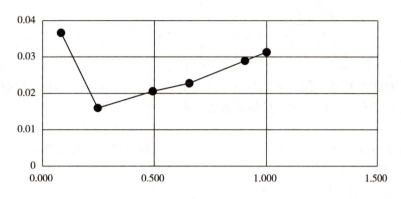

**图 11 - 4　即期利率曲线**

通过还有不到 1 年剩余期限的债券信息，得到了 1 年内的即期利率曲线。按照上面原理，接下来，我们把剩余期限还有大于 1 年且小于等于 2 年的债券找出来，假设也有 5 个债券信息如表 11 - 6 所示。

**表 11 - 6　　　　　　　　　　　　债券信息表**

| 债券 | 下一个利息支付日 | 剩余期限 | 价格 | 下一个利息 | 到期支付（本金 + 利息） |
|---|---|---|---|---|---|
| F | 50 天 | 415 天 | 102. 3 | 2 | 102 |
| G | 100 天 | 465 天 | 102. 8 | 3 | 103 |
| H | 160 天 | 525 天 | 103. 5 | 3. 5 | 103. 5 |
| L | 280 天 | 645 天 | 105. 7 | 4 | 104 |
| M | 320 天 | 685 天 | 106. 4 | 5 | 105 |

对于债券 A，由定价公式可知：

$$102.3 = \frac{5}{(1 + y^*_1)^{50/365}} + \frac{105}{(1 + y^*_2)^{50/365+1}} \qquad (11-8)$$

可是我们并不知道债券 F 下一个利息支付时间 50 天（0. 137 年）对应的即期利率 $y^*_1$ 是多少？此时我们要用到之前得到 1 年内的即期利率曲线，通过线性插值法，首先得到 $y^*_1$。用表 11 - 4 中债券 A 和债券 B 对应的即期利率，线性插值得到 $y^*_1$：

$$\frac{0.137 - 0.082}{y^*_1 - 0.0367} = \frac{0.247 - 0.082}{0.016 - 0.0367}$$

$$y^*_1 = 2.98\%$$

将 $y^*_1 = 2.98\%$ 代入式（11 -8）：

$$102.3 = \frac{2}{(1 + 2.98\%)^{50/365}} + \frac{102}{(1 + y^*_2)^{50/365+1}}$$

于是可以得到对应时间为 $1 + 50/365$ 年的即期利率 $y_2^* = 4.1\%$ 。而 $y_2^* = 4.1\%$ 对应的时间是 1.137 年，于是我们将即期利率曲线的时间延长到了 1 年以后。

表 11-7 即期利率

| 债券 | 剩余期限（年） | 即期利率 | 债券 | 剩余期限（年） | 即期利率 |
|------|------|------|------|------|------|
| A | 0.082 | 3.67% | D | 0.658 | 2.28% |
| B | 0.247 | 1.60% | E | 0.904 | 2.89% |
| C | 0.493 | 2.06% | F | 1.137 | 4.1% |

同理，对债券 G 重复债券 F 的过程，首先通过插值得到下一个利息支付时间点（小于 1 年）的即期利率，然后运用息票剥离法得到最好的一个利息和本金支付时间点（大于 1 年小于等于 2 年）对应的即期利率，依此类推，在得到 1~2 年时间对应的即期利率后，重复这个过程，可以得到 2~3 年、3~4 年等的即期利率。最后直到得到我们需要的即期利率曲线。

（二）三次多项式模型

三次样条函数法构建利率曲线属于静态模型的一种，所以我们首先介绍一下静态模型构建利率曲线的基本原理。

假设 $p_t^j$ 为观察到第 $j$ 个债券在时间 $t$ 时候的市场价格。对于该债券的现金流如下：

$$C_{t_1}^j \quad C_{t_2}^j \quad \cdots \quad C_{t_k}^j$$

假设 $B(t_k, \beta)$ 是在时间 $t_k$ 时候带参数 $\beta$ 的贴现因子，则给予上述现金流，对应债券的理论价值是：

$$\hat{P}_t^j = B(t_1 - t, \beta_1) \times C_{t_1}^j + B(t_2 - t, \beta_2) \times C_{t_2}^j + \cdots + B(t_k - t, \beta_k) \times C_{t_k}^j$$

每一个贴现因子 $B(t_k, \beta)$ 对于时间 $t_k$ 的即期利率，理论上该即期利率应该使得未来现金流的现值等于市场价格。但由于可能我们无法准确地、完全地知道影响即期利率的各种因素，所以只能通过选择贴现因子 $B(t_k, \beta)$ 中的参数 $\beta$ 使得我们运用贴现因子定价得到的理论价格和实际价格的误差最小：

$$Min \sum_{J=1}^N (P_t^j - \hat{P}_t^j)^2 \tag{11-9}$$

基于式（11-9）的优化模型，最后得到一组参数 $\beta$ 和贴现因子 $B(t_k, \beta)$，再通过贴现因子的定义 $B(t_k, \beta) = \dfrac{1}{(1 + r_{t_k})^{t_k}}$，得到对应的即期利率 $r_{t_k}$。所以，静态模型的一个核心环节就是如何设置贴现因子函数 $B(t_k, \beta)$ 的形式。当 $B(t_k, \beta)$ 设定为多项式时，即得到多项样条函数法，其中最常用的就是三次多项样条函数法。

假如我们需要构建 $[0, T]$ 这个时间段上的利率曲线，把 $[0, T]$ 分为三个时间区间 $[0, T_1]$、$[T_1, T_2]$、$[T_2, T_3]$（$T_3 = T$），分别对应短期、中期和长期利率。然后假设在 $[0, T_1]$、$[T_1, T_2]$、$[T_2, T_3]$ 各个时间区间上的贴现因子 $B(t_k, \beta)$ 函数如下：

$$B(t_s, \beta) = \begin{cases} B_1(t_s, \beta) = a_1 + b_1 t_s + c_1 t_s^2 + d_1 t_s^3, t_s \in [0, T_1] \\ B_2(t_s, \beta) = a_2 + b_2 t_s + c_2 t_s^2 + d_2 t_s^3, t_s \in [T_1, T_2] \\ B_3(t_s, \beta) = a_3 + b_3 t_s + c_3 t_s^2 + d_3 t_s^3, t_s \in [T_2, T_3] \end{cases} \tag{11-10}$$

另外还有约束条件：

$$\text{St.} \begin{cases} B_i(T_i,\beta) = B_{i+1}(T_i,\beta), i = 1,2 \\ B^{(1)}{}_i(T_i,\beta) = B^{(1)}{}_{i+1}(T_i,\beta), i = 1,2 \\ B_i^{(2)}(T_i,\beta) = B_{i+1}^{(2)}(T_i,\beta), i = 1,2 \end{cases}$$

约束条件的含义是在三个时间段 $[0,T_1]$、$[T_1,T_2]$、$[T_2,T_3]$ 上贴现因子必须使得在时间 $T_1$、$T_2$ 的值和一阶导数、二阶导数的值要相等。

假设时间区间为 $[0,1]$、$[1,3]$、$[3,5]$，对应的贴现因子样条函数为：

$$B(t_s,\beta) = \begin{cases} B_1(t_s,\beta) = a_1 + b_1 t_s + c_1 t_s^2 + d_1 t_s^3, t_s \in [0,1] \\ B_2(t_s,\beta) = a_2 + b_2 t_s + c_2 t_s^2 + d_2 t_s^3, t_s \in [1,3] \\ B_3(t_s,\beta) = a_3 + b_3 t_s + c_3 t_s^2 + d_3 t_s^3, t_s \in [3,5] \end{cases}$$

一个息票利率为 $5\%$，每年支付 1 次利息，到期支付本金 100 元的固定利率债券的现值就是：

$$\hat{P}_t^j = B_1(t_1 = 1,\beta_1) \times 5 + B_2(t_2 = 2,\beta_2) \times 5 + B_2(t_2 = 3,\beta_2) \times 5$$
$$+ B_3(t_4 = 4,\beta_2) \times 5 + B_3(t_5 = 5) \times 105$$

$$\hat{P}_t^j = (a_1 + b_1 + c_1 + d_1) \times 5 + (a_2 + 2b_2 + 4c_2 + 8d_2) \times 5$$
$$+ (a_2 + 3b_2 + 9c_2 + 27d_2) \times 5 + (a_3 + 4b_3 + 16c_3 + 64d_3)$$
$$\times 5 + (a_3 + 5b_3 + 25c_3 + 125d_3) \times 105 \tag{11-11}$$

如果我们找到 $m$ 个债券，得到 $m$ 个类似式（11-11）的方程，最后通过求解最优化方程式（11-9）求出参数 $a_i, b_i, c_i, d_i$ 从而得到每个时间区间上的贴现样条函数，最后可得到即期利率。

看起来式（11-10）中每个方程有 4 个未知参数，3 个方程就需要估计 12 个未知参数，但由于有约束条件，实际待估计的参数比方程中的参数个数少，比如分三个时间区间，在两个连接点的贴现因子、一阶导数、二阶导数要相等，就有 6 个约束条件，再加上当 $t = 0$ 时，贴现因子应该等于 1，总共有 7 个约束条件，实际上最后估计的参数就只有 5 个了。所以，在实际操作中，当分为三个时间区间时，一般我们这样假设贴现三次多项式样条函数：

$$B(t_s,\beta) = \begin{cases} B_1(t_s,\beta) = 1 + \beta_1 t_s + \beta_2 t_s^2 + \beta_3 t_s^3, t_s \in [0,1] \\ B_2(t_s,\beta) = 1 + \beta_1 t_s + \beta_2 t_s^2 + \beta_3 t_s^3 + (\beta_4 - \beta_3)(t_s - 1)^3, t_s \in [1,3] \\ B_3(t_s,\beta) = 1 + \beta_1 t_s + \beta_2 t_s^2 + \beta_3 t_s^3 + (\beta_4 - \beta_3)(t_s - 1)^3 \\ \quad + (\beta_5 - \beta_4)(t_s - 3)^3, t_s \in [3,5] \end{cases}$$
$$\tag{11-12}$$

式（11-12）即满足了 7 个约束条件，最后待估计的参数只有 5 个，即

$$\beta_i (i = 1,2,\cdots,5)$$

（三）Nelson-Siegel 模型

Nelson-Siegel 模型是假设未来的远期利率如下：

$$f(0,\theta) = \beta_0 + \beta_1 \exp\left(-\frac{\theta}{\tau_1}\right) + \beta_2\left(\frac{\theta}{\tau_1}\right)\exp\left(-\frac{\theta}{\tau_1}\right)$$

得到即期利率如下：

$$R(0,\theta) = \beta_0 + \beta_1\left[\frac{1-\exp\left(-\dfrac{\theta}{\tau_1}\right)}{\dfrac{\theta}{\tau_1}}\right] + \beta_2\left[\frac{1-\exp\left(-\dfrac{\theta}{\tau_1}\right)}{\dfrac{\theta}{\tau_1}} - \exp\left(-\frac{\theta}{\tau_1}\right)\right]$$

$$(11-13)$$

将式（11-13）的即期利率代入定价公式：

$$P = \sum_{t=1}^{n}\frac{C}{(1+R_t(0,\theta))^t} + \frac{M}{(1+R_n(0,\theta))^n}$$

通过优化模型式（11-9）求解参数 $\beta_0,\beta_1,\beta_2,\tau_1$，然后得到即期利率的函数，也即得到了即期利率曲线。

# 11.4 P2P 网贷短期利率曲线

P2P 网贷借款时候的利率一般都是平台通过借款人的信用等级而确定的。这个利率类似于债券发行时候确定的票面利率。而由上面利率曲线的构成方法和原理可知，即期利率曲线一定要通过市场数据发现。对此，为了得到 P2P 借贷市场上的短期利率曲线，我们可以通过"流转标"的转让数据来构建即期利率曲线。"流转标"的转让起到一个市场交易发现价格的作用。

以某平台信用评级为"HR"的一类转让标为例，假设得到的数据如表 11-8。表 11-8 中列出了每个标的的转让价格、剩余时间（月）以及每个时间上收到的现金流。因为 P2P 借款一般都是按月偿还本金和利息。所以转让价格实际上是对剩余各期现金的现值之和的体现，而剩余各期现值之和，就是在知道各期的即期利率的基础上得到的。

设需要求 1—12 月的即期利率：

| 时间（月） | 1 | 2 | 3 | 4 | 5 | 6 | 7 | 8 | 9 | 10 | 11 | 12 |
|---|---|---|---|---|---|---|---|---|---|---|---|---|
| 即期利率 | $y_1$ | $y_2$ | $y_3$ | $y_4$ | $y_5$ | $y_6$ | $y_7$ | $y_8$ | $y_9$ | $y_{10}$ | $y_{11}$ | $y_{12}$ |

**表 11-8**　　　　　　　　　　**流转标的转让价格和现金流表**

| 剩余时间（月） ＼ 转让价格（元） | 356.62 | 788.35 | 587.73 | 2 724.99 | 2 417.29 | 4 608.53 | 5 671.40 | 2 648.72 | 3 886.95 | 4 659.00 | 6 102.36 | 8 807.62 |
|---|---|---|---|---|---|---|---|---|---|---|---|---|
| 1 | 360 | 400 | 200 | 700 | 500 | 800 | 850 | 350 | 460 | 500 | 600 | 800 |
| 2 | | 400 | 200 | 700 | 500 | 800 | 850 | 350 | 460 | 500 | 600 | 800 |
| 3 | | | 200 | 700 | 500 | 800 | 850 | 350 | 460 | 500 | 600 | 800 |
| 4 | | | | 700 | 500 | 800 | 850 | 350 | 460 | 500 | 600 | 800 |
| 5 | | | | | 500 | 800 | 850 | 350 | 460 | 500 | 600 | 800 |

续表

| 转让价格（元）<br>剩余时间（月） | 356.62 | 788.35 | 587.73 | 2 724.99 | 2 417.29 | 4 608.53 | 5 671.40 | 2 648.72 | 3 886.95 | 4 659.00 | 6 102.36 | 8 807.62 |
|---|---|---|---|---|---|---|---|---|---|---|---|---|
| 6 | | | | | | 800 | 850 | 350 | 460 | 500 | 600 | 800 |
| 7 | | | | | | | 850 | 350 | 460 | 500 | 600 | 800 |
| 8 | | | | | | | | 350 | 460 | 500 | 600 | 800 |
| 9 | | | | | | | | | 460 | 500 | 600 | 800 |
| 10 | | | | | | | | | | 500 | 600 | 800 |
| 11 | | | | | | | | | | | 600 | 800 |
| 12 | | | | | | | | | | | | 800 |

由表 11 - 8 可知应该有：

$$356.62 = \frac{360}{(1 + y_1)^{1/12}} \Rightarrow y_1 = 12\%$$

$y_1 = 12\%$ 代入下面，得到 $y_2$

$$788.3 = \frac{400}{(1 + y_1)^{1/12}} + \frac{400}{(1 + y_2)^{2/12}} \Rightarrow y_2 = 12.7\%$$

以此类推，我们用息票剥离法逐步得到 1 - 12 月的即期利率见表 11 - 9 和图 11 - 5。

表 11 - 9　　　　　　　　　　　　即期利率

| 时间（月） | 1 | 2 | 3 | 4 | 5 | 6 | 7 | 8 | 9 | 10 | 11 | 12 |
|---|---|---|---|---|---|---|---|---|---|---|---|---|
| 即期利率 | 0.12 | 0.127 | 0.14 | 0.151 | 0.155 | 0.166 | 0.172 | 0.18 | 0.182 | 0.185 | 0.19 | 0.192 |

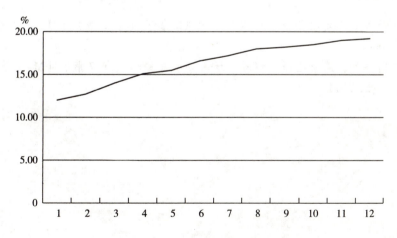

图 11 - 5　P2P 借贷的短期即期利率曲线

# 11.5　本章小结

利率曲线是金融产品定价、风险管理、发现投资机会非常重要的工具。本章内容涉及收益率曲线和利率曲线的概念，以及三类利率曲线的构建方法和原理：息票剥离法、三次样条函数法和 NS 模型。其中，息票剥离法、三次样条函数法都属于静态利率曲线建模方法，NS 模型属于动态利率曲线建模方法。息票剥离法的原理最简单明了，但由于在债券样本的选择上会受到特别的限制，所以实际操作上得稍作变通，结合线性插值或者其他插值方法逐步实现利率曲线的构造。三次样条函数法的主要缺陷是缺乏经济意义上的解释，更不像 NS 模型中的每个参数都有跟利率相关的解释意义。

### 本章思考题

1. 为什么到期收益率曲线不能用于贷款（债券）等金融产品的定价？
2. 影响三次样条函数法构建即期利率曲线的主要因素有哪些？

### 本章操作题

分别以"拍拍贷"和"人人贷"中的流转标数据，构建两个平台的短期利率曲线，并进行对比分析。要求：提交电子版分析报告，包括数据和程序，需说明使用方法，选择的数据和结论分析。

### 本章参考文献

［1］姚长辉. 固定收益证券定价与利率风险管理（第 2 版）［M］. 北京：北京大学出版社，2006.

［2］法博齐著，路蒙佳译. 债券市场：分析与策略（第 7 版）［M］. 北京：中国人民大学出版社，2011.

# 第 12 章

# P2P 网贷的投资组合策略

**本章学习目标**

- 了解投资管理过程的五个基本步骤
- 理解积极策略与消极策略的区别
- 掌握积极的组合管理策略中的利率预期策略和收益率曲线策略

## 12.1 投资管理过程

　　无论是哪种类型的金融机构，其投资管理过程均包括以下五个步骤：第一步，设定投资目标；第二步，制定投资政策；第三步，选择投资组合策略；第四步，选择资产；第五步，衡量和评价投资绩效。下面分别就这五步做进一步的说明。

　　投资管理过程的第一步是设定投资目标。投资目标随着金融机构类型的不同而有所不同。例如，养老基金的投资目标是产生足够的现金流以偿还养老金的债务，而人寿保险公司的基本投资目标是偿还保险单中规定的债务并产生利润。人寿保险公司的多数保险产品承诺在未来某个时间支付一笔金额或一系列金额。人寿保险公司向保单持有人收取的保险产品的保费取决于保险公司的投资收益率。为了获得利润，人寿保险公司从保费投资中赚取的收益率必须高于其向保单持有人承诺的隐性（或显性）利率。

　　银行和储蓄机构通过发售存单、短期货币市场工具或浮动利率票据来获得资金，然后将这些资金投资于贷款和可投资交易的证券。它们的投资目标是获得高于融资成本的投资收益率。对这些机构而言，投资目标主要由其负债——包括对养老金领取人、保单持有人和存款人的债务——的性质决定。投资公司（共同基金）的投资目标将在发行说明书中规定。除了具有特定终止日期的共同基金（称为目标定期信托）以外，其他共同基金一般不存在必须偿还的特定债务。通常，基金会确定一个目标股利清偿金额。

　　投资管理的第二步是制定符合投资目标的方针政策。由于在确定投资目标时负债的性质很重要，因此制定投资政策首先需要进行资产分配决策，也就是说，金融机构必须决定如何将资金分配给主要的投资类别（现金等价物、股票、固定收益证券、不动产和外国证券）。客户和监管方面的限制是制定投资政策时需要考虑的因素。例如，对养老基金发起人施加的约束可能是：不能投资于信用评级低于某一特定水平的发行人发行的债券；基金资产投资某一特定产业的比例不能超过预先确定的水平；期权与期货只能用来进行资产保值，不可用来投机；对于保险公司（包括人寿、财产与意外保险公司）等机构，监管者可能会限制对某些主要资产类别的资金分配比例。

投资管理过程的第三步是选择与客户或机构投资者的投资目标和政策方针一致的投资组合策略。投资组合策略可以分为积极策略和消极策略。对所有积极的组合策略而言，很重要的一点是确定对可能影响资产类别绩效的各因素的预期。例如，对于积极的股票策略而言，这种预期可能包括对未来收益、股利和市盈率的预期。对于积极的债券管理策略而言，这种预期可能包括对未来利率、未来利率波动性和未来收益率利差的预期。涉及外国证券的积极投资组合策略要求预测未来的汇率情况。消极策略涉及的预期因素非常少。指数化策略是一种常见的消极策略类型，它的目标是复制预先确定的指数的绩效。指数化投资方法已经在股票组合管理中得以广泛应用，但是对债券组合管理而言，这还是一种相对较新的方法。

在最积极的策略与最消极的策略之间涌现了一些兼具这两种策略特点的管理策略。例如，一个投资组合的主体部分可能采取了指数化策略，而其余部分采取积极的管理策略；或者，一个投资组合可能主要采取指数化策略，但是也运用低风险策略来提高指数化组合的收益率。这种策略通常被称为"增强型指数化策略"或"指数化加强策略"。在债券领域内，债券组合管理者经常使用几类属于结构化组合策略的管理策略。结构化组合策略要求所设计的资产组合能够达到预先设定的投资业绩基准。当进行债务融资时常会用到这种策略，这种策略被称为"负债融资策略"。如果无论未来利率的走势如何，预先设定的基准都是为了产生足够的资金来偿还某一笔债务，那么，债券组合管理者通常会使用所谓的免疫策略。如果无论未来利率的走势如何，预先设定的基准都要求为多笔未来债务融资，那么，债券组合管理者通常会使用免疫策略、现金流匹配策略或期限匹配策略。作为免疫策略和现金流匹配策略的一部分，债券组合管理者也会运用低风险的积极管理策略。例如，或有免疫策略使投资组合管理者可以在突破某些参数值之前积极管理债券组合。当这些参数被突破时，债券组合将得到免疫。指数化策略也可以被看作是一种结构化组合策略，因为其基准是为了达到预先设定的指数绩效。

对于积极管理策略、结构化管理策略和消极管理策略，债券（贷款）组合管理者应该选择哪一种策略呢？答案取决于：（1）客户或资金管理者对市场定价效率的看法；（2）需要偿还的负债的性质。我们首先考察市场的定价效率。定价效率描述的是所有时间的市场价格是否完全反映了与债券定价有关的所有可得信息。当市场的定价有效率时，那么对风险和交易成本进行调整后，积极的管理策略不会持续产生超额收益。如果投资者确信市场是充分有效的，资本市场理论认为投资者应该选择指数化策略。但是，定价效率并不是选择投资策略类型的唯一决定因素。负债的性质是一个重要的决定因素。尽管指数化策略对不需在未来偿还债务的机构来说可能一种合理的策略，但还要考虑养老基金的运营环境。如果养老基金对投资组合采取指数化策略，那么养老基金的收益率与指数的收益率将大致相同。但是，指数收益率可能无法满足养老基金的债务偿还要求。因此，对养老基金和寿险公司等机构来说，免疫策略或贡献策略等结构化组合策略可能更适合用来实现投资目标。在这些策略中，也可能包括积极策略或增强型收益策略。

　　投资管理过程的第四步是选择构成投资组合的具体资产，这需要估算每种证券的价格。在积极策略中，这意味着找出定价错误的证券。例如，对于债券而言，债券组合管理者必须仔细考察债券的特征（即息票、期限、信用质量以及授予债券发行人或债券持有者的期权），以确定在投资期限内这些特征会对债券的价格表现产生哪些影响。在这个阶段中，投资管理者试图构建一个有效的投资组合。有效的投资组合是指在给定的风险水平下能够产生最高预期收益的投资组合，或在既定的预期收益水平上具有最低风险的投资组合。

　　投资管理过程的第五步是衡量和评价投资绩效。实际上，从技术的角度看这并不是"最后"一步，因为投资管理是一个持续不断的过程。这一步需要衡量投资组合的绩效，并评价其相对于某些基准组合的绩效。被选作评价组合绩效的基准组合被称为基准投资组合或标准投资组合。基准投资组合可以是一种常见指数，如股票组合的标准普尔 500 指数，或者某种债券指数。

　　尽管根据一些基准投资组合，资金管理者的业绩可能看上去很优秀，但这并不一定意味着投资组合符合投资目标的要求。例如，如果一家人寿保险公司将其目标设定为使投资组合的收益最大化，并将 75% 的资金投资于股票，将其余资金投资于债券。进一步假设负责管理养老基金中的股票组合的资金管理者在一年内获得的收益率高出基准投资组合 200 个基点，而基准组合的收益率为 2%。假设该投资组合的风险与基准投资组合的风险类似，则该资金管理者的业绩看上去超过了基准投资组合的表现。但是，如果该人寿保险公司必须向保单持有人支付 7% 的利率，那么，即使资金管理者的表现优异，人寿保险公司仍然无法偿还其债务。因此，未能偿还债务的原因在于设定的投资目标和制定的投资政策，而不在于资金管理者的业绩。

　　评价投资组合业绩的一个重要指标是跟踪误差，其定义与计算如下：
　　设投资组合的收益率如下：
$$x_1 \quad x_2 \quad \cdots \quad x_n$$
　　设参照比较的基准指数的收益率如下：
$$y_1 \quad y_2 \quad \cdots \quad y_n$$
　　定义主动收益率 $r_i = x_i - y_i$，$r_i$ 的标准差称为投资组合的跟踪误差。显然对于消极策略，期望跟踪误差越小越好，而对于积极的组合策略，跟踪误差越大越好。

## 12.2　积极的投资组合策略

　　由于 P2P 网贷市场还没有一个可以参照的指数，因此在构建它的投资组合时，主要采用积极的组合策略。积极的投资策略将根据对未来利率的预期来配置投资组合，一种策略的结果取决于投资者的预期与市场预期之间的差异程度。而且，市场预期是否正确不重要。重要的是，债券的价格体现了这些预期。而常用的积极组合策略一般有以下几类。

### 12.2.1 利率预期策略

相信自己能够准确预测未来利率水平的投资者将改变投资组合对利率变动的敏感性。因为久期是利率敏感性的衡量指标，因此，这意味着如果预期利率将下降，投资者应提高投资组合的久期；如果预期利率将上升，投资者则应减少投资组合的久期。如果对于那些以债券指数作为基准指数的资金管理者而言，这意味着如果预期利率将下降，投资者应提高投资组合相对于基准指数的久期，如果预期利率将上升，投资者则应减少投资组合相对于基准指数的久期。投资组合久期可以偏离基准指数久期的程度可能受到客户的限制。通过将债券组合中的债券互换（或交换）为新的债券，可以改变债券组合的久期，并实现目标债券组合久期。这种互换通常被称为利率预期互换。此外，改变债券组合久期的一种更有效的方法是运用利率期货合约。买入期货合约将增加投资组合的久期，而卖出期货合约将减少投资组合的久期。

利率预期策略的关键是对未来利率走向的预测能力。尽管有观点认为，利率是可以预期的，因此投资者可以持续地实现经过风险调整的超额收益率，但学术文献并不支持这种观点。关于未来利率能否持续提供超额收益率，仍然存在着疑问。尽管投资者可能不会严格地根据未来利率变动来采取积极策略，但他们将会对利率走势进行预测，以弥补投资业绩次于基准指数的情况。如果管理者认为较低的投资业绩会导致投资账户发生损失，那么，该管理者就有动机赌一把利率走势。尽管错误的赌注将导致投资业绩更加不如基准指数的表现，但是如果资金管理者的判断正确，那么投资账户就能免遭损失。

另外一些积极策略取决于对未来利率水平的预期。例如，未来利率会影响可赎回债券的嵌入式期权的价值以及抵押贷款支持证券的嵌入式提前偿付期权的价值。如果可赎回公司债券和市政债券的息票利率高于预期的未来利率，那么这两种债券的收益将低于不可赎回债券和低息票债券，这是因为可赎回债券具有负凸性特征。利率对提前偿付行为的影响将导致某些证券从较高的未来利率中受益，而另一些债券则从较低的未来利率中受益。

### 12.2.2 收益率曲线策略

收益率曲线表明了期限与收益率之间的关系。收益率曲线的形状随着时间的推移而变化。收益率曲线策略需要根据对收益率曲线形状的预期变化来构建投资组合。我们将介绍收益率曲线的各种移动方式、各种类型的收益率曲线策略、当收益率曲线发生移动时久期作为债券或债券组合价格敏感性衡量指标的作用以及如何评估收益率曲线策略的可能结果。

收益率曲线的移动是指各收个期限收益率的相对变动。益率曲线的平行移动是指所有期限的收益率变化都相同的收益率曲线移动。收益率曲线的非平行移动是指不同期限的收益率变化的基点数不同的收益率曲线移动。从历史上看，出现过两种类型的收益率曲线非平行移动：收益率曲线的斜率发生扭转以及收益率曲线的峰形发生变动。收益率曲线斜率的扭转是指收益率曲线变得平缓或陡峭。在实践中，收益率曲线的斜率由长期国债收益率与短期国债收益率之间的利差来衡量。例如，一些市场参与者将斜率视为 30 年期收益率与 1 年期收益率之差。还有一些市场参与者则将斜率视为 20 年期收益率与 2 年期收益率之差。无论怎样定义，变平缓的收益率曲线都表明长期国债与短期国债之间的收益率利差下降；变陡峭的收益率曲线都表明长期收益与短期收益之间的利差上升。

　　收益率曲线策略需要对收益率曲线移动的方向和扭转的类型进行预测。在利用收益率短期变动预期的投资组合策略中，投资组合中证券价格受到的影响是收益水平的主要决定因素。这意味着投资组合中的证券期限对投资组合的收益率具有重要影响。例如，对于一个由全部于一年内到期的证券组成的投资组合而言，投资组合在一年的投资期内的总收益率对于收益率曲线从现在起一年内的移动情况并不敏感。相对而言，对于一个由全部于 30 年内到期的证券组成的投资组合而言，其总收益率对于收益率曲线的移动将是敏感的，因为从现在起的一年后，该投资组合的价值将取决于 29 年期证券的收益率。

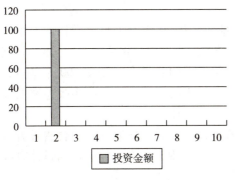

图 12 - 1　子弹形投资策略

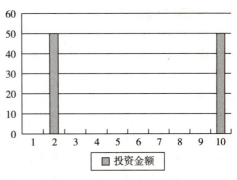

图 12 - 2　杠铃形投资策略

　　当收益率曲线移动时，由相同比例的一年内到期的证券和 30 年内到期的证券组成的投资组合在 1 年投资期内的总收益率明显不同于我们前面介绍过的两个投资组合的总收益率。在这个投资组合中，1 年期证券的价格对 1 年期收益率的变动不敏感，但 30 年期证券的价格对长期收益率的变动高度敏感。对于较短的投资期而言，投资组合中的债券期限间隔对总收益率有重要影响，这点是很关键的。因此，收益率曲线策略需

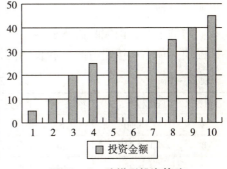

图 12 - 3　阶梯形投资策略

要根据投资组合中包括的期限范围来设置投资组合。收益率曲线策略分为三种：（1）子弹形投资策略（图 12 - 1）；（2）杠铃形投资策略（图 12 - 2）；（3）阶梯形投资策略（图 12 - 3）。

　　在子弹形投资策略中，投资组合中的证券期限高度集中于收益率曲线上的一点。在杠铃形投资策略中，投资组合中的证券期限集中于两个极端期限。实际上，当资金管理者在实践中谈及杠铃形投资策略时，通常是相对于子弹形投资策略而言。例如，子弹形

投资策略所创建投资组合的期限可能集中在 10 年左右，而相应的杠铃形投资策略所创建投资组合的期限可能为 5 年和 20 年。在阶梯形投资策略中，投资组合中各种期限证券的金额基本相等。例如，一个组合中可能包括相同金额的 1 年期证券、2 年期证券等。当收益率曲线移动时，上述各种投资策略将产生不同的业绩。实际的业绩取决于收益率曲线移动的类型和移动的幅度。

## 12.3　子弹形投资策略和杠铃形投资策略的例子

在讨论如何分析收益率曲线策略之前，我们首先回顾一下久期的一般意义，即如果债券（贷款）投资组合的修正久期为 4，那么，这意味着当市场收益率变动 100 个基点时，债券（贷款）组合价格的变动幅度约为 4%。但这是有隐含条件的，即平行移动。实际上，当我们把久期作为衡量市场收益率变化时债券组合价值变动情况的指标时，我们假定所有期限债券的收益率变动相同的基点数。

所以，如果由 2 年期零息债券、10 年期零息债券和 20 年期零息债券构成的组合的修正久期为 4，那么，收益率变动 100 个基点时债券组合的价值将变动 4%，这一情况实际上应表述如下：如果 5 年期、10 年期和 20 年期债券的收益率均变动 100 个基点，那么，债券组合的价值将变动 4%，即假定收益率曲线平行移动。另外，当收益率曲线非平行移动时，具有相同久期的两个投资组合的表现可能大相径庭。

分析债券组合策略的正确方法是考察其潜在的总收益率。如果债券组合管理者希望在给定的国债收益率曲线移动情况下评估债券组合的表现，那么，他应该通过计算收益率曲线实际发生移动时的潜在总收益率进行评估。

我们以两个假定的国债组合在不同的国债收益率曲线移动情况下的业绩表现为例，来说明上述评估方法。表 12 - 1 显示的三只假想国债包括在这两个国债组合中。因此，在我们的例子中，国债收益率曲线由以下三种国债组成：短期国债（A，5 年期国债）、中期国债（C，10 年期国债）和长期国债（B，20 年期国债）。

**表 12 - 1**　　　　　　　　　　　　　　三只的国债

| 债券 | 息票利率（%） | 期限（年） | 价格加应计利息 | 到期收益率（%） | 美元久期 | 美元凸性 |
|------|------|------|------|------|------|------|
| A | 8.50 | 5 | 100 | 8.50 | 4.005 | 19.8164 |
| B | 9.50 | 20 | 100 | 9.50 | 8.882 | 124.1702 |
| C | 9.25 | 10 | 100 | 9.25 | 6.434 | 55.4506 |

考虑以下两种收益率曲线策略：子弹形投资策略和杠铃形投资策略。我们将根据这两种投资策略创建的组合分别称为"子弹组合"和"杠铃组合"，它们的构成如下：

（1）子弹组合：100% 由债券 C 构成。

（2）杠铃组合：50.2% 由债券 A 构成，49.8% 由债券 B 构成。

子弹组合只包括债券 C，即 10 年期债券。在我们假想的债券组合中，债券 C 在 10 年后到期时才能收回全部本金。杠铃组合由金额基本相等的短期债券和长期债券构成。

这是实施杠铃形投资策略的结果，因为该组合中的本金将在投资期限的开始和末尾收回。具体而言，在我们的例子中，子弹组合在 10 年后即可收回全部本金，而杠铃组合则分别在一个较短（5 年）日期和较长（10 年）日期收回本金。

美元久期是衡量债券或债券组合的美元价格敏感性的指标。如表 12 - 1 所示，当收益率每变动 100 个基点时，子弹组合的美元久期为 6.434。杠铃组合的美元久期等于构成组合的两只债券的美元久期的加权平均值。因此，杠铃组合的美元久期与子弹组合的美元久期相同。

《债券市场分析与策略：分析与策略》给出上述例子的一个分析结果：

（1）如果收益率曲线平行移动的，当变动小于 100 基点时候，子弹组合的业绩好于杠铃组合的业绩。当收益率曲线变动大于 100 个基点时候，杠铃组合的业绩好于子弹组合的业绩，这时主要是凸性发挥了作用。

（2）在非平行移动时，如果收益率曲线趋向于平缓，杠铃组合的业绩好于子弹组合的业绩。反之，如果收益率曲线趋向于陡峭，则子弹组合的业绩好于杠铃组合的业绩。

## 12.4　本章小结

本章主要介绍了投资管理过程的五个基本步骤、积极策略与消极策略的概念和区别、积极的投资组合策略中的利率预期策略和收益率曲线策略。最后通过子弹形投资策略和杠铃形投资策略说明在不同的收益率曲线变化情况下，它们最终的组合表现是不一样的。所以，在积极策略下，采用什么样的组合配置，很大程度上取决于我们对未来市场利率曲线或者收益率曲线变化的预测。

**本章思考题**

1. 为什么人寿保险公司的投资组合管理者与共同基金的投资组合管理者的投资目标会有所不同？

2. 在所有的积极组合管理策略中，关键的因素有哪些？

**本章操作题**

以下两个 P2P 贷款组合的本金 50 万元。

| 贷款 | 距离到期日的年数 | 面值（万元） |
| --- | --- | --- |
| 组合 I 的贷款构成 | | |
| A | 0.2 | 12 |
| B | 0.3 | 13 |
| C | 2 | 15 |
| D | 2 | 10 |
| 组合 II 的贷款构成 | | |
| E | 0.9 | 27 |
| F | 1.1 | 23 |

a. 哪个贷款组合具有子弹式投资组合的特征?

b. 哪个贷款组合具有杠铃式投资组合的特征?

c. 假设这两个贷款组合具有相同的美元久期,请说明当利率发生变动时它们的收益表现是否相同,假如你的投资期为 6 个月,那么你将如何选择?

## 本章参考文献

[1] 姚长辉.固定收益证券定价与利率风险管理(第 2 版)[M].北京:北京大学出版社,2006.

[2] 法博齐著,路蒙佳译.债券市场:分析与策略(第 7 版)[M].北京:中国人民大学出版社,2012.

# 第 13 章

# 量化投资概述

**本章学习目标**

- 了解量化投资的基本概念与主要特征
- 理解有效市场假说、行为金融学在量化投资中的作用
- 理解常见量化投资策略的基本原理

## 13.1  从西蒙斯说起

沃伦·巴菲特是投资界人尽皆知的股神，但可能很多投资者不知道詹姆斯·西蒙斯。这位创造了华尔街投资神话的传奇人物，他所管理的大奖章基金的平均年收益率比巴菲特的收益率要高得多，1989—2007 年大奖章基金的平均年收益率高达 35%，而巴菲特在同期的平均年复合收益率也不过 20%。在 2008 年底的统计中，西蒙斯勇夺 2008 年"对冲之王"宝座，大赚 25 亿美元。著名对冲基金经理保尔森居次位，赚 20 亿美元。

作为一个交易者，西蒙斯正在超越有效市场假说。有效市场假说认为市场价格波动是随机的，交易者不可能持续从市场中获利。而西蒙斯获得了如此惊人的成就，其核心的就是量化投资模型。

### 13.1.1  数学天才

西蒙斯生于波士顿郊区牛顿镇。从牛顿高中毕业后，他进入麻省理工学院，师从于著名的数学家安布罗斯和辛格。1958 年，20 岁的他获得了学士学位。仅三年后，他就拿到了加州大学伯克利分校的数学博士学位，并于 1962 年任哈佛大学数学系教授。1964 年，西蒙斯离开大学校园，进入美国国防部下属的国防逻辑分析协会，进行代码破解工作。不久，由于反对美国的对越战争，西蒙斯被解雇。

1968 年，西蒙斯成为纽约州立石溪大学的数学系主任，从事纯数学研究。1974 年，他与陈省身联合发表了著名的论文《典型群和几何不变式》，创立了著名的陈—西蒙斯理论。1976 年，西蒙斯获得了全美数学科学维布伦（Veblen）奖，这是美国数学界的最

高荣耀。

### 13.1.2　交易大师

1978 年，西蒙斯离开石溪大学，创立私人投资基金 Limroy。该基金投资领域广泛，从风险投资到外汇交易均有涉及，主要采用基本面分析方法。1982 年，西蒙斯成立文艺复兴科技公司，并决定成立一个纯粹量化投资的对冲基金。他关闭了 Limroy，并在 1988 年 3 月成立了大奖章基金。1988 年该基金盈利 8.8%，1989 年则开始亏损，西蒙斯不得不在 1989 年 6 月停止交易。在接下来的 6 个月中，西蒙斯和普林斯顿大学的数学家勒费尔重新开发了交易策略，并从基本面分析转向量化分析。

大奖章基金主要通过研究市场历史资料来发现统计相关性，以预测期货、货币、股票市场的短期运动，并通过数千次快速的日内短线交易来捕捉稍纵即逝的市场机会，交易量之大甚至有时能占到整个纳斯达克交易量的 10%。经过几年的高速增长，大奖章基金在 1993 年达到 2.7 亿美元，并开始停止接受新资金。在西蒙斯的文艺复兴科技公司中，有 1/3 雇员是拥有自然科学博士学位的顶尖科学家，涵盖数学、理论物理学、量子物理学和统计学等领域。该公司既不从商学院中雇用职员，也不从华尔街雇用职员。这在美国投资公司中几乎是独一无二的。

无论是 1998 年俄罗斯债券危机，还是 21 世纪初的互联网泡沫，大奖章基金历经数次金融危机，始终屹立不倒，令有效市场假说黯然失色。1989 年到 2009 年间，大奖章基金平均年回报率高达 35%，较同期标普 500 指数年均回报率高 20 多个百分点，比金融大鳄索罗斯和股神巴菲特的操盘表现都高出 10 余个百分点。即便是在次贷危机爆发的 2008 年，该基金的回报率仍高达 80%。从 2002 年底至 2005 年底，规模为 50 亿美元的大奖章基金已经为投资者支付了 60 多亿美元的回报。

### 13.1.3　模型先生

西蒙斯的成功秘诀在于，针对不同市场设计量化的投资管理模型，并以电脑运算为主导，在全球各种市场上进行短线交易。

文艺复兴公司工作人员主要由 3 个部分组成，即电脑和系统专家、研究人员和交易人员。西蒙斯亲自设计了最初的数学模型，他同时雇用了超过 70 位拥有数学、物理学或统计学博士头衔的人。西蒙斯每周都要和研究团队见一次面，和他们共同探讨交易细节及如何使用交易策略更加完善。大奖章基金的数学模型主要通过对历史资料的统计，找出金融产品价格、宏观经济、市场指标、技术指标等各种指标间变化的数学关系，发现市场目前存在的微小的获利机会，并通过杠杆比率进行快速而大规模的交易获利。西蒙斯透露，公司对交易品种的选择有 3 个标准：即公开交易品种、流动性高，同时符合模型设置的某些要求。他表示："我是模型先生，不想进行基本面分析。模型的最重要的优势是可以降低风险。而依靠个人判断选股，你可以一夜暴富，也可能在第二天又输得精光。"

西蒙斯的所作所为似乎正在超越有效市场假说。有效市场假说认为价格波动是随机的，交易者不可能持续从市场中获利。而西蒙斯则强调，"有些交易模式并非随机，而是有迹可循、具有预测效果的。"如同巴菲特曾经指出"市场在多数情况下是有效的，但不是绝对的"一样，西蒙斯也认为，虽然整体而言，市场是有效的，但仍存在短暂的或局部的市场无效性，可以提供交易机会。

西蒙斯的故事，听起来更像是一位精通数学的书生，通过复杂的赔率和概率计算，最终打败了赌场的神话。这位前美国国防部代码破译员和数学家似乎相信，对于如何走在曲线前面，应该存在一个简单的公式，而发现这个公式则无异于拿到了通往财富之门的入场券。

## 13.2　量化投资的概念与特点

### 13.2.1　量化投资的概念

"基本面投资或者传统投资是通过信息和个人判断来管理资产，如果遵循固定规则，由计算机模型产生投资决策则可被视为量化投资。"一般而言，量化投资是借助现代金融学、计算机和数学的方法，把人的投资理念和研究成果量化为客观的数理模型，利用计算机技术完成数据处理、分析建模、决策下单，执行整个流程的系统化、程序化的投资方式。简单来讲，量化投资就是利用计算机科技并采用一定的数学模型去实现投资理念、实现投资策略的过程。

与依赖个人经验的传统定性投资不同，量化投资主要依靠数据和模型来寻找投资标的、构建投资策略。传统投资与量化投资的区别类似于中医与西医的差异。中医是望、闻、问、切，依据医生经验来看病。而西医首先要病人去拍片、化验，依托医学仪器得出结论，进而对症下药。传统投资更像中医，更多地依靠经验和感觉判断市场的错误定价。而量化投资更像西医，依靠模型对市场进行全面检查，发现错误定价，进而建立投资策略。量化投资将适当的投资思想、投资经验（甚至直觉）反映在量化模型中，利用电脑帮助人脑处理大量信息，帮助人脑总结归纳市场规律，建立可以重复利用并反复优化的投资策略（经验），并指导我们的投资决策过程。

量化投资离我们究竟有多远？实际上，投资组合、资产定价、风险管理等都离不开量化分析。GDP 增长率、资产负债率等都是量化指标。只要多花工夫，我们人人都可以成为量化分析的高手，成为量化投资的实践者。

### 13.2.2　量化投资的特点

量化投资主要有五个特点，包括纪律性、系统性、及时性、准确性、分散化等。

（一）纪律性

严格执行量化投资模型所给出的投资建议，而不是随着投资者情绪的变化而随意更改。纪律性的好处很多，可以克服人性的弱点，如贪婪、恐惧、侥幸心理，也可以克服认知偏差。另外一个好处是可以跟踪和修正。一个好的投资方法应该是一个透明盒子，而不是黑盒子。每一个决策都是有理有据的，无论是股票选择、行业选择，还是大类资产的配置等，都是有数据支持、模型支持及实证检验的。

（二）系统性

量化投资的系统性特征主要包括多层次的量化模型、多角度的观察及海量数据的观察等。多层次模型主要包括大类资产配置模型、行业选择模型、精选个股模型等。多角度观察主要包括对宏观周期、市场结构、估值、成长、盈利质量、分析师盈利预测、市场情绪等多个角度的分析。系统性还表现为海量数据的处理。人脑处理信息的能力是有限的，当一个资本市场只有100只股票，这对定性投资基金经理是有优势的，他可以深刻分析这100家公司。但在一个很大的资本市场，比如有成千上万只股票的时候，量化投资的信息处理能力反映出它的优势，能捕捉更多的投资机会，拓展更大的投资机会。

（三）及时性

及时快速地跟踪市场变化，不断发现能够提供超额收益的新的统计模型，寻找新的交易机会。

（四）准确性

准确客观评价交易机会，克服主观情绪偏差，妥善运用套利的思想。量化投资通过全面、系统的扫描，捕捉错误定价、错误估值带来的机会。定性投资经理大部分时间在琢磨哪一个企业是伟大的企业，哪只股票是可以翻倍的股票；而量化投资经理大部分精力花在分析哪里是估值洼地，哪一个品种被低估了，买入低估的并卖出高估的。

（五）分散化

在控制风险的条件下，充当准确实现分散化投资目标的工具。分散化，也可以说，量化投资是靠概率取胜。这表现为两个方面：一是量化投资不断地从历史中挖掘有望在未来重复的历史规律并且加以利用，这些历史规律都是有较大概率获胜的策略；二是依靠筛选出股票组合来取胜，而不是一只或几只股票取胜，从投资组合理念来看也是捕获大概率获胜的股票，而不是押宝到单只股票上。

### 13.2.3 量化投资与基本面投资

作为投资理论，被动投资理论与主动投资理论的争论由来已久。被动投资理论假定市场是有效的，没有人能战胜市场，无论怎么做最后只能得到市场回报。也许短期能得到超额回报，但长期来看很难能战胜市场的。市场是有效的，投资者也是理性的，同时不存在长期的套利机会。主动投资理论又称为"积极投资理论"，假定市场是非有效或弱有效的。投资者可发现交易机会，获得超额回报。实现主动投资可采用基本面投资和量化投资两种手段。基本面投资主要通过对个股基本面、估值、成长性等方面的分析研究，建立战胜市场、产生超额收益的组合。而量化投资则是将定性思想与定量规律进行量化应用。

图13-1对量化投资和基本面投资进行了简单对比。二者的主要区别如下：

1. 量化投资利用模型和工具构建交易策略，并遵循一致、有序的严格流程。然而，量化策略的思想和理念仍然需要人的智慧。基本面投资更多地依靠人的经验和主观判断，利用人的想象力和创造力。在这方面，二者的区别不大。

2. 量化投资依靠模型和数据，容易测试。而基本面投资更多地依靠人的经验，通常

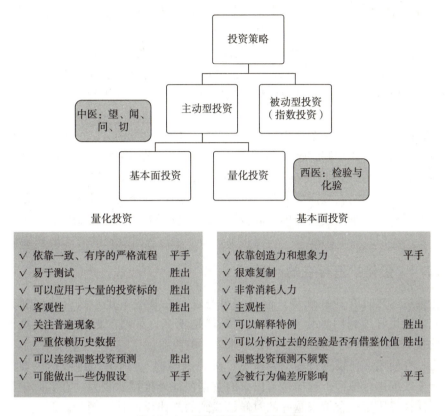

图 13 –1　量化投资与基本面投资

难以复制。量化投资略微胜出。

　　3. 量化基金在初期的规模往往比较小，可能是 1 000 万元、2 000 万元、5 000 万元，但是它一旦发行很快就可以达到 20 亿元、30 亿元，很多基本面投资的基金经理很难达到这一点。2008—2009 年，国内有一些做得很成功的做基本面投资的基金经理，回报率大概为 50%。当时他管理的基金有 1 亿元，2013 年左右管理的规模大约是 2 亿元。为什么这么高的回报只有 2 亿元的基金管理规模？这也是没有办法的，因为基本面经理使用的是分析师。如果要增加容量，每增加 1 亿元要雇 5 个这样的分析师，但是这样的分析师要训练好几年才能做到，没办法把该投资经理的投资理念贯彻到所有的投资中。但是量化投资就不是这样，量化投资可以迅速将数学模型进行扩展，虽然后续讲到它在容量上也有问题，但是它在资金规模扩张上是比较容易的。量化投资所依赖的数学模型是比较客观的，但是基本面投资所依赖的人的判断是主观的，所以这方面量化投资是胜出的。

　　4. 量化投资比较依赖于历史数据，更注重普遍现象。而基本面投资则可以通过经验来分析现在的情况是否与历史数据一致。可以说，基本面投资具有一定的智慧。假如历史不会重演，过于依赖历史数据的量化投资是劣于基本面投资的。

　　5. 投资模型、投资预测必须及时、持续地进行调整，才能适应市场的变化。量化投资使用的公式能够很快地进行调整，但基本面投资需要对人进行培训，对人的理念进行改变。很多量化投资的投资人在长期的发展中生存下来，但是基本面投资的投资人往往在市场发生巨大的变化时会不适应。所以，这方面量化投资胜出。

6. 量化投资通过表面的现象来进行判断，而表面的现象可能不一定是真实的原因。所以，量化投资会做出一些"伪假设"，会做出一些伪判断。基本面投资也有自身的缺陷。做投资的时候，人们会受到投资情绪的影响。实际上，量化投资和基本面投资都有这方面的缺陷。

此外，基本面投资是一个高投资深度、低投资广度的投资方式。做股票投资的时候可以做得非常精致、非常好，选股票时可以一只一只做纵深分析。但是由于深度的股票分析消耗人力、物力，因此很难投资较多的股票。像盖摩天大厦一样，可以盖得很漂亮，然而盖很多这样的大厦需要非常高的代价，有限的资金是不能做到的。量化投资就像建筑平房区一样，是低投资深度、高投资广度的投资方式。也就是说投资的时候股票覆盖得非常广，但是选取的股票不一定很准，需要通过大量投资的方式来获取利润。

### 13.2.4　量化投资存在的问题

量化投资虽然具有种种优势，但是它自身也存在某些不足。只有认识到其中的不足，我们才能更好地利用量化投资工具。既然是工具，策略的好坏更多取决于怎么使用，量化投资并不是一个印钞机，可以带来稳定的收益。

首先，在使用量化投资过程中要避免"纯数据挖掘"。所谓"纯数据挖掘"就是过度依赖历史数据进行拟合。这样拟合出来的数据往往外推性比较差，在实际中是不能够使用的。往往是历史拟合越来越好的时候，找到的规律反而越来越少。假设有个时间序列长度为1 000，如果用一个包含1 000个参数的方程去拟合，就可以100%地拟合这个曲线，数学上没有任何悬念，但模型并没有找到什么规律，而仅仅是事实的罗列。实际上，当找到一个历史回测非常好的模型时，未必在交易时是有效的，甚至它往往在交易时完全没有用。倒是那些回测中等效果的模型的外推性表现比较好，特别是一些简单的模型。所以，选模型的时候，尽量选参数较少的模型，它总结的规律往往更丰富并且更通用。

其次，做量化投资时千万不要把幸运当作技巧。策略投资的过程中很多时候有幸运的成分。实际投资过程中噪声是非常大的，并不是表现好的策略一定是投资人的技术过强造成的。不要把不错的表现或收益当成一个真的技巧，可能很多时候有幸运的成分，这一点要认真地去区分。运气和技巧是不一样的，技巧本身有真正的技术。真正的技术需要更多采样的样本才能发现。如果运气和技巧是混在一起的，要通过很长的时间才能发现整个技巧。

# 13.3　为什么需要量化投资

量化投资主要依靠市场的错误定价来获利。关于错误定价，金融学中有两个与之相关的理论：有效市场假说与行为金融学。

### 13.3.1　有效市场假说与量化投资

市场有效性是证券投资中最基础的问题之一。Fama（1970）将市场有效性定义为股票价格是否及时、充分、完整地对投资者已经掌握的信息做出反应。所谓有效反应是指一条信息如果影响股票价格，那么股票价格应该在市场得到这条信息时马上发生变化，而且变化的幅度正好合适。投资者既不会过度反应，也不会反应不足。因此，在新的信息到来之前，股票价格是对的（等于股票的内在价值）；而新的信息到来之后，股票价格迅速进行了相应的调整，调整之后也是对的（等于股票的新的内在价值），而且这个调整过程是瞬间发生的。投资者不可能在信息披露之后，利用这条信息交易获得超额回报。

如果我们认为市场是充分有效的，那么最好的投资策略就是投资于市场指数基金。这样，我们可以承担不可分散的市场风险，并取得相应的风险回报。任何企图通过其他方法来取得超过风险回报以外的超额回报的做法都是多余的。因为市场有效，所以所有证券的定价永远都是对的，不存在错误定价，也就不存在获得超额回报的机会。但是如果不认为市场是充分有效的，我们也就是承认了市场上可能存在错误定价。在发现了错误定价以后，我们可以通过反向交易取得超过风险回报以上的超额回报，并在这个交易过程中纠正错误定价，提高市场有效性。

Fama（1970）正式系统地提出了有效市场假说（Efficient Market Hypothesis，EMH）。在一个没有证券交易成本、证券持有成本和信息成本的高效率的、最理想的市场上，证券价格等于其价值。一旦有和证券价值相关的信息被披露出来，市场就会迅速地做出调整，使价格重新等于价值。没有人或任何交易策略可以前瞻性地利用公开的信息赚取系统的超额回报。也就是说，在这个市场上，证券的定价在任何时点上相对于投资者拥有的信息来讲都是对的，错误定价不存在。

有效市场假说包括三种形式。第一种是弱式有效，证券价格已经反映了能从市场历史交易数据中得到的信息，即历史信息不能获得超额回报。第二种是半强式有效，证券价格已经反映了与公司前景有关的全部公开信息，即公开信息不能获得超额回报。第三种是强式有效，证券价格已经反映了与公司有关的全部信息（包括私有信息），即私有信息不能获得超额回报。实证研究发现，市场并不是完全有效的，内幕信息可以获利，技术分析可以获利。

实际上，市场存在诸多障碍使得其难以有效。如投资者可能通过对公共信息的过滤，创造出大量的私人信息。投资者做决策往往是根据个人情绪，而不是对信息的理性分析。经济条件，尤其是技术水平无时无刻不在变化，而人们需要时间去适应变化。交易费用使理论模型和现实存在差距，税费、金融政策等会导致市场扭曲。正是因为市场非有效，我们才难利用量化投资发现有效因子，进而构建策略来获利。

有效市场假说也指出，如果股票价格因为某种原因偏离了其内在价值，套利者在追求超额回报的动机驱使下会马上采取行动，通过交易使股票价格回归到其内在价值上来。量化投资正是起到了套利者的作用。因为套利行为的存在就认为市场是完全有效的，就像因为地球引力的存在就相信海平面是平的一样。遗憾的是，海平面并不是平的，有海浪，有海潮。更为合适的表述应该是，股票价格在任何时候都努力寻找着内在价值，但是在任何时候，各种各样的信息都在冲击着价格，使其偏离内在价值。有效资本市场是一个过程，而不是一个目的。

### 13.3.2　行为金融学与量化投资

行为金融学认为，人并非是完全理性的。由于信息不足和认知能力有限，投资者在决策过程中可能会产生许多心理偏差，如过度自信、自我归因等。由此，投资者会产生两个异常投资行为——过度反应（Overreaction）和反应不足（Underreaction）。过度反应是指投资者对某一信息或事件的发生做出了比正常反应更加剧烈的反应。引申到股市中是指这样一种现象，由于投资者对可能影响股价的某种信息或事件的影响力存在认识上的偏差，股价会出现过度涨跌，即股价会因利好消息而过度上涨，或因利空消息而过度下跌，从而偏离其基础价值。反应不足是指投资者低估了最近获得的信息，对某些信息反应冷淡，甚至没有什么反应。本来属于"大"的利好或利空消息，在消息公布时，却得不到市场的回应或市场反应微弱。反应不足意味着价格在一定时期内将沿原方向继续运动，形成趋势。这些异常投资行为会使股价过分波动，股票价格偏离其价值。

从投资者的心理来看，导致过度反应的原因主要有过度自信（Overconfidence）和自我归因偏差（Selfcontribution Bias）。过度自信是指人们倾向于过度相信自己的判断，而低估这种判断可能存在的偏差。以一个非常熟悉的调查为例，美国曾调查开车的人到底对自己的驾车水平是如何评价的？大部分开车的人对自己的评价都很高，当时调查了1 000个人，93%的人都认为自己开车的水平超过平均线（而现实是只有50%的人会超过平均线）。自我归因偏差则是指投资者过于高估或认可与自己意见一致的信息，而忽视意见相左的信息，若成功则归因于自己的努力，失败了则归因于运气不好。这种意识随着投资收益的增加会不断加强，导致股价会因某一利好消息上涨再上涨，或因某一利空信息下跌再下跌。

导致反应不足的心理原因是保守性偏差（Conservation Bias）。保守性偏差是指对基础评判给予过多的权重，而对于新的数据重视不足，易引致反应不足。固执（Belief Perseverance）是保守的一个极端情形。人们一旦形成某种看法，往往就死死坚持它。

过度反应和反应不足还可以用投资者的心理账户来解释。在进行决策时，人们往往倾向于不是权衡全局情况进行考虑，而是在心里无意识地把它分成几个部分（心理账户）来看，对每个账户采取不同决策。在考虑问题的时候，投资者往往每次只考虑一个心理账户，把目前要决策的问题和其他的决策分别看待，即将投资组合放在若干个"心理账户"中，不太在意它们之间的相关性。由于投资者过于关心单个账户的盈亏而不是注意整体效果，可能会导致过度反应和反应不足。

既然投资者的行为偏差来源于心理和行为因素，具有一定的持续性且难以更改。量化投资就可以利用这种行为偏差来获利，如构建反转策略或动量策略。反转策略，就是买进过去表现差的股票、卖出过去表现好的股票的投资方法。动量策略，即预先对股票收益和投资量设定过滤准则，只有当股票收益或股票收益和投资量同时满足过滤准则时，才买入或卖出股票。

# 13.4 量化投资的发展历程

## 13.4.1 对冲基金发展史

自 1949 年琼斯（Alfred Winslow Jones）创建美国第一家对冲基金开始，对冲基金发展迅猛，规模不断增长。对冲基金的发展正是量化投资发展的体现。目前，比较公认的对冲基金的发展由以下五个阶段构成。

（一）创始阶段：1949—1966 年

琼斯（Alfred Winslow Jones）是对冲基金的鼻祖，他创建了第一只对冲基金。琼斯在哥伦比亚大学获得社会学博士学位后，加入《财富》杂志成为一名记者。1949 年，琼斯在任职《财富》杂志期间受命调查市场分析的技术方法。结果他无师自通，几乎在一夜之间就从一个新手成为一个精通者。由于相信自己有更好的投资模型，他开始募资并发行了一只基金，建立起一家投资公司。该公司带有对冲基金的经典特征，即存在一个奖励佣金制和投入一部分自有资金，向一般经理人员支付利润的 20% 为薪水。该公司被认为是世界上第一家对冲基金。在 1950—1960 年的牛市中，琼斯的业绩表现优异，多次超过了市场指数。后来，琼斯不满足于自己的选股策略，聘请了其他的投资经理，公司改为有限合伙公司。

（二）初步发展阶段：1966—1968 年

1966 年，《财富》杂志的另一位记者卢米斯（Carol Loomis）发现了业绩不凡的琼斯基金，撰文盛赞 "Jones 是无人能比的"。卢米斯也是第一个引入 "Hedge Fund" 这个名词的人。她详细描述了琼斯基金的投资策略和激励方式，并列举出琼斯基金的业绩记录，大大超过了一些经营最成功的共同基金。

在丰厚回报的驱动下，对冲基金迅速成长。在这段时期发行的对冲基金并没有一个确切的数字。据 1968 年美国证监会调查，截至 1968 年底成立的 215 家合伙型投资公司中，大约有 140 家是对冲基金，而且大部分都是当年成立的。

（三）低潮阶段：1969—1974 年

尽管缺乏经验，一些对冲基金经理也纷纷模仿琼斯的投资策略。但是，在 20 世纪 50 年代的牛市中，许多经理发现，传统的用杠杆方式买多的策略有时比多/空策略收益要好。许多基金经理开始背离琼斯的策略，开始运用传统的买多的策略。

1969—1970 年的股市下跌给对冲基金业带来灾难性的打击。道琼斯指数和 S&P 500 指数下降了近 50%，Morgan Guaranty（当时最大的养老基金管理人）损失了客户的大约 2/3 的资产。市场交易量大幅下降，许多对冲基金经理失业，只有很少有经验的对冲基金管理人挺过了这场灾难。

（四）缓慢发展阶段：1975—1997 年

1974—1982 年，股票市场缓慢单边上涨。由于市场和监管的原因，这一阶段的对冲基金的准确数目很难统计。受 1986 年《机构投资者》杂志一篇文章的影响，对冲基金再次流行起来。该文章描述了老虎基金的非凡表现。老虎基金在扣除管理费和业绩提成费之后，在它的六年存续期期间，获得了每年高达43%的高额回报。

在此期间虽然受到1987年"黑色星期一"的影响，但对冲基金崭露头角，金融衍生品被应用。1994年，美国联邦储备银行突然提高利率，对冲基金业略有冲击，但在随后的两年有所回升。总之，该阶段对冲基金的发展比较缓慢。

（五）大发展阶段：20世纪90年代之后

对冲基金是随着金融管制放松后，金融创新工具的大量出现而兴盛起来的。特别是20世纪90年代以后，随着经济和金融全球化趋势的加剧，对冲基金迎来了大发展的年代。无论是对冲基金管理的资产总额，还是对冲基金的数目都有了很明显的提速。2000年全球约有3 873家对冲基金，管理资金约有4 910亿美元。该现象主要是由于对冲基金的表现优于传统的投资方式，大量机构投资者进入对冲基金市场和大量的对冲基金经理进入该行业。

量化投资技术也伴随着对冲基金的发展在不断地发展和进步。实际上，量化投资本身的技术和研究门槛并不是深不可测。虽然对很多人来说需要很多知识储备，但是它的可复制能力很强。随着核心技术方法的传播和发展，整体对冲基金的发展速度会越来越快。

### 13.4.2  量化投资在亚洲

2011年有一个关于亚洲对冲基金发展的有趣调查，参加者包括600多个对冲基金的投资人，其中将近50%的人对亚洲量化对冲投资产生兴趣。亚洲发展量化投资与对冲基金具有很好的市场基础。首先，亚洲资本市场相关性相对较低。这是对冲基金发展非常重要的元素。其次，亚洲对冲基金在资产规模和数量上也不断增长。再次，亚洲市场具有较大的流动性。量化投资单笔获利不是很大，它需要大量的投资进行大量的交易才能获利，所以量化投资需要市场有很好的流动性。

回顾中国量化投资近几年的发展情况，在2010年股指期货出现之前，国内并没有真正意义的量化投资和对冲基金，市场的做空机制不够。即使少量的量化投资策略也承担了大量的市场风险。目前，量化投资在国内市场上逐步形成券商（集合理财产品）、公募基金（量化产品）、私募基金（阳光私募）及期货界四大派系。

## 13.5  常见的量化投资策略

目前市场上常见的量化投资策略主要包括多因子模型、套利类策略、统计套利、衍生品策略、事件驱动策略等。

### 13.5.1  多因子模型

多因子模型是一种常见的量化选股模型，通过寻找可以预测股票收益的因子进行选股，利用市场的非有效性获取收益，结合资产组合管理理论优化风险收益特性。操作过程中采用一系列的因子作为选股标准（如市盈率 PE），买入满足因子条件的股票，卖空不满足因子条件的股票。以市盈率因子为例，预期低市盈率的股票在未来具有较高收益，买入低市盈率的股票并卖出高市盈率的股票。若大量投资者均采取类似的操作，低市盈率的股票将涨价，高市盈率的股票将跌价。市盈率因子发挥了作用。当模型中纳入更多的因子时，多因子模型的稳定性更好。其中，多因子的组合可采取加权打分法或收益回归法。打分法就是根据各因子的大小对股票进行打分，然后按照一定的权重加权得到一个总分，根据总分再对股票进行筛选。回归法就是用股票历史收益率对多因子进行回归，然后把最新的因子值代入回归方程得到对未来股票收益的预判，最后以此为依据进行选股。

多因子模型以套利定价模型 APT 和 Fama – French 三因子模型等为基础，具有系统的理论框架。然而，该模型在成熟的资本市场上可能出现同质化问题。

### 13.5.2　套利类策略

套利类策略主要利用资产价格对一价定律的背离来获取收益。若资产价格有多种表现形式（如 ETF 基金的净值和交易价格）且不服从一价定律，套利者可卖高买低实现收益。在套利者交易的作用下，资产价格趋于一致，套利机会消失。该策略理论上无风险，实际上风险很低。由于门槛较低，该策略的使用者众多。

套利类策略的应用主要有 ETF 套利、分级基金套利、期货套利、期权套利等。

（一）ETF 套利

ETF 基金，即交易型开放式指数基金，是一种跟踪标的指数变化且在证券交易所上市交易的基金。该基金既可以在一级市场按净值申购与赎回，也可以在二级市场按价格进行交易。其中，申购使用一揽子股票（而不是现金）换取基金份额，赎回用基金份额换取一揽子股票（而不是现金）。由于 ETF 同时在两个市场上交易，它具有实际交易价格和资产净值双重属性。这两者按道理来说应该是相等的，但在实际交易过程中，由于各方面的因素，两者有可能会出现较大偏差。投资者可以买入便宜的一方，卖出贵的一方，赚取差价，实现 ETF 套利。

当"二级市场价格 >（基金份额净值 + 交易费用）"时，投资者可通过一级市场申购基金并转到二级市场卖出实现套利。其中，交易费用包括二级市场买入标的股票组合现货佣金、一级市场申购基金份额费用、二级市场卖出基金份额佣金、转托管费用等。

当"二级市场价格 <（基金份额净值 – 交易费用）"时，投资者可通过二级市场买入基金份额并转到一级市场赎回（并再到二级市场卖出股票）实现套利。其中，交易费用包括二级市场买入基金份额佣金、一级市场赎回费用、二级市场卖出标的股票现货组合佣金、转托管费用等。

（二）分级基金套利

分级基金（Structured Fund），指在一个投资组合下，通过对基金收益或净资产的分解，形成两级（或多级）风险收益表现有一定差异化基金份额的基金品种。一般而言，分级基金分为稳健份额与杠杆份额。其中，稳健份额的目标投资者是风险收益偏好较低的投资者。而杠杆份额则定位于那些期望通过融资增加其投资资本额，进而获得超额收益，具有较高风险收益偏好的投资者。基础基金称为母基金。稳健份额称为分级 A，获得约定收益率，一般为一年期存款利率加 3% 左右。杠杆份额称为分级 B，在保证分级 A 的本金和约定收益后获得剩余收益。分级基金具有份额配对转换机制，母基金可拆分为分级 A 和分级 B，分级 A 和分级 B 可合并为母基金。若母基金的价格或净值与分级 A、分级 B 的价格之和存在差异且该差异超过了交易费用，即存在分级基金套利机会。

如果"母基金净值 > 分级 A 价格 + 分级 B 价格 + 交易费用"，投资者可在二级市场买入分级 A 和分级 B，合并成母基金并赎回，实现套利。其中，交易费用包括基础份额赎回费、买入佣金、申请合并费用等。

如果"母基金净值 < 分级 A 价格 + 分级 B 价格 − 交易费用"，投资者可在申购母基金份额，拆分成分级 A 和分级 B 并卖出，实现套利。其中，交易费用包括基础份额申购费、卖出佣金、申请拆分费用等。

（三）期货套利

期货套利主要包括期现套利、跨期套利、跨市场套利。期现套利主要分析实际基差与理论基差的关系。跨期套利主要分析实际价差与理论价差的关系。跨市场套利主要分析实际价差与运输费用、汇率之间的关系。相关内容详见第 9 章。

（四）期权套利

根据复制的思想，买入期权（Call Option）可通过卖空债券、买入股票来复制，卖出期权（Put Option）可通过卖空股票、买入债券来复制。若期权价格与债券和股票的价格组合存在差异且该差异超过了交易费用，即存在期权套利机会。

### 13.5.3　统计套利

统计套利主要通过寻找资产价格之间的统计规律，利用对统计规律的暂时背离获取收益。这是一种风险套利行为，需要应对统计关系发生变化的状况。统计套利的主要思路是，先找出相关性最好的若干对投资品种，再找出每一对投资品种的长期均衡关系。当某一对品种的价差偏离到一定程度时建仓，买进被相对低估的品种、卖空被相对高估的品种。若价差恢复均衡时获利了结。

统计套利的应用主要有配对交易、期货跨期套利等。配对交易（Pairs Trading）的思想最早来源于华尔街的姐妹股票对交易策略。它首先在同一行业内选取业务相似、股价具备一定均衡关系的上市公司股票，然后做空近期的相对强势股，同时做多相对弱势股，等股价又恢复均衡时，平掉所有仓位了结交易。该策略与传统股票交易最大的不同之处在于，它的投资标的是两只股票的价差，是一种相对价值而非绝对价值。同时又由于它的股票多头和空头方同时建仓，对冲了绝大部分市场风险，因而它又是一种市场中性策略，策略收益和大盘走势的相关性很低。

### 13.5.4　衍生品策略

衍生品策略专注于对复杂产品的定价、收益分析、风险对冲，以获得合适的收益形态。这种策略需要借助复杂的数学模型，通常特征复杂，难以被普通投资者理解。

衍生品策略的应用主要有跨式期权、奇异期权、互换、结构性产品等。跨式期权策略（Straddle）是指以相同的执行价格同时买进或卖出不同类型期权的策略。该策略包括买入跨式套利和卖出跨式套利两种。若预期标的资产在后市具有较大的价格波动（上涨或下跌），可以相同的执行价格同时买入看涨期权和看跌期权。价格上涨，收益增加。价格下跌，收益也增加。如图 13 - 2 所示。

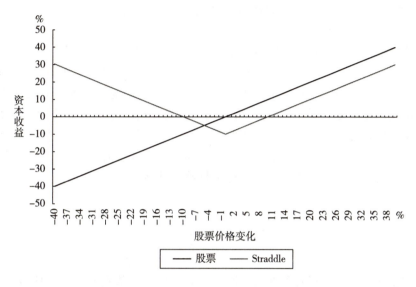

图 13 - 2　收益曲线比较：股票 vs Straddle

### 13.5.5　事件驱动策略

事件驱动策略，又称主题投资，往往依赖于某些事件或某种预期引发投资热点，启动市场情绪，带动相关公司股价出现快速上涨。该策略的主题与概念清晰。事件驱动的对象一定是对行业或上市公司的经济、盈利带来变化，特别是依据某些重大事件或某种预期（如国家产业政策、重大区域事件、公司重组、收购、兼并和破产等）进行投资机会的挖掘，从而引发投资热点。此外，该策略通常是高风险、高收益。事件驱动因素往往会引起股价波动较大，既带来超额收益机会，也承受着巨大的风险。因此，参与事件驱动下的投资，最重要的是做好控制风险的防范计划。

事件驱动策略的应用主要有 ETF 事件套利、定向增发套利等。

（一）ETF 事件套利

ETF 事件套利是利用 ETF 的申购/赎回机制完成的。当 ETF 跟踪的指数成分股出现异常动态变化事件（如涨停、跌停、停牌等）时，投资者能够变相交易二级市场不能交易的股票。根据事件对预期股价变动方向的影响，ETF 事件套利可分为多头套利与空头套利。

当出现 A 股票因事件 B 停牌，投资者预估复牌后股价大涨的可能性大。如果 ETF 的成分股包含 A 股票，那么通过 ETF 交易可以实现 A 股票"买入"。首先在二级市场买入 ETF 并同时申请赎回，获取"一揽子"股票。然后在股票市场中卖出其他股票，保留 A 股票。

当出现 A 股票因事件 B 停牌，投资者预估复牌后股价大跌的可能性大。如果 ETF 的成分股包含 A 股票，那么通过 ETF 交易可以实现 A 股票"卖出"。首先使用替代 A 股票的现金和在二级市场买入的 ETF 中其余成分股票，合并申购 ETF。然后在二级市场同步卖出申购所得 ETF。待 A 股票复盘后，基金公司按复盘后的价格买入放回 ETF 中，投资者替代 A 股票的现金实行多退少补政策，完成空头套利。

（二）定向增发套利

定向增发是面向特定投资者发行股票的行为，采用的是非公开发行方式。非公开发行通常以协议价格发行，为上市公司提供融资的渠道。由于是针对实力强、风险承受能力较强的大股东和大投资人的，非公开发行可以在一定程度上减少小股民的投资风险。提出定向增发的公司通常为优质的上市公司，具备绩优、股票价格上升可能性大等特点。定向增发后，公司会采取手段防止股票价格低于增发发行价格，避免对投资人的利益损害。因此，其余投资者可以预期股票价格维持原价或上升，对于一般投资者可以在股价低于增发发行价格时购入，增加获得正收益的可能性。

# 13.6 本章小结

本章主要介绍了量化投资的概念与特点、量化投资与基本面投资的比较、量化投资存在的问题、为什么需要量化投资、量化投资的发展历程、常见的量化投资策略等。

**本章思考题**

1. 量化投资和基本面投资有哪些异同，各有哪些优势与不足？
2. 有效市场假说和行为金融学在量化投资中起到了哪些作用？
3. 套利类策略与统计套利有哪些区别与联系？

**本章操作题**

1. 搜集股神巴菲特、索罗斯、西蒙斯的相关资料，比较他们的投资业绩和投资风格。
2. 搜集相关资料，分析量化投资在我国的发展现状。

**本章参考文献**

[1] 陈工孟. 量化投资分析 [M]. 北京：经济管理出版社，2015.
[2] 丁鹏. 量化投资：策略与技术 [M]. 北京：电子工业出版社，2012.

# 第 14 章

# 量化交易平台与策略设计

**本章学习目标**

- 了解常见在线量化交易平台的功能与特点
- 了解量化交易策略的设计步骤与过程
- 掌握优矿、米筐、聚宽平台的量化策略设计方法

## 14.1 量化交易平台概述

### 14.1.1 量化交易平台简介

量化投资的思想和理念要真正发挥作用，投资者需要设计相应的量化交易策略并实施。量化交易策略的设计主要是以计算机为工具，建立固定的逻辑来进行分析、判断和决策。一个完整的量化交易策略包括输入部分、策略处理部分、输出部分。以量化选股策略为例，输入部分含行情数据、财务数据、投资经验、自定义数据等。策略处理部分含选股（如多因子模型）、择时（判断买入卖出点）、仓位管理、止盈止损设计等。输出部分含买入信号、卖出信号、投资成本、投资收益等。因此，量化交易策略的设计和实施需要较多的技术手段。仅从硬件方面来考虑，获取数据需要购买数据库或计算机爬虫；分析数据需要采购计算机或服务器、采购数据分析软件并掌握数据分析技术；编写策略需要采购编程软件并掌握相关的编程技术；策略回测、模拟与实盘交易需要相应的交易接口。

真正做量化交易的门槛是比较高的，一般投资者是可望而不可即的。然而，幸运的是，近年来美国的互联网金融创新已经延伸到量化交易领域，以 Quantopian 为代表的在线量化交易平台极大地降低了量化交易策略开发的门槛。用户在其平台上能够获得强大的行情、回测、交易 API 支持，轻松地实现各类量化交易策略，并且优秀的策略将能够获得平台的高额风险投资，最终平台和用户能够一起共享策略产生的投资收益。国内的量化交易平台也层出不穷。

量化交易平台提供行情、财务、回测、交易等接口，用户在线完成一体化的策略研

究、实盘过程。从用户需求来看，量化平台的核心用户是开发量化交易策略的个人或团队，包括私募、公募、交易策略开发爱好者等。这些用户的专业能力不一，投资风格、标的、策略偏好也差别较大。因此，量化平台需开发平台化产品才能够满足这些用户的策略开发需求。其中，需求既包括基本的策略开发需求，如策略环境、实时行情及历史行情数据、策略历史回测、模拟及实盘交易等，也包括进阶性需求，如高频历史行情、回测优化、风险控制、绩效评估及策略管理等。从平台服务来看，量化交易平台应提供历史行情、财务报告等数据服务、证券期货等交易通道服务以及策略回测、模拟交易、仿真环境、信号分析、风控管理、绩效评估等高附加值服务。此外，平台应具有一定的易用性，包括编程语言的兼容性和界面的友好性。

### 14.1.2　常见的量化交易平台

随着量化投资理念的推广，国内多家公司和创业团队开始涉足量化投资领域，并建立了量化交易平台。万得信息技术股份有限公司（万得）在产品"Wind 资讯金融终端"中开发了量化交易平台，并提供 EXCEL-VBA、MATLAB、Python、R、C++、C#等开放接口。浙江核新同花顺网络信息股份有限公司（同花顺）在产品"iFind 同花顺金融数据终端"中开发了量化交易平台。深圳国泰安教育技术股份有限公司（国泰安）建立了宽量网，开发了量化研究终端和量化投资终端等产品。深圳开拓者科技有限公司（开拓者）以期货交易为核心，接入多家券商接口，开发了交易开拓者软件。此外，在线量化交易平台也不断推出，如优矿、米筐、聚宽、掘金量化、京东量化等。

（一）优矿——Uqer

优矿（https：//uqer.io/）是通联数据公司旗下的量化实验室产品。通联数据股份公司（DataYes）是由金融和高科技资深专家发起，万向集团投资成立的一家金融资讯和投资管理服务公司。优矿提供了量化研究与交易云平台，打破了金融量化的壁垒，为广大量化爱好者提供了专业的服务。优矿在其介绍中指出，优矿特色体现为以下几点：

- 高质量金融数据和海量的特色大数据：沪深股票、新三板、港股、基金、期货、债券、期权、指数等专业金融数据，以及公司行为、大宗商品产销库存、产业链、媒体新闻、社交媒体等多渠道海量特色数据。
- 专业、高效的量化研究工具：借助 Python 语言的强大分析能力，定制了贴合量化研究场景的工作环境，提供了进行统计计算、资产定价、金融建模、因子分析、事件研究等全方位专业化的量化研究工具。
- 策略回测：易用、专业的策略回测框架，支持股票、基金、期货的日频率和分钟频率的回测。
- 模拟交易：日频率和分钟频率的策略实盘模拟。
- 实盘交易：实盘量化大赛正在持续进行。
- 高质量内容社区：优矿聚集了一大批量化爱好者和专业机构量化从业者，大家在社区中分享各种想法、算法、策略，共享思维碰撞带来灵感。

此外，除了提供给广大量化爱好者使用的标准版外，还为专业的量化投资机构提供了优矿专业版。

（二）米筐——Ricequant

Ricequant（https：//www.ricequant.com/）是深圳米筐科技有限公司开发的量化交易平台。米筐在"常见问题"中指出，米筐具有以下特点：

- 高质量的数据：股票、财务数据、期货、指数、基金、雪球舆论数据、Tushare爬虫数据。
- 便利的研究平台：提供在线的 IPython Notebook 研究平台，提供分钟级别的数据、财务数据和各式各样的其他数据方便进行数据查询和研究，预先安装了种类繁多的各种 Python 库。
- 策略回测与模拟交易：支持 A 股、ETF、LOF 和分级基金的回测和模拟交易。
- 量化交流社区与量化交易比赛。

（三）聚宽——Joinquant

JoinQuant 量化交易平台（https：//www.joinquant.com/）是由北京小龙虾科技有限公司为量化爱好者打造的云平台，提供回测功能、高速实盘交易接口、易用的 API 文档、由易入难的策略库，便于用户快速实现、使用自己的量化交易策略。目前，平台主要针对沪深 A 股、ETF 提供服务，并提供高质量数据、研究平台、回测服务、模拟交易和量化交流社区等。聚宽在"常见问题"中指出，其主要特点如下：

- 高质量数据：提供的数据含 2005 年至今完整的 Level－2 数据、上市公司财务数据及完整的停牌、复权等信息，盘后及时更新。
- 研究平台：提供 IPython Notebook 研究平台，提供分钟级数据，采用 Docker 技术隔离，资源独立、安全性更高、性能更好，同步支持 Python2、Python3。
- 回测体验：支持对沪深 A 股、ETF、LOF、分级基金进行回测，支持每日、分钟两级回测，提供简洁、强大的 API，回测结果实时显示、快速响应、数据全面。
- 模拟交易：提供最准确、实时的沪深 A 股、ETF 模拟交易工具，支持基于 tick 级的模拟交易。
- 量化交流社区：为量化爱好者提供线上交流社区，便于用户交流量化策略、学习量化知识，一起成长。

（四）掘金量化——Myquant

掘金（http：//www.myquant.cn/）是深圳红树科技有限公司为专业量化机构和宽客打造的一套全栈式量化交易解决方案。掘金覆盖量化交易完整生命周期，支持策略研发、策略回测、仿真交易、实盘交易与盘后分析优化全过程；覆盖所有主流开发语言，掘金者可以使用自己最熟悉、最拿手的语言快速转化自己的策略思想，进入实战交易；覆盖全球主要市场，让掘金者的思想、策略、积累能够在最广阔的舞台——全球市场自由施展。

掘金量化平台由三部分组成：掘金量化云、掘金 SDK、掘金终端。量化云提供稳定、可靠、高性能的数据服务和回测、仿真等基础服务。云服务 7×24 小时可用，用户可以随时随地接入云服务，全天候进行策略开发、调试、回测和仿真交易，不受交易时段的限制，从而以最高的效率保证策略快速上线实盘。掘金 SDK 使数据和交易接口标准化，并以易用、开放、高性能为设计目标针对量化交易进行优化。SDK 支持所有主流的编程开发语言，如 C、C++、C#、Python、MATLAB、R 等语言，最大限度地保证了平台的开放性。掘金提供强大的可视化终端，为策略开发、研究、管理、运行监控、风险控制、信号分析提供一体化的操作界面。掘金的主要特点如下：

- 统一的量化交易接口：接入各大市场的数据和交易通道，屏蔽各交易所接入差异和复杂性，避免高昂的技术与人力成本。
- 一致的策略事件模型：将实时数据/模拟数据/回放数据/交易数据，整合到复杂事件处理引擎，以通用的事件模式驱动。策略可以灵活的切换数据源而不用修改代码，策略在研究/回测/仿真/实盘各阶段真正做到无缝迁移。
- 完善的风险控制机制：可构建基于策略的资金、持仓、绩效指标，以及可交易市场与代码的丰富风控规则；可指定从提醒、警告、限制交易到自动强平的风控行为。
- 多策略多账户支持：对有一定规模的量化团队，多策略的运行管理，资金分配，策略子账户绩效监控非常重要，掘金对此提供良好的支持。
- 完整的策略生命周期管理：从策略思想到策略实盘上线的全过程，都可以通过掘金平台进行管理；每一个环节，都可以得到掘金团队的服务支持。

（五）京东量化——Quant. jd

京东量化平台（http：//quant. jd. com/）是京东金融打造的"一站式"在线量化交易平台。京东量化平台的特色主要体现为：

- 海量精准数据：京东量化平台从国内知名的资讯金融终端购买了大量的金融数据，对低频和高频的数据源进行了大量严格、细致的清洗工作。另外，平台提供独具特色的京东大数据，还提供准确、实时的沪深股市行情以及指数行情信息，沪深股票的基本信息和 IPO、配股、分红、拆股、股改、行业以及回报率等信息。
- 强大策略支持：京东量化平台同时支持 Python 环境和 Java 环境编写投资策略，适合不同背景的学习者。
- 策略回测与模拟交易：京东量化平台提供了高效快捷的回测环境，方便随时检验和修改策略，及时发现策略的不足，有效地完善策略，从而更好地为实盘投资提供帮助。京东量化平台同时也为用户提供实盘模拟功能，接受市场的考验，更加证明策略的可靠性。
- 活跃交流社区：京东量化平台还为用户提供丰富活跃的交流社区。平台吸引了大量的量化投资爱好者，在这里不管是遇到使用平台的问题，还是量化策略的问题，或者是 Python 和 Java 编程问题，都可以快速、高效地解决。

# 14.2 优矿平台的策略设计

## 14.2.1 策略设计

优矿平台提供了"量化学堂"（https：//uqer. io/study/）供用户学习量化交易策略设计，包括新手上路和策略样例。其中，新手上路介绍了策略设计方法。

在优矿上写一个简单的量化策略，首先要设定一些初始值，比如本金、回测的时间区间等。然后，选择股票，可以自定义一定的股票池，也可以定义一个选股范围，通过买卖条件来筛选。之后，设定买卖的条件，又称"handle data"，在什么情况下买入卖出。这是策略中最为关键的部分。在上述的基础上，可以加入一些更为复杂的规避风险的机制，或者增加交易费等细节，使得历史回测的结果更加接近于真实交易的情况。这样就可以形成一个完整的策略。

（一）设置初始数据

首先设置一些初始数据。既然要用历史数据回测，当然要定一个回测的时间区间。这个区间并不是越长越好。有的策略适合熊市，有的适合牛市。所以请务必选择适合这个策略的时间区间来进行回测。比如，假设回测过去两年的情况，代码如下：

start = '2013 -01 -01'#这是开始的日期，上下加引号是 python 语法规定，表示其中是一个字符串

end = '2015 -01 -01'#这是截止的日期

然后，确定策略表现的参照基准。比如股票是从沪深300指数里选出来的，那对应的基准应该是沪深300指数；如果是做小盘股或者创业板，那么也应该选取相应的参照标准。这里，假设把沪深300指数作为参照标准，代码如下：

benchmark = 'HS300'　#HS300表示沪深300，其他常见的还有 SHCI（上证综指）、SH50（上证50）、SH180（上证180）和 ZZ500（中证500）

也可以以其他指数为参照，比如以创业板为参照：

benchmark = '399006. ZICN'　　#策略参考标准为创业板指

其他指数的列表可以通过 DataAPI. IdxGet（）这个 API 拿到。

DataAPI. IdxGet () #直接复制到开始研究里某个 notebook 的代码单元中，按ctrl +enter 运行后即可获得。

甚至可以以某个单个股票的走势作为参考基准，比如：

benchmark = '000001. XSHE'　　　# 策略参考标准为平安银行

然后，设置起始资金。

capital_ base = 100000　#初始资金有10万

最后，设置策略类型和调仓频率。

freq = 'd'　# 策略类型，'d'表示日间策略使用日线回测，'m'表示日内策略使用分钟线回测

refresh_ rate = 1　# 调仓频率，表示执行策略运行条件的时间间隔，若 freq = 'd'时间间隔的单位为交易日，若 freq = 'm'时间间隔为分钟

（二）选取股票池

股票池的意思就是策略中所用到的股票要从哪里挑选。有的策略可以从庞大的股票池里选股，也有的策略是从特定的几支股票中按照一定条件来筛选。比如：

universe = set_ universe ('SH50')　　# 股票池里包含了最近一个交易日的上证50的成份股

又比如：

```
universe = ['000001.XSHE', '600000.XSHG']     # 股票池里是我指定的平
```
安银行和浦发银行，自定义股票池里的证券，需要包含证券编码与交易所编码两个信息，前面 6 位是股票编码，小数点后面 4 位字母是交易所编码。XSHE，表示深交所；XSHG，表示上交所。

还可以使用优矿提供的策略框架下的 StockScreener 来按因子条件筛选股票。

```
universe = StockScreener (Factor.PE.nlarge (10)) #这里筛选的因子
factor 是股票的 PE 值，筛选的方法是最大的 10 支。
```

除此以外，还有其他各种不同的因子和筛选方法。股票筛选器所使用的筛选因子都可以通过 Factor. 的方法获得，在优矿中通过代码补全可以很容易地输入所需要的因子。你可以活学活用，将几种不同的定义股票池的方法结合起来使用。比如：

```
universe  =  StockScreener  ( Factor.PE.nlarge  ( 10 ))   +
['000001.XSHE', '600000.XSHG'] # 设置证券池为 PE 值最大的 10 只股票，并加
```
上平安银行和浦发银行

（三）初始化回测账户

在编写买入卖出的条件之前，还需要定义回测账户的信息。你的买入卖出的设定是完全基于一个空白账户，还是原先就有持仓的账户呢？

如果是从零开始的空白账户，那么我们这样初始化就可以啦：

```
def initialize (account):              #初始化一个全新的虚拟账户状态
 pass
```

在 account 这里，用户可以自己定义各种函数，之后很多的高级策略里都会用到。比如一个策略设定为某些股票在连续出现 3 次下跌之后买入，那么就需要在这个 account 里定义一个计数器，每天运行策略的时候，都会检测股票是否下跌，一旦出现，就会在计数器里加 1，累积到 3 次之后就会出发买入的指令。但是初阶的用户只要在策略里复制这段代码即可。

（四）设置买卖条件

最简单的买卖命令有以下几种：

```
#每只股票买 1 手（100 股）
def handle_ data (account):
  for s in account.universe:
    order (s, 100)
```

```
#每只股票买至持仓 1 手（100 股）
def handle_ data (account):
  for s in account.universe:
    order_ to (s, 100)
```

```
#每只股票买入价值为虚拟账户当前总价值的 10%
def handle_ data (account):
```

```
for s in account.universe:
    order_pct (s, 0.1)
```

#每只股票买入卖出至价值为虚拟账户当前总价值的10%
```
def handle_data (account):
    for s in account.universe:
        order_pct_to (s, 0.1)
```
在这个基础上，我们可以做一些条件判断。比如，设定一个最简单的买入卖出条件，当股票价格小于4的时候买，当股票价格涨幅达到1.25倍时卖出。

```
def handle_data (account):
    for stock in account.universe:    #股票是股票池中的股票，并且优矿帮
你自动剔除了当天停牌退市的股票
        p = account.referencePrice [stock]         #股票前一天的收盘价
        cost = account.valid_seccost.get (stock)   #股票的平均持仓成本
        if 0 < p < 4 and not cost:                 #判断这个价格小于4，并且当
前没有买入该股票
            order_pct_to (stock, 0.1)              #将满足条件的股票买入，总价值
占虚拟账户的10%
        elif cost and p >= cost * 1.25:            #卖出条件，当p这个价格涨
幅到买入价的1.25倍；
            order_to (stock, 0)                    # 将满足条件的股票卖到剩余0股，即
全部卖出
```

（五）组合成完整的量化策略

把上面所提到的几点组合起来，就已经可以生成一个最最简单的量化策略了。

#把上面的合起来就完成了一个最简单的策略，从沪深300中任意挑选一只股票，涨到1.25倍后卖出。

```
start = '2014-01-01' #回测的起止时间是2015年7月1日至2016年7月
1日
end = '2015-06-01'
benchmark = 'HS300'                     #参照标准为沪深300的走势
universe = set_universe ('HS300')       #股票池为沪深300的成份股
capital_base = 100000                   #起始本金为10万元

def initialize (account):               #初始化了一个全新的账户
    pass
```

```
def handle_ data (account):
  for stock in account.universe:      #股票是股票池中的股票，并且优矿帮
你自动剔除了当天停牌退市的股票
    p = account.reference_ price [stock]        #股票前一天的收盘价
    cost = account.security_ cost.get (stock)    #股票的平均持仓成本
    if 0 < p < 4 and not cost:             #判断这个价格小于 4，并且当前
没有买入该股票
      order_ pct_ to (stock, 0.1)        #将满足条件的股票买入，总价值占
虚拟账户的 10%
    elif cost and p > = cost * 1.25:       #卖出条件，当 p 这个价格涨幅到
买入价的 1.25 倍；
      order_ to (stock, 0)          #将满足条件的股票卖到剩余 0 股，即全
部卖出
```

### 14.2.2　策略结构与回测

**（一）策略结构**

『开始研究』页面的 notebook 中，可以将每个单元切换为 Strategy 模式。Strategy 模式支持各种类型的量化投资策略的编写，并有着交易策略的定制化输出。

将 Notebook 中的单元切换为 Strategty 模式后，会显示如下策略代码模板：

```
start = '2014 -01 -01'             #回测起始时间
end = '2015 -01 -01'              #回测结束时间
benchmark = 'HS300'             #策略参考标准
universe = ['000001.XSHE', '600000.XSHG']    #证券池，支持股票和
基金
capital_ base = 100000             #起始资金
freq = 'd'  # 策略类型，'d'表示使用日线回测，'m'表示使用分钟线回测
refresh_ rate = 1  # 调仓频率，表示执行 handle_ data 的时间间隔，若
freq = 'd'时间间隔的单位为交易日，若 freq = 'm'时间间隔为分钟

def initialize (account):             #初始化虚拟账户状态
  pass

def handle_ data (account):              #每个交易日的买入卖出指令
  return
```

策略模板中提供了 7 个回测基本关键字 start，end，benchmark，universe，capital_ base，freq，refresh_ rate。策略模板的第二部分包括 initialize（account）和 handle_ data（account）两个回测基本方法。策略初始化之前，会建立一个虚拟的交易账户 account，在这个账户会存储上述全局变量参数信息，并在整个策略执行期间更新并维护可用现

金、证券的头寸、每日交易指令明细、历史数据等。account 会在策略整个回测期间存续。

initialize（account）：该函数在在系统初始化后被调用一次；可以通过给 account 添加新的属性的方法，自定义各种指标变量等。

handle_ data（account）：这个函数在每个交易日开盘前被调用，模拟每个交易日开盘前，交易策略会根据历史数据或者其他信息进行交易判断，模拟下达交易指令；接下来系统回测引擎会根据当天的市场数据对这些指令进行能否交易的判断，并更新 account 当中的现金数量、股票头寸和交易指令信息；随后该交易日结束，在该函数中定义的局部变量会被清空，循环进入下一个交易日，即继续调用 handle_ data 函数。

基于以上了解，现在让我们来实现一个最简单的交易策略：每天买入一手股票池里的所有股票。

```
start = '2014 -01 -01'                      #回测起始时间
end = '2015 -01 -01'                        #回测结束时间
benchmark = 'HS300'                         #策略参考标准
universe = ['000001.XSHE', '600000.XSHG']   #证券池，支持股票和
基金
capital_ base = 100000                      #起始资金
freq = 'd'                                  #策略类型，'d'表示使用日线回测
refresh_ rate = 1                           #调仓频率，表示执行 handle_
data 的时间间隔，由于 freq = 'd'，时间间隔的单位为交易日


def initialize (account):                   #初始化虚拟账户状态
  pass


def handle_ data (account):                 #每个交易日的买入卖出指令
  for stock in account. universe:
    order (stock, 100)
```

您会发现上述代码中出现了两个比较陌生的内容。account. universe 表示交易日当天，universe 中可以进行交易的证券池。order（symbol，amount）用来模拟下达买卖指令，表示买入 amount 股 symbol 股票。如果 amount 为正数，表示买入；为负数，则表示卖出。这样，每天买入一手股票池里的所有股票就完成了。尽管还很简陋，但这是走向各种复杂策略的第一步。

（二）策略回测

构建好策略后，您可以单击 Notebook 界面右边的运行按钮，或使用 'Shift' + 'Enter'快捷键，运行该策略，运行成功后，将会看到策略表现。例如：

您可以看到回测结果的上面部分显示了一些主要的风险收益指标；下面部分显示的是当前策略和参照基准的累计收益率随时间变化的对比图。

此外，Strategy 单元还提供了回测详情，详细记录了每个订单的成交情况（下单数

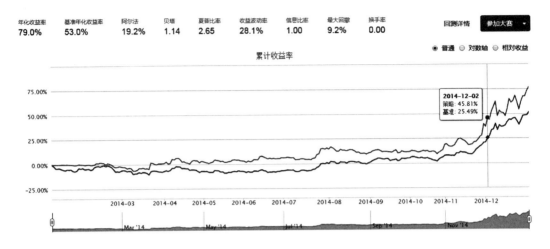

| 年化收益率 | 基准年化收益率 | 阿尔法 | 贝塔 | 夏普比率 | 收益波动率 | 信息比率 | 最大回撤 | 换手率 |
|---|---|---|---|---|---|---|---|---|
| 79.0% | 53.0% | 19.2% | 1.14 | 2.65 | 28.1% | 1.00 | 9.2% | 0.00 |

图 14 - 1　优矿策略回测表现

量、成交均价、成交数量等）、每个交易日的持仓信息，以及收益率、Alpha、Beta、Sharpe Ratio、Volatility、Information Ratio、Max Drawdown 等时间序列数值。具体可以点击右上方的"回测详情查看"，例如：

图 14 - 2　优矿策略回测详情

## 14.2.3　策略示例

量化学堂的策略样例中提供了几种入门样例，包括双均线策略、因子选股策略、选股 + 均线策略、动量与反转策略等。

（一）双均线策略

移动平均（Moving Average，MA），又称"移动平均线"、均线，是技术分析中一种分析时间序列数据的工具。最常见的是利用股价、回报或交易量等变量计算出移动平均，并制作成线形。移动平均可抚平短期波动，反映出长期趋势或周期。

移动平均线常用线有 5 天、10 天、30 天、60 天、120 天和 240 天的指标。其中，5 天和 10 天的短期移动平均线是短线操作的参照指标，称做日均线指标；30 天和 60 天的是中期均线指标，称做季均线指标；120 天、240 天的是长期均线指标，称做年均线指标。

均线是最基础的动量指标，一般短期均线上穿长期均线意味着近期买盘较强势可以作为买入信号，俗称"金叉"；反之短期均线由上向下穿破长期均线意味着近期卖盘较强势可以作为卖出信号，俗称"死叉"。下面就演示一个简单的双均线策略：当 5 日均线上穿 60 日均线，买入；当 5 日均线下穿 60 日均线，卖出。

```
start = '2012 -05 -28' #回测开始时间
end = '2016 -08 -08'  #回测结束时间
secID = '601318.XSHG'            #中国平安


benchmark = secID                #策略对标标的
universe = [secID]                #证券池，支持股票和基金
capital_ base = 100000                #起始资金
freq = 'd'  # 策略类型，'d'表示日间策略使用日线回测，'m'表示日内策略
使用分钟线回测
refresh_ rate = 1  # 调仓频率，表示执行 handle_ data 的时间间隔，若
freq = 'd'时间间隔的单位为交易日，若 freq = 'm'时间间隔为分钟
period1 = 5
period2 = 60
commission = Commission (buycost = 0.0003, sellcost = 0.0013, u-
nit = 'perValue')
max_ history_ window = 100    #设定调取历史价格区间最大为 100 个交易日


def initialize (account):      #初始化虚拟账户状态
  pass


def handle_ data (account):          #每个交易日的买入卖出指令
  hist1 = account.get _ attribute _ history (' closePrice ',
period1)   #获取过去 5 个交易日的收盘价
  hist2 = account.get _ attribute _ history (' closePrice ',
period2)    #获取过去 60 个交易日的收盘价
  for s in account. universe:
    MA5 = hist1 [s] .mean () #计算过去 5 个交易日及过去 60 个交易日的
均价
    MA60 = hist2 [s] . mean ()
```

```
    if MA5 > MA60 and s not in account.security_position:
#"金叉"时买入
        amount = int (account.cash / account.referencePrice [s] /
100) * 100
        order (s, amount)
    elif MA5 < MA60 and s in account.security_position:
#"死叉"时卖出
        order_to (s, 0)
```

（二）因子选股策略

优矿提供了一个很方便的选股器 StockScreener，支持如下五种方法：

value_range（lbound, ubound）：筛选因子值处于上下界之间的证券（包含两端）。

pct_range（lbound, ubound）：筛选因子值处于百分比上下分位点之间的证券（包含两端），默认升序排列。

num_range（lbound, ubound）：筛选因子值处于上下界序号之间的证券（包含两端），默认升序排列。

nlarge（n）：筛选因子值最大的 n 只证券。

nsmall（n）：筛选因子值最小的 n 只证券

```
import numpy as np        #导入 pyton 计算模块
start = '2014-08-01'
end = '2016-08-01'
benchmark = 'HS300'
capital_base = 1000000
freq = 'd'
refresh_rate = 1
universe = StockScreener ( Factor.LFLO.nsmall (30) ) #用选股器选
```
择流通市值最小的 30 只股票作为股票池

```
def initialize (account):
 pass


def handle_data (account):
 #生成买入列表
 last_date = account.previous_date.strftime ("% Y -% m -% d")
```
#获取上一个交易日
```
 last_screener = universe.preview (last_date)        #获取上一个
```
交易日市值最小的 30 只股票
```
    buylist = [ sec for sec in last_screener if sec in
```

```
account.universe]
    v = account.referencePortfolioValue
    d = len (buylist)
```

#卖出不在买入列表中的股票，估计持仓价值
```
for stock in account.valid_ secpos:
  if stock not in buylist:
    if stock in account.universe:
      order_ to (stock, 0)
    else:
      v - = account.valid_ secpos [stock] * account.referencePrice
[stock]
```

#获得调仓数量
```
change = {}
for stock in buylist:
 p = account.referencePrice [stock]
 if p and not np.isnan (p):
    change [stock] = int (v / d / p) - account.valid_ sec-
pos.get (stock, 0)
```

#按先卖后买的顺序发出指令
```
for stock in sorted (change, key = change.get):
  if change [stock] < = -100 or change [stock] > = 100:
    order (stock, change [stock])
```
（三）选股 + 均线策略

该策略是简单的多重逻辑进行组合，用因子来选择股票，而利用均线来进行买入卖出的判断。实际应用的时候，也多会使用多重逻辑组合的策略。
```
start = '2014 -05 -28' #回测开始时间
end = '2016 -08 -08'  #回测结束时间
benchmark = " HS300"            #策略对标标的
universe = set_ universe ('HS300')
capital_ base = 100000            #起始资金
freq = 'd'                #策略类型，'d'表示日间策略使用日线
回测，'m'表示日内策略使用分钟线回测
refresh_ rate = 1            #调仓频率，表示执行 handle_
data 的时间间隔，若 freq = 'd'时间间隔的单位为交易日，若 freq = 'm'时间间
隔为分钟
```

```
period1 = 5
period2 = 60
commission = Commission (buycost = 0.0003, sellcost = 0.0013, u-
nit = 'perValue')
max_ history_ window = 100              #设定调取历史价格区间最大为100
个交易日

def initialize (account):              #初始化虚拟账户状态
  pass

def handle_ data (account):            #每个交易日的买入卖出指令
  #取PE数据排序
  data =
  DataAPI.MktStockFactorsOneDayGet (tradeDate = account.
previous_ date, secID = universe, field = u" secID, tradeDate, pe",
pandas = " 1")
  data = data.set_ index ('secID')
  data = data.dropna ()
  data = data [data ['PE'] >0]    # pe大于0
  data = data.sort ('PE')      # pe排序
  #取PE最小的10只股票
  univ = list (data.index [: 10])
  hist1 = account.get_ attribute_ history (' closePrice ',
period1)    #获取过去5个交易日的收盘价
  hist2 = account.get_ attribute_ history (' closePrice ',
period2)    #获取过去60个交易日的收盘价

  for s in account.universe:
    MA5 = hist1 [s] .mean ()              #计算过去5个交易日及过去60个交
易日的均价
    MA60 = hist2 [s] .mean ()
    if s in account.avail_ security_ position:
      if s not in univ or MA5 <MA60:
        order_ pct_ to (s, 0)
    #买股票，每只股票仓位设置为10%
    if s in univ and s not in account.valid_ secpos and MA5 >MA60:
      order_ pct_ to (s, 0.1)
```

（四）动量策略与反转策略

1. 动量策略（Momentum）：业绩好的股票会继续保持其上涨的势头，业绩差的股票会保持其下跌的势头。每次调仓将股票按照前一段时间的累计收益率排序并分组，买入历史累计收益最高的那一组。

```python
import pandas as pd

start = '2013 -08 -01'
end   = '2016 -08 -01'
benchmark = 'SH50'
universe = DynamicUniverse ('SH50')
capital_ base = 100000
refresh_ rate = 10

def initialize (account):
  account. amount = 300


def handle_ data (account):
  #获取历史收盘价数据
  history = account. get_ attribute_ history ('closePrice', 20)

  #计算累计收益
  momentum = {'symbol': [], 'c_ ret': []}
  for stock in account. universe:
    if history [stock] [0]:
      momentum ['symbol'] .append (stock)
      momentum ['c_ ret'] .append (history [stock] [-1] /history [stock] [0])

    #排序，取累计收益最高的20%
    momentum = pd. DataFrame (momentum) .sort (columns = 'c_ ret') .reset_ index ()
    momentum = momentum [len (momentum) * 4/5: len (momentum)]
    buylist = momentum ['symbol'] .tolist ()

    #卖出不需要的股票
    for stock in account. security_ position:
      if stock not in buylist:
        order_ to (stock, 0)
```

```
#买入筛选出的股票
for stock in buylist:
  if stock not in account.security_ position:
    order_ to (stock, account.amount)
```

2. 反转策略（Contrarian）：股票在经过一段时间的上涨之后会出现回落，一段时间的下跌之后会出现反弹。每次调仓将股票按照前一段时间的累计收益率排序并分组，买入历史累计收益最低的那一组。

```
import pandas as pd

start = '2013 -08 -01'
end   = '2016 -08 -01'
benchmark = 'SH50'
universe = set_ universe ('SH50')
capital_ base = 100000
refresh_ rate = 10

def initialize (account):
  account.amount = 300

def handle_ data (account):
  #获取历史收盘价数据
  history = account.get_ attribute_ history ('closePrice', 20)

  #计算累计收益
  contrarian = {'symbol': [], 'c_ ret': []}
  for stock in account.universe:
    if history [stock] [0]:
      momentum ['symbol'] .append (stock)
      momentum ['c_ ret'] .append (history [stock] [-1] /his-
tory [stock] [0])

  #排序，取累计收益最低的20%
  contrarian = pd.DataFrame (contrarian) .sort (columns = 'c_
ret') .reset_ index ()
  contrarian = contrarian [: len (contrarian) /5]
  buylist = contrarian ['symbol'] .tolist ()
```

```
#卖出不需要的股票
for stock in account.security_position:
  if stock not in buylist:
    order_to(stock,0)
```

```
#买入筛选出的股票
for stock in buylist:
  if stock not in account.security_position:
    order_to(stock,account.amount)
```

## 14.3　米筐平台的策略设计

### 14.3.1　策略设计

米筐平台的"Python API 文档"（https：//www.ricequant.com/api/python/chn）介绍了策略设计方法。首先看一个简单的买入持有策略。在回测开始的第一天买入资金量的 100% 的平安银行并且一直持有。策略代码如下：

#可以自己 import 我们平台支持的第三方 python 模块，比如 pandas、numpy 等。

#在这个方法中编写任何的初始化逻辑。context 对象将会在你的算法策略的任何方法之间做传递。

```
def init(context):
  context.s1 = "000001.XSHE"
  # order 是否被发送出去
  context.fired = False
```

#你选择的证券的数据更新将会触发此段逻辑，如日或分钟历史数据切片或者是实时数据切片更新

```
def handle_bar(context, bar_dict):
  #开始编写你的主要的算法逻辑
  # bar_dict[order_book_id] 可以拿到某个证券的 bar 信息
  # context.portfolio 可以拿到现在的投资组合状态信息
  #使用 order_shares(id_or_ins,amount) 方法进行落单

  # TODO: 开始编写你的算法吧！
  if not context.fired:
```

# order_ percent 并且传入 1 代表买入该股票并且使其占有投资组合的100%
order_ percent (context.s1,1)
context.fired = True

在上述代码中，在 init 方法中实现策略初始化逻辑，如设置合约池、佣金率、保证金率等操作。可以选择在 before_ trading 进行一些每日开盘之前的操作，比如获取历史行情做一些数据预处理，获取当前账户资金等。在 handle_ bar 方法中实现策略具体逻辑，包括交易信号的产生、订单的创建等。handle_ bar 内的逻辑会在每次 bar 数据更新的时候被触发。

## 14.3.2 策略回测

在创建策略之后，需要指定回测的起止日期、初始资金以及回测频率。

策略算法编辑页面是运行回测的入口，如图 14-3 所示。

**图 14-3 米筐算法编辑页面**

编译策略：点击"编译策略"将会使我们的后台通过实时编译您的算法策略来查询您的策略是否有编译错误，与此同时也可以获得一个策略收益的预览。编译策略会比完整的回测要快，因此您可以试用这个功能在完整回测前先验证下是否有简单的编译或者运行错误。

运行完整的回测：点击"运行回测"将会带您进入完整的回测结果页面。如果您的策略有编译/运行错误，您将会被停留在改编辑页面以让您先解决问题。

当回测运行没有出错，回测结果页面将会载入您的投资组合的各种交易、盈亏和风险信息。图 14 - 4 是回测结果的介绍。

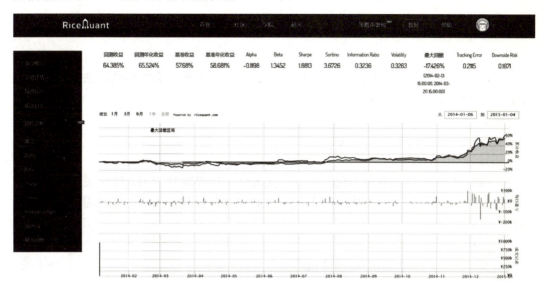

图 14 - 4　米筐策略回测表现

回测结果概览：为您展示您的算法策略和基准策略的总收益，风险值如 Alpha、Beta、Sharpe、Max Drawndown 等。

交易详情：这里您可以看到所有的交易活动详情—未成交的落单（在日历史数据回测中不存在未成交落单因为我们假设所有的落单都会被完整成交），买/卖成交单的具体信息。

每日仓位、盈亏：这里您可以看到您的策略投资组合的每只持有股票的每日仓位情况和相应的盈亏信息。

收益表格：您在这里看到回测期间每个月截止往前的 1 个月、3 个月、6 个月、12 个月的投资策略和基准策略的收益详细情况。

风险表格：您在这里看到投资策略回测期间的每个月截止往前的 1 个月、3 个月、6 个月、12 个月的各种风险指标数值。其中波动值表格中您还可以看到投资策略和基准策略的比较。

累积收益曲线图：占据了最大篇幅的部分，这里您可以对投资和基准策略的收益情况一览无遗。

每日盈亏图：柱子的高度展示了每日的盈亏情况。

### 14.3.3　策略示例

米筐平台的"Python API 文档"提供了几种示例策略，包括黄金交叉策略、单股票 MACD 策略、财务数据策略、股指期货 MACD 策略、商品期货跨品种配对交易策略等。

（一）黄金交叉策略

以下是一个使用 TALib 在米筐平台上编写的 golden cross 算法的示例，使用了 simple moving average 方法：

#可以自己 import 我们平台支持的第三方 python 模块，比如 pandas、numpy 等。

```
import talib
```

#在这个方法中编写任何的初始化逻辑。context 对象将会在你的算法策略的任何方法之间做传递。

```
def init (context):
  context.s1 = " 000001.XSHE"
```

#设置这个策略当中会用到的参数，在策略中可以随时调用，这个策略使用长短均线，我们在这里设定长线和短线的区间，在调试寻找最佳区间的时候只需要在这里进行数值改动

```
context.SHORTPERIOD = 20
context.LONGPERIOD = 120
```

#你选择的证券的数据更新将会触发此段逻辑，例如日或分钟历史数据切片或者是实时数据切片更新

```
def handle_bar (context, bar_dict):
  #开始编写你的主要的算法逻辑

  # bar_dict [order_book_id] 可以拿到某个证券的 bar 信息
  # context.portfolio 可以拿到现在的投资组合状态信息

  #使用 order_shares (id_or_ins, amount) 方法进行落单

  # TODO：开始编写你的算法吧！

  #因为策略需要用到均线，所以需要读取历史数据
prices = history (context.LONGPERIOD +1, '1d', 'close') [context.s1] .values

  #使用 talib 计算长短两根均线，均线以 array 的格式表达
  short_avg = talib.SMA (prices, context.SHORTPERIOD)
  long_avg = talib.SMA (prices, context.LONGPERIOD)

  plot (" short avg", short_avg [-1])
  plot (" long avg", long_avg [-1])
```

```
#计算现在 portfolio 中股票的仓位
cur_position = context.portfolio.positions[context.s1].quantity
#计算现在 portfolio 中的现金可以购买多少股票
shares = context.portfolio.cash/bar_dict[context.s1].close
```

#如果短均线从上往下跌破长均线，也就是在目前的 bar 短线平均值低于长线平均值，而上一个 bar 的短线平均值高于长线平均值

```
if short_avg[-1] - long_avg[-1] < 0 and short_avg[-2] -
long_avg[-2] > 0 and cur_position > 0:
    #进行清仓
    order_target_value(context.s1, 0)
```

#如果短均线从下往上突破长均线，为入场信号

```
if short_avg[-1] - long_avg[-1] > 0 and short_avg[-2] -
long_avg[-2] < 0:
    #满仓入股
    order_shares(context.s1, shares)
```

（二）单股票 MACD 策略

以下是一个使用 TALib 在米筐平台上编写的单股票 MACD 算法示例，使用了 TALib 的 MACD 方法：

#可以自己 import 我们平台支持的第三方 python 模块，比如 pandas、numpy 等。

```
import talib
```

#在这个方法中编写任何的初始化逻辑。context 对象将会在你的算法策略的任何方法之间做传递。

```
def init(context):
  context.s1 = "000001.XSHE"

  #使用 MACD 需要设置长短均线和 macd 平均线的参数
  context.SHORTPERIOD = 12
  context.LONGPERIOD = 26
  context.SMOOTHPERIOD = 9
  context.OBSERVATION = 100
```

#你选择的证券的数据更新将会触发此段逻辑，例如日或分钟历史数据切片或者是实时数据切片更新

```
def handle_bar(context, bar_dict):
```

#开始编写你的主要的算法逻辑

# bar_ dict [order_ book_ id] 可以拿到某个证券的 bar 信息
# context.portfolio 可以拿到现在的投资组合状态信息

#使用 order_ shares (id_ or_ ins, amount) 方法进行落单

# TODO：开始编写你的算法吧！

#读取历史数据，使用 sma 方式计算均线准确度和数据长度无关，但是在使用 ema 方式计算均线时建议将历史数据窗口适当放大，结果会更加准确

```
prices = history (context.OBSERVATION, '1d', 'close')  [context.s1] .values
```

#用 Talib 计算 MACD 取值，得到三个时间序列数组，分别为 macd, signal 和 hist

```
macd, signal, hist = talib.MACD (prices, context.SHORTPERIOD,
                context.LONGPERIOD, context.SMOOTHPERIOD)
```

```
plot (" macd", macd [-1])
plot (" macd signal", signal [-1])
```

# macd 是长短均线的差值，signal 是 macd 的均线，使用 macd 策略有几种不同的方法，我们这里采用 macd 线突破 signal 线的判断方法

#如果 macd 从上往下跌破 macd_ signal

```
if macd [-1] - signal [-1] < 0 and macd [-2] - signal [-2] > 0:
  #计算现在 portfolio 中股票的仓位
  curPosition = context.portfolio.positions[context.s1].quantity
  #进行清仓
  if curPosition > 0:
    order_ target_ value (context.s1, 0)
```

#如果短均线从下往上突破长均线，为入场信号

```
if macd [-1] - signal [-1] > 0 and macd [-2] - signal [-2] < 0:
  #满仓入股
  order_ target_ percent (context.s1, 1)
```

（三）财务数据策略

在回测开始前，通过查询回测开始当天的财务数据，获得市盈率大于 55 且小于 60、营业总收入前 10 的股票，然后将所有资金平摊到这 10 个股票 Buy & Hold 的策略。您可以 clone 之后自行修改，通过查询回测开始当天的其他财务数据指标来筛选股票。但是注意需要调整资金量到 300 000 元以上才会有比较好的落单效果（否则资金量不足以满足买入如此多股票组成的一篮子投资组合）。

\#可以自己 import 我们平台支持的第三方 python 模块，比如 pandas、numpy 等。

\#在这个方法中编写任何的初始化逻辑。context 对象将会在你的算法策略的任何方法之间做传递。

```
def init (context):
    #查询 revenue 前十名的公司的股票并且他们的 pe_ ratio 在 55 和 60 之间。
打 fundamentals 的时候会有 auto - complete 方便写查询代码。
    fundamental_ df = get_ fundamentals (
      query (
        fundamentals. income_ statement. revenue, fundamentals. eod
_ derivative_ indicator. pe_ ratio
      ) . filter (
        fundamentals. eod_ derivative_ indicator. pe_ ratio > 55
      ) . filter (
        fundamentals. eod_ derivative_ indicator. pe_ ratio < 60
      ) . order_ by (
        fundamentals. income_ statement. revenue. desc ()
      ) . limit (
        10
      )
    )
```

\#将查询结果 dataframe 的 fundamental_ df 存放在 context 里面以备后面只需：

```
    context. fundamental_ df = fundamental_ df
```

\#实时打印日志看下查询结果，会有我们精心处理的数据表格显示：

```
    logger. info (context. fundamental_ df)
    update_ universe (context. fundamental_ df. columns. values)
```

\#对于每一个股票按照平均现金买入：

```
context. stocks = context. fundamental_ df. columns. values
stocks_ number = len (context. stocks)
context. average_ percent = 0.99 / stocks_ number
logger. info (" Calculated average percent for each stock is:
% f" % context. average_ percent)
context. fired = False
```

#你选择的证券的数据更新将会触发此段逻辑，例如日或分钟历史数据切片或者是实时数据切片更新

```
def handle_ bar (context, bar_ dict):
    #开始编写你的主要的算法逻辑

    # bar_ dict [order_ book_ id] 可以拿到某个证券的 bar 信息
    # context. portfolio 可以拿到现在的投资组合状态信息

    #使用 order_ shares (id_ or_ ins, amount) 方法进行落单

    # TODO：开始编写你的算法吧！

    #对于选择出来的股票按照平均比例买入：
    if not context. fired:
      for stock in context. stocks:
        order_ target_ percent (stock, context. average_ percent)
        logger. info (" Bought: " + str (context. average_ percent) +
"% for stock: " + str (stock))
        context. fired = True
```

**（四）股指期货 MACD 策略**

以下是一个使用 TALib 进行股指期货主力合约日级别回测 MACD 算法示例：

#可以自己 import 我们平台支持的第三方 python 模块，比如 pandas、numpy 等

```
import talib
```

#在这个方法中编写任何的初始化逻辑。context 对象将会在你的算法策略的任何方法之间做传递

```
def init (context):
    # context 内引入全局变量 s1，存储目标合约信息
```

```
context.s1 = 'IF1606'

#设置回测的保证金率为10%
context.marin_rate = 10

#无滑点影响
context.slippage = 0

#设置佣金费率为万分之1
context.commission = 0.01

#使用 MACD 需要设置长短均线和 macd 平均线的参数
context.SHORTPERIOD = 12
context.LONGPERIOD = 26
context.SMOOTHPERIOD = 9
context.OBSERVATION = 50

#初始化时订阅合约行情。订阅之后的合约行情会在 handle_bar 中进行更新
subscribe (context.s1)


#你选择的期货数据更新将会触发此段逻辑，例如日线或分钟线更新
def handle_bar (context, bar_dict):
    #开始编写你的主要的算法逻辑
    #获取历史收盘价序列，history_bars 函数直接返回 ndarray，方便之后的
有关指标计算
    prices = history_bars (context.s1, context.OBSERVATION,
'1d','close')

    #用 Talib 计算 MACD 取值，得到三个时间序列数组，分别为 macd, signal 和
hist
    macd, signal, hist = talib.MACD (prices, context.SHORTPERIOD,
                   context.LONGPERIOD, context.SMOOTHPERIOD)

    # macd 是长短均线的差值，signal 是 macd 的均线，如果短均线从下往上突破
长均线，为入场信号，进行买入开仓操作
    if macd [-1] - signal [-1] > 0 and macd [-2] - signal [-2] < 0:
        sell_qty = context.portfolio.positions[context.s1].sell_quantity
```

```
#先判断当前卖方仓位，如果有，则进行平仓操作
if sell_ qty > 0:
  buy_ close (context.s1, 1)
#买入开仓
buy_ open (context.s1, 1)

 if macd [-1] - signal [-1] < 0 and macd [-2] - signal [-2] > 0:
  buy_qty = context.portfolio.positions[context.s1].buy_quantity
  #先判断当前买方仓位，如果有，则进行平仓操作
  if buy_ qty > 0:
    sell_ close (context.s1, 1)
  #卖出开仓
  sell_ open (context.s1, 1)
```

（五）商品期货跨品种配对交易策略

该策略为分钟级别回测。运用了简单的移动平均以及布林带（Bollinger Bands）作为交易信号产生源。有关对冲比率（Hedge Ratio）的确定，可以在该研究平台上面通过 import statsmodels. api as sm 引入 statsmodels 中的 OLS 方法进行线性回归估计。具体估计窗口，可以根据自己策略需要自行选择。

策略中的移动窗口选择为60分钟，即在每天开盘60分钟内不做任何交易，积累数据计算移动平均值。当然，这一移动窗口也可以根据自身需要进行灵活选择。下面例子中使用了黄金与白银两种商品期货进行配对交易。简单起见，例子中期货的价格并未做对数差处理。

```
#可以自己 import 我们平台支持的第三方 python 模块，比如 pandas、numpy 等。
import numpy as np


#在这个方法中编写任何的初始化逻辑。context 对象将会在你的算法策略的任何
方法之间做传递。
def init (context):
  context.s1 = 'AG1612'
  context.s2 = 'AU1612'
  #设置回测的保证金率为10%
  context.marin_ rate = 10

  #无滑点影响
  context.slippage = 0
```

```
#设置佣金费率为万分之1
context.commission = 0.01

#设置全局计数器
context.counter = 0

#设置滚动窗口
context.window = 60

#设置对冲手数，通过研究历史数据进行价格序列回归得到该值
context.ratio = 15

context.up_cross_up_limit = False
context.down_cross_down_limit = False

#设置入场临界值
context.entry_score = 2

#初始化时订阅合约行情。订阅之后的合约行情会在 handle_bar 中进行更新
subscribe ([context.s1, context.s2])
```

```
# before_night_trading 此函数会在每天夜盘交易开始前被调用，当天只会
被调用一次
def before_night_trading (context):
    #样例商品期货在回测区间内有夜盘交易，所以在每日开盘前将计数器清零
    context.counter = 0
```

```
#你选择的期货数据更新将会触发此段逻辑，例如日线或分钟线更新
def handle_bar (context, bar_dict):

    #获取当前一对合约的仓位情况。如尚未有仓位，则对应持仓量都为0
    position_a = context.portfolio.positions [context.s1]
    position_b = context.portfolio.positions [context.s2]

    context.counter += 1
    #当累积满一定数量的 bar 数据时候，进行交易逻辑的判断
    if context.counter > context.window:
```

```
#获取当天历史分钟线价格队列
price_array_a = history_bars (context.s1, context.window,
'1m', 'close')
price_array_b = history_bars (context.s2, context.window,
'1m', 'close')

#计算价差序列、其标准差、均值、上限、下限
spread_array = price_array_a - context.ratio * price_array_b
std = np.std (spread_array)
mean = np.mean (spread_array)
up_limit = mean + context.entry_score * std
down_limit = mean - context.entry_score * std

#获取当前bar对应合约的收盘价格并计算价差
price_a = bar_dict [context.s1] .close
price_b = bar_dict [context.s2] .close
spread = price_a - context.ratio * price_b

#如果价差低于预先计算得到的下限，则为建仓信号，'买入'价差合约
if spread <= down_limit and not context.down_cross_down_
limit:
    #可以通过logger打印日志
    logger.info ('spread: {}, mean: {}, down_limit: {} '.format
(spread, mean, down_limit))
    logger.info ('创建买入价差中...')

    #获取当前剩余的应建仓的数量
    qty_a = 1 - position_a.buy_quantity
    qty_b = context.ratio - position_b.sell_quantity

    #由于存在成交不超过下一bar成交量25%的限制，所以可能要通过多次发
单成交才能够成功建仓
    if qty_a > 0:
      buy_open (context.s1, qty_a)
    if qty_b > 0:
      sell_open (context.s2, qty_b)
    if qty_a == 0 and qty_b == 0:
```

```
    #已成功建立价差的'多仓'
    context.down_ cross_ down_ limit = True
    logger.info ('买入价差仓位创建成功！')

#如果价差向上回归移动平均线，则为平仓信号
if spread > = mean and context.down_ cross_ down_ limit:
    logger.info ('spread: {}, mean: {}, down_ limit: {} '.format
(spread, mean, down_ limit))
    logger.info ('对买入价差仓位进行平仓操作中...')

#由于存在成交不超过下一 bar 成交量 25% 的限制，所以可能要通过多次发
单成交才能够成功建仓
    qty_ a = position_ a.buy_ quantity
    qty_ b = position_ b.sell_ quantity
    if qty_ a > 0:
      sell_ close (context.s1, qty_ a)
    if qty_ b > 0:
      buy_ close (context.s2, qty_ b)
    if qty_ a = = 0 and qty_ b = = 0:
      context.down_ cross_ down_ limit = False
      logger.info ('买入价差仓位平仓成功！')

#如果价差高于预先计算得到的上限，则为建仓信号，'卖出'价差合约
if spread > = up_ limit and not context.up_ cross_ up_ limit:
    logger.info ('spread: {}, mean: {}, up_ limit: {} '.format
(spread, mean, up_ limit))
    logger.info ('创建卖出价差中...')
    qty_ a = 1 - position_ a.sell_ quantity
    qty_ b = context.ratio - position_ b.buy_ quantity
    if qty_ a > 0:
      sell_ open (context.s1, qty_ a)
    if qty_ b > 0:
      buy_ open (context.s2, qty_ b)
    if qty_ a = = 0 and qty_ b = = 0:
      context.up_ cross_ up_ limit = True
      logger.info ('卖出价差仓位创建成功')

#如果价差向下回归移动平均线，则为平仓信号
```

```
    if spread < mean and context. up_ cross_ up_ limit:
        logger. info ('spread: {}, mean: {}, up_ limit: {} '. format
(spread, mean, up_ limit))
        logger. info ('对卖出价差仓位进行平仓操作中...')
        qty_ a = position_ a. sell_ quantity
        qty_ b = position_ b. buy_ quantity
        if qty_ a > 0:
          buy_ close (context. s1, qty_ a)
        if qty_ b > 0:
          sell_ close (context. s2, qty_ b)
        if qty_ a = = 0 and qty_ b = = 0:
          context. up_ cross_ up_ limit = False
          logger. info ('卖出价差仓位平仓成功! ')
```

### 14.3.4　平台学习资源

米筐提供了"学院"供用户学习。主要内容如下：

● Python 编程：包括列表、字典、元组与集合、条件与循环、匿名函数与递归函数、Numpy 库、Scipy 库、Pandas 库、Matplotlib 库等。

● Python 策略范例：包括一步一步找 alpha、一个简单的技术指标策略、股息率策略、海龟交易系统、Dual Thrust 交易策略、参数优化框架等。

● 多因子模型：包括 Fama - French 三因子模型、套利定价模型、因子分析等。

● 学术专区：包括配对交易、套利定价模型、时间序列波动率建模、统计套利、期货策略等。

● 宏观交易入门：包括资金和信贷、货币基金改革、宏观交易技巧等。

● 机器学习：包括 logistic 回归、决策树、随机森林等。

# 14.4　聚宽平台的策略设计

### 14.4.1　JoinQuant 的使用

聚宽平台在"常见问题"中介绍了 JoinQuant 的使用方法。

第一，创建自己的第一个策略。可以有三种方法。方法一是参照示例策略，修改代码；方法二是从社区克隆一个您感兴趣的策略；方法三是新建一个策略，从头开始实现自己的交易思想。

第二，通过回测检验自己的策略。使用回测功能，通过策略收益、最大回撤、Alpha、Sharpe 等风险指标初步检验自己的策略。

第三，使用模拟交易进一步检验自己的策略。

第四，策略实盘：JoinQuant 支持策略"一键跟单"功能，让实盘更简单。

## 14.4.2　策略设计

聚宽平台在"API 文档"中介绍了策略设计方法。

1. 简单但完整的策略。先来看一个简单但是完整的策略。

```
def initialize (context):
  g. security = '000001. XSHE'


def handle_ data (context, data):
  if g. security not in context. portfolio. positions:
    order (g. security, 1000)
  else:
    order (g. security, -800)
```

一个完整策略只需要两步：（1）设置初始化函数：initialize。上面的例子中，只操作一只股票：'000001. XSHE'，平安银行。（2）实现一个函数：handle_ data。来根据历史数据调整仓位。在这个策略里，每当我们没有股票时就买入1000 股，每当我们有股票时就卖出800 股。虽然有了交易，但只是无意义的交易，没有依据当前的数据做出合理的分析。

2. 实用的策略。在这个策略里，我们会根据历史价格做出判断。如果上一时间点价格高出五天平均价 1% ，则全仓买入；如果上一时间点价格低于五天平均价，则空仓卖出。

```
#初始化函数，设定要操作的股票、基准等
def initialize (context):
  #定义一个全局变量，保存要操作的股票
  # 000001 (股票：平安银行)
  g. security = '000001. XSHE'
  #设定沪深300 作为基准
  set_ benchmark ('000300. XSHG')


#每个单位时间 (如果按天回测，则每天调用一次，如果按分钟，则每分钟调用一次) 调用一次
def handle_ data (context, data):
  security = g. security
  #获取股票的收盘价
  close_ data = attribute_ history (security, 5, '1d', ['close'])
  #取得过去五天的平均价格
  MA5 = close_ data ['close'] .mean ()
  #取得上一时间点价格
```

```
current_ price = close_ data ['close'] [-1]
#取得当前的现金
cash = context.portfolio.cash

#如果上一时间点价格高出五天平均价1%，则全仓买入
if current_ price > 1.01* MA5:
    #用所有 cash 买入股票
    order_ value (security, cash)
    #记录这次买入
    log.info (" Buying % s" % (security))
#如果上一时间点价格低于五天平均价, 则空仓卖出
elif current_ price < MA5 and context.portfolio.positions [se-
curity] .closeable_ amount > 0:
    #卖出所有股票，使这只股票的最终持有量为0
    order_ target (security, 0)
    #记录这次卖出
    log.info (" Selling % s" % (security))
#画出上一时间点价格
record (stock_ price =current_ price)
```

### 14.4.3 策略回测

策略回测运行在 Python 2.7 环境之上，主要过程如下；

1. 准备好您的策略，选择要操作的股票池，实现 handle_ data 函数。

2. 选定一个回测开始和结束日期，选择初始资金、调仓间隔（每天还是每分钟），开始回测。

3. 引擎根据您选择的股票池和日期，取得股票数据，然后每一天或者每一分钟调用一次您的 handle_ data 函数，同时告诉您现金、持仓情况和股票在上一天或者分钟的数据。在此函数中，您还可以调用函数获取任何多天的历史数据，然后做出调仓决定。

4. 当您下单后，我们会根据接下来时间的实际交易情况，处理您的订单。按天回测时，（市价单）交易价格是当天开盘价，全部成交；（限价单）根据当天每一分钟的市场实际成交记录来处理订单。从开盘开始，每一分钟，如果成交价格满足限价条件，则（部分）成交，成交量不超过这一分钟的实际交易量。剩余订单顺延到下一分钟，直到全部成交或当天结束为止。当天结束后，剩余订单会被取消。按分钟回测时，（市价单）交易价格是这一分钟开始的价格，全部成交，有滑点；（限价单）和按天回测一样，从现在开始，依次按分钟成交，无滑点。

5. 下单后您可以调用 get_ open_ orders 取得所有未完成的订单，调用 cancel_ order 取消订单。

6. 您可以在 handle_ data 里面调用 record ( ) 函数记录某些数据，我们会以图表的

方式显示在回测结果页面。

7. 您可以在任何时候调用 log。info/debug/warn/error 函数来打印一些日志。

8. 回测结束后我们会画出您的收益和基准收益的曲线，列出每日持仓、每日交易和一系列风险数据。

### 14.4.4　策略示例

聚宽平台在"API 文档"中介绍了几种常见策略，包括双均线策略、均线回归策略、多股票持仓策略、多股票追涨策略等。

（一）双均线策略

最基础的量化策略之一，当五日均线高于十日均线时买入，当五日均线低于十日均线时卖出。

```
#初始化函数，设定要操作的股票、基准等
def initialize (context):
    #定义一个全局变量，保存要操作的股票
    # 000001（股票：平安银行）
    g.security = '000001.XSHE'
    #设定沪深 300 作为基准
    set_ benchmark ('000300.XSHG')


#每个单位时间（如果按天回测，则每天调用一次，如果按分钟，则每分钟调用一次）调用一次
def handle_ data (context, data):
    security = g.security
    #获取股票的收盘价
    close_ data = attribute_ history (security, 10, '1d', ['close'],
df =False)
    #取得过去五天的平均价格
    ma5 = close_ data ['close'] [-5:].mean ()
    #取得过去10 天的平均价格
    ma10 = close_ data ['close'].mean ()
    #取得当前的现金
    cash = context.portfolio.cash

    #如果当前有余额，并且五日均线大于十日均线
    if ma5 > ma10:
        #用所有 cash 买入股票
        order_ value (security, cash)
        #记录这次买入
```

```
log. info (" Buying % s" % (security))
```

#如果五日均线小于十日均线，并且目前有头寸
```
elif ma5 < ma10 and context. portfolio. positions [security]. close-
able_ amount > 0:
```
　　#全部卖出
```
    order_ target (security, 0)
```
　　#记录这次卖出
```
    log. info (" Selling % s" % (security))
```

　　#绘制五日均线价格
```
    record (ma5 = ma5)
```
　　#绘制十日均线价格
```
    record (ma10 = ma10)
```
（二）均线回归策略

当价格低于 5 日均线平均价格 * 0.95 时买入，当价格高于 5 日平均价格 * 1.05 时卖出。

#初始化函数，设定要操作的股票、基准等
```
def initialize (context):
```
　　#定义一个全局变量，保存要操作的股票
　　# 000001 （股票：平安银行）
```
    g. security = '000001. XSHE'
```
　　#设定沪深 300 作为基准
```
    set_ benchmark ('000300. XSHG')
```

#每个单位时间（如果按天回测，则每天调用一次，如果按分钟，则每分钟调用一次）调用一次
```
def handle_ data (context, data):
    security = g. security
```
　　#获取股票的收盘价
```
    close_ data = attribute_ history (security, 5, '1d', ['close'])
```
　　#取得过去五天的平均价格
```
    MA5 = close_ data ['close'] . mean ()
```
　　#取得上一时间点价格
```
    current_ price = close_ data ['close'] [-1]
```
　　#取得当前的现金
```
    cash = context. portfolio. cash
```

```
#如果上一时间点价格高出五天平均价1%，则全仓买入
if current_ price > 1.05 * MA5:
    #用所有 cash 买入股票
    order_ value (security, cash)
    #记录这次买入
    log. info (" Buying % s" % (security))
#如果上一时间点价格低于五天平均价，则空仓卖出
elif current_ price < 0.95 * MA5 and context. portfoli-
o. positions [security] .closeable_ amount > 0:
        #卖出所有股票，使这只股票的最终持有量为 0
    order_ target (security, 0)
        #记录这次卖出
    log. info (" Selling % s" % (security))
    #画出上一时间点价格
    record (stock_ price = current_ price)
```

（三）多股票持仓策略

这是一个较简单的多股票操作示例，当价格高于三天平均价 * 1.005 则买入 100 股，当价格小于三天平均价 * 0.995 则卖出。

```
def initialize (context):
    #初始化此策略
    #设置我们要操作的股票池
    g. stocks = ['000001.XSHE', '000002.XSHE', '000004.XSHE', '
000005.XSHE']
    #设定沪深 300 作为基准
    set_ benchmark ('000300.XSHG')


#每个单位时间（如果按天回测，则每天调用一次，如果按分钟，则每分钟调用一次）调用一次
def handle_ data (context, data):
    #循环每只股票
    for security in g. stocks:
        #得到股票之前 3 天的平均价
        vwap = data [security] .vwap (3)
        #得到上一时间点股票平均价
        price = data [security] .close
        #得到当前资金余额
        cash = context. portfolio. cash
```

```
#如果上一时间点价格小于三天平均价 * 0.995，并且持有该股票，卖出
if price < vwap * 0.995 and context.portfolio.positions [se-
curity].closeable_ amount > 0:
    #下入卖出单
    order (security, -100)
    #记录这次卖出
    log.info (" Selling % s" % (security))
#如果上一时间点价格大于三天平均价 * 1.005，并且有现金余额，买入
elif price > vwap * 1.005 and cash > 0:
    #下入买入单
    order (security, 100)
    #记录这次买入
    log.info (" Buying % s" % (security))
```

（四）多股票追涨策略

当股票在当日收盘30分钟内涨幅到达9.5%~9.9%时间段的时候，我们买入，在第二天开盘卖出。

注意：请按照分钟进行回测该策略。

```
#初始化程序，整个回测只运行一次
def initialize (context):

    #每天买入股票数量
    g.daily_ buy_ count = 5

    #设置我们要操作的股票池，这里我们操作多只股票，下列股票选自计算机信息技术相关板块
    g.stocks = get_ industry_ stocks ('I64 ') + get_ industry_
stocks ('I65')

    #防止板块之间重复包含某只股票，排除掉重复的，g.stocks 现在是一个集合 (set)
    g.stocks = set (g.stocks)

    #让每天早上开盘时执行 morning_ sell_ all
    run_ daily (morning_ sell_ all, 'open')

def morning_ sell_ all (context):
    #将目前所有的股票卖出
    for security in context.portfolio.positions:
```

```
    #全部卖出
    order_target (security, 0)
    #记录这次卖出
    log.info (" Selling % s" % (security))


def before_trading_start (context):
    #今天已经买入的股票
    g.today_bought_stocks = set ()


    #得到所有股票昨日收盘价，每天只需要取一次，所以放在 before_trading_
start 中
    g.last_df = history (1, '1d', 'close', g.stocks)


#在每分钟的第一秒运行，data 是上一分钟的切片数据
def handle_data (context, data):


    #判断是否在当日最后的 2 小时，我们只追涨最后 2 小时满足追涨条件的股票
    if context.current_dt.hour < 13:
        return


    #每天只买这么多个
    if len (g.today_bought_stocks) > = g.daily_buy_count:
        return


    #只遍历今天还没有买入的股票
    for security in (g.stocks - g.today_bought_stocks):


        #得到当前价格
        price = data [security].close


        #获取这只股票昨天收盘价
        last_close = g.last_df [security] [0]


        #如果上一时间点价格已经涨了 9.5% ~9.9%
        #今天的涨停价格区间大于 1 元，今天没有买入该只股票
        if price/last_close > 1.095 \
            and price/last_close < 1.099 \
            and data [security].high_limit - last_close > = 1.0:
```

```
#得到当前资金余额
cash = context.portfolio.cash

#计算今天还需要买入的股票数量
need_count = g.daily_buy_count - len (g.today_bought_
stocks)

#把现金分成几份,
buy_cash = context.portfolio.cash / need_count

#买入这么多现金的股票
order_value (security, buy_cash)

#放入今日已买股票的集合
g.today_bought_stocks.add (security)

#记录这次买入
log.info (" Buying % s" % (security))

#买够5个之后就不买了
if len (g.today_bought_stocks) > = g.daily_buy_count:
    break
```

### 14.4.5　平台学习资源

聚宽平台提供了"量化课堂"供用户学习。主要内容如下：

• 新手专区：包括量化投资、量化策略、JoinQuant 编写策略、回测引擎、订单处理机制、API、程序调试、金融期货策略等。

• Python 编程：包括介绍、数据类型、条件与循环、库、OLS 回归等。

• 策略与应用：包括双均线策略、多因子策略、海龟策略、Fama – French 三因子模型、Fama – French 五因子模型、股指期货对冲策略等。

• 数学课堂：包括 SVM、协整、贝叶斯、神经网络、数学规划等。

• 金融、经济与市场：包括效用、风险、分级基金等。

# 14.5　本章小结

本章主要介绍了量化交易平台概述、常见的量化交易平台、优矿平台的策略设计、米筐平台的策略设计、聚宽平台的策略设计等。

## 本章思考题

1. 量化交易平台可提供哪些服务？有哪些可能的盈利模式？
2. 策略回测与模拟交易的区别是什么？为什么回测后还需要模拟交易？
3. 优矿、米筐、聚宽在策略设计上有哪些差异？

## 本章操作题

1. 比较常见量化交易平台的异同，分析各平台的优势与不足，提出相应的量化交易平台使用建议。比较要点包括但不限于：商业模式、数据资源、资讯服务、回测设定、模拟交易、学习资源。

2. 针对某一量化交易策略，采用两种以上的量化交易平台实现该策略的设计与回测，并比较其差异。注：需附上相应的程序代码。

## 本章参考文献

[1] 陈工孟. 量化投资分析 [M]. 北京：经济管理出版社, 2015.

[2] 丁鹏. 量化投资：策略与技术 [M]. 北京：电子工业出版社, 2012.

[3] 优矿：https：//uqer. io/.

[4] 米筐：https：//www. ricequant. com/.

[5] 聚宽：https：//www. joinquant. com/.

[6] 掘金量化：http：//www. myquant. cn/.

[7] 京东量化：https：//quant. jd. com/.